중동경제 **3.0**

중동경제 3.0

21세기 대한민국은 왜 중동에 집중해야 하는가?

권해룡 지음

ECONOMY OF THE
MIDDLE
EAST

북오름

깊은 통찰과 예리한 분석으로,
중동의 오늘과 내일을 말한다

사공 일 세계경제연구원 이사장
전 재무부장관

대한민국은 지정학적 측면에서나 지경학적으로 무엇보다 세계를 잘 알아야만 살길을 찾을 수 있는 나라다. 그럼에도 바깥세상 돌아가는 것에 무지했던 결과, 지난 세기 초에는 나라마저 잃는 수모를 겪어야 했다. 반면 세계 속에서 살길을 찾아야만 한다는 굳은 결의와 끈질긴 노력의 결과, 불과 60여 년 만에 세계사에서 유례없는 성공 사례가 될 만한 눈부신 국가 발전을 이룩하는 저력을 보여주기도 했다.

그러나 여기서 멈출 수는 없다. 일류 선진국을 향해 아직도 가야 할 길이 남아 있기 때문이다. 이전과 달리 더욱 복잡하게 얽혀 있는 오늘의 세계 속에서 남다른 지혜와 창의력을 발휘해 지속발전을 이어가는 건 매우 중요하다. 그러기 위해 우리가 무엇보다 먼저 해야 할 일은 세계를 제대로 이해하는 것이다.

그중에서도 중동은 우리에게 특별히 중요한 지역이다. 우리의 주 에너지 공급 지역일 뿐 아니라, 현재 국가 경제 재편과 산업 구조조정 노력을 가속화하고 있기에 변화의 가능성이 큰 곳이기 때문이다.

게다가 GCC 등의 높은 소득 수준에 따른 금융, 교육, 문화, 의료, 보건, 환경 등 각종 서비스 수요가 대폭 늘어날 것으로 예상된다. 따라서 이 지역에 대한 올바른 이해가 시급하다.

이러한 때에 예리한 학자적 분석력과 통찰력을 겸비한 외교관 권해룡 전 아랍에미리트 대사가 현장 경험을 기초로 펴낸《중동 경제 3.0》은 참으로 시의적절하다. 이 책은 중동지역의 경제를 그 지역 특유의 역사와 문화, 그리고 종교와 함께 제대로 이해하는 데에 크게 기여할 것이다.

최근 들어 우리 국민 모두는 국제무역이 한두 나라에 지나치게 의존함으로써 생기는 여러 가지 경제·비경제적 리스크를 절실하게 체험하고 있다. 이는 중동을 포함한 주요 지역과의 교역과 협력 관계를 균형 있게 발전시켜나가는 것이 국가 발전 전략의 일환이 되어야 함을 깨우쳐주는 것이기도 하다. 이 위기를 반면교사로 삼는다면 우리는 더 나은 미래를 일굴 수 있다.

이 책의 저자 권해룡 대사는 외무고시를 수석 합격한 후 외교관 생활을 시작한 이래 30여 년간 미국, 터키, 프랑스, OECD, 제네바 그리고 아랍에미리트에서 경제·통상·환경·에너지·개발 협력·인권 등 다양한 분야의 외교 전문가로 활동해왔다. 특히 지난 2010년에는 G20 서울 정상회의 준비위원회의 무역 국제협력 국장으로서 무역·개발 협력·에너지·기후변화와 비즈니스 서밋 등 주요 업무를 성공적으로 총괄 조정했다.

풍부한 외교 역량을 쌓은 후 2013년부터 2016년까지 주 아랍에미리트 대사로 근무하면서 권 대사는 눈부신 활약을 펼쳤다. 3년간 양국 정상회담을 세 차례나 성사시켰고, 이를 통해 바라카 원전의 안전한 건설과 함께 서울대학병원, 성모병원을 위시한 우리 의료계의 아랍에미리트 진출에도 크게 기여했다.

또한 교육, 특허, 보건, 원전 관련 서비스 등 고부가가치 서비스 산업의 대중동 진출과 우리 근로자의 해외 일자리 창출을 위해서도 최선의 노력도 기울여왔다. 그 결과 아랍에미리트와는 중동에서 처음으로 양국과 '할랄식품에 관한 협력' MOU가 체결되었으며, 2015년에는 우리 식품이 최초로 아랍에미리트 할랄 인증을 받게 되었다. 그리고 아랍에미리트와의 양국 간 보건 협력을 통해 2016년에는 아랍에미리트 환자 3,000명의 한국 송출이 가능해졌다.

생생한 현장 경험을 바탕으로 한 권해룡 대사의 《중동 경제 3.0》은 아직도 대다수 우리 국민에게 생소한 중동지역을 더 잘 이해하는 데 분명 도움을 줄 것이다. 그리고 중동을 경제·안보 등 국제 협력 전반에 걸친 파트너로 인정하고, 정부 간 협력 기반을 다져 우리 기업과 우리 인력이 중동에 진출하는 데 크게 기여할 것이라 확신한다.

새로운 기회의 물결이 흐르는 중동

두 개의 큰 파도가 우리 경제를 덮쳐오고 있다. 도처에서 일어나는 보호주의와 포스트 중국 문제다. 그뿐 아니라 국내외 여러 가지 불확실성이 겹쳐 우리는 몸살을 앓고 있다. 그렇다면 지금, 우리를 위협하는 안팎의 문제들에 현명하게 대처할 방안은 무엇일까?

'영리한 토끼는 세 개의 굴을 판다狡兎三窟'라는 옛말이 있다. '달걀을 한 바구니에 담지 마라'라는 포트폴리오 이론도 있다. 대책 없이 한곳에 올인할 것이 아니라, 대안을 마련해두고 분산투자를 해야 한다는 의미다. 이는 지금 우리에게 절실히 필요한 지혜이기도 하다. 안팎으로 닥치는 폭풍우에 대비하기 위해서는 영리한 토끼처럼 여러 개의 굴을 파야 한다. 그리고 중동 시장은 지금의 위기를 넘어설 대안 중 하나이며, 새로운 기회이기도 하다.

1970년대 우리는 중동에 진출해 해외 건설로 벌어들인 달러로 경제 위기를 넘기고 성장했다. 또 여전히 에너지의 대부분을 중동에서 가져온다. 어쩌면 중동은 우리가 체감하는 것보다 우리와 가까운지도 모른다. 중동은 역사가 깊고, 땅이 넓으며, 발전 정도가 달라 꽤나 다양한 모습을 우리에게 보여준다.

농업 중심의 산업, 테러와 분쟁으로 불안정한 상당수 중동 국가가 보여주는 '중동 경제 1.0' 버전이 중동 여기저기 존재한다. 그런가 하면 걸프지역 산유국을 중심으로는 포스트 오일 시대를 대비해 산업 다변화를 추진하는 '중동 경제 2.0' 버전도 공존하고 있다.

그러나 중동은 여기 머물지 않는다. 한국과 아랍에미리트 간의 활발한 비즈니스처럼 고부가 서비스 산업의 진출과 이에 따른 우리 인력의 동반진출이라는 역동적인 비즈니스 모델이 구동하는 '중동 경제 3.0' 버전도 곳곳에서 모습을 드러내고 있다.

필자는 2013년 6월부터 3년간 주 아랍에미리트 대사로 일했다. 양국 간 비즈니스는 우리가 상상하는 이상으로 다양하고 부가가치가 높다. 2015년만 보더라도 아랍에미리트에 수출하는 금액이 프랑스에 수출하는 것보다 2.4배나 많다. 놀랍지 않은가? 서울대병원, 성모병원 등 대형 병원들이 줄지어 진출하면서 300여 명의 우리 의료진도 같이 진출했다. 또 서울에서 치료받는 아랍에미리트 국민이 연 3,000명이며, 이들의 진료비는 1,500만 원으로 다른 외국인 환자에 비해 7배에 달한다. 1억 원 이상의 진료비를 내는 환자도 270명이나 된다.

또한 4,000여 명의 우리 인력이 아랍에미리트에 진출해 있다. 그중 1,000여 명은 다국적기업, 아랍에미리트 정부, 국영기업 등에 근무한다. 이들은 우리가 기존에 진출한 건설, 에너지, 무역 분야뿐 아니라, 새로운 고부가가치 서비스 분야인 의료보건, 문화, 교육, 특허, 보안,

IT, 항공, 관광 분야에서 당당히 능력을 펼치고 있다. 아랍에미리트 정부는 이런 노력을 인정해 2015년에 아랍에미리트 소재 외국 대사관 중 최우수 공관으로 우리 대사관을 선정했다.

1970년대 우리의 중동 진출이 건설 위주의 '블루blue형' 진출이었던 반면, 지금은 고부가가치 서비스 분야와 전문직 중심의 '화이트white형' 진출이 대세다. 우리와 비즈니스를 하는 중동 국가들도 이에 발맞춰 '중동 경제 3.0' 버전을 만들고 있다. '중동 경제 3.0'이 중동 전역으로, 나아가 중앙아시아, 아프리카와 중남미로 확산된다면, 우리에겐 더 많은 기회가 주어진다. 이는 우리의 국민소득 5만 달러 시대를 여는 '골든 키'가 될 수 있다.

이 책은 사막, 석유, 내전, 난민 등 막연한 편견과 부정적인 이미지로 연상되는 중동 경제의 현재가 실제로 어떠한지, 또 거기서 어떤 가능성과 비전을 찾을 수 있는지를 중심으로 다룬다.

전체는 7개 장으로 구성되어 있다. 1장은 최근 중동의 정세를, 2장은 전통 이슬람 경제에 대해 기술했다. 현대 중동 경제는 서구 경제 체제와 전통 이슬람 경제가 공존하는 이중 체제기 때문에 중동 경제를 이해하기 위해서는 전통 이슬람 경제 사상과 시스템을 제대로 알 필요가 있다. 3장과 4장에서는 현재 중동 경제의 모습과 지속가능한 발전을 위한 중동 경제의 과제를 기술하였다.

5장은 중동에서 신데렐라처럼 떠오르고 있는 아랍에미리트의 성장 모델을 소개한다. 6장, 7장에서는 한국과 아랍에미리트 간에 활발하게 이루어지고 있는 최근의 비즈니스 사례와 효과적인 진출 방안을 상세히 다루었다. 아랍에미리트 사례를 참고한다면, 중동 진출의 막연함이 상당히 덜어질 것이다. 아울러 각 장 말미에 중동 친출이 성공한 우리 기업의 사례를 다루었다.

경쟁이 치열한 레드오션이나 이미 바닥이 마른 우물에 미련을 두지 말자. 시선을 돌려 확장하면, 미처 알지 못했던 새로운 물결이 보이기 시작한다. 더 나은 비전과 성과 창출을 고민하는 기업과 인재라면 더 넓은 세계로 나아가길 주저할 이유가 없으며, 무엇보다 기회와 잠재력이 살아 있는 블루오션 중동을 개척하길 추천한다.

이 책이 나오기까지 여러 분들에게 신세를 졌다. 추천사를 흔쾌히 써주신 사공 일 전 재무부장관님께 감사의 말씀을 드린다. 아울러 옆에서 성원해준 아내와 두 딸에게도 고맙다는 말을 하고 싶다. 지난 3년간 주 아랍에미리트 대사관에서 동고동락했던 직원들의 모습도 새삼 떠오른다. 모쪼록 이 책이 중동과 비즈니스하길 희망하는 분과 중동으로 진출하려는 분께 도움이 되길 바란다.

2017년 4월, 벚꽃 피기 시작한 양재동에서
권해룡

중동 문화의 상징. 스핑크스와 피라미드.

흔들리는 사막의 제국

1,000년 전 아랍은 위대한 제국이었다. 중동은 인류 문명의 발상지였으며, 아랍인들은 인간의 지혜와 지적 유산을 전파하고 발전시켰다. 세계 2대 종교 역시 발생의 기원이 중동에 있다. 중세 아랍은 혁신의 대명사였고, 학문과 관용, 교역의 중심지였다. 그야말로 엄청난 영향력을 미치는 슈퍼파워를 지녔던 것이다. 그러나 그토록 위대했던 아랍제국은 지금, 어디로 간 것인가?

과거의 영광을 뒤로 한 중동은 현재 전 세계의 문제아처럼 여겨지며 흔들리고 있다. 갈등과 혼란의 온상지처럼 느껴지지만, 또한 여전히 잠재력과 기회가 숨어 있는 땅이기도 하다. 우리가 알고 있던 아랍, 혹은 우리가 잘 몰랐던 아랍을 만나보자.

위대했던 아랍제국은
어디로 갔는가

1,000년 전 아랍은 위대했다. 중동에서 인류 문명이 최초로 시작되었으며, 아랍인들은 인간의 지혜와 지적 유산을 전파하고 발전시켰다. 세계 2대 종교 역시 발생의 기원이 중동에 있다. 중세 아랍은 혁신의 대명사였고, 학문과 관용, 교역의 중심지였다. 그야말로 엄청난 영향력을 미치는 슈퍼파워를 지녔던 것이다. 그러나 그토록 위대했던 아랍제국은 지금, 어디로 간 것인가?

화려했던 문명의 뒤안길에 있는 오늘의 아랍

아랍은 현재 극심한 정치·종교적 분열을 겪고 있으며, 민주화 혁명은 실패했고, 테러와 전쟁으로 황폐화되었다. 많은 이에게 아랍, 혹은 중동은 이처럼 부정적 이미지로만 막연히 인식될 뿐이다. 그들이 이룩했던 문명이 얼마나 위대했는지, 그곳에 어떤 잠재력이 숨겨져 있는지 알고 있는 사람은 많지 않다. 심지어 상당수의 사람이 아랍과 중동을 동의어로 알고 있을 정도다.

아랍과 중동은 분명 다르다. 아랍은 민족, 언어, 문화적 개념을 통칭하는 말로 이해할 수 있다. 아랍어를 국어로 사용하며 이슬람을 국교로 정한 나라들의 집합체로, 민족 개념에 가깝다. 중동지역임에도 터키어를 사용하는 터키, 페르시아어를 사용하는 이란, 히브리어를 사용하는 이스라엘은 아랍 국가에 포함되지 않는다. 반면 중동 Middle East은 유럽 중심의 시각에서 정한 지정학적 개념에 가깝다.

'중동'이란 말은 1850년 영국 동인도 회사에서 최초로 사용되었고, 1902년 미국의 알프레드 테이어 마한Alfred Tayer Mahan 제독이 페르시아 만 주변 지역을 중동이라 칭하면서 널리 확산되었다. 당시 '중동'은 터키, 이집트, 레반트 지역과 페르시아 만 주변 지역을 중심으로 했고, 아라비아 반도의 비중은 미미했다.

이런 추세는 20세기 중반까지 지속됐지만, 1950년대 아라비아 반도에서 석유가 생산되면서 새로운 국면에 접어든다. 1973년 석유파동으로 아라비아 GCCGulf Cooperation Council(걸프협력회의) 국가들이 막대한 부를 축적하게 된 것이다. 정치적으로는 이집트, 이란, 터키가 여전히 중요했지만, 석유 생산으로 부자가 된 나라들이 중동에서 주요 행위자로 급부상하기 시작했다.

1970년에는 GCC 6개국이 중동 GDP의 24퍼센트를 차지했으나, 2014년에는 58퍼센트를 차지할 만큼 비중이 커졌다. 아마도 마한 제독은 100년 후 아라비아 반도의 석유가 중동의 경제 지도와 세계 정세를 바꾸리라고는 상상하지 못했을 것이다.

경제학자 앵거스 매디슨Angus Maddison에 따르면, 11세기 유럽은 전 세계 GDP의 9퍼센트를 차지했으나, 중동은 이보다 많은 10퍼센

■ 아랍에미리트 아부다비의 그랜드 모스크.

트를 차지할 정도로 발전했다고 한다. 그러나 18세기 산업혁명기에 들어가면 사정은 달라진다. 중동의 비중은 2퍼센트로 추락한 반면, 유럽은 22퍼센트로 급증한 것이다. 그런 추세는 지금까지 계속되고 있다. 중동은 경제적으로 저개발 상태를 벗어나지 못하고 있고, 곳곳에서 분쟁을 겪고 있다.[1]

출구 없는 혼돈에 빠진 중동

2010년 말, 튀니지를 시작으로 일어난 반정부 시위, 민주화 운동인 '아랍의 봄Arab Spring'[2]이 튀니지, 예멘, 리비아 등에서 독재자를 몰아냈다. 그러나 튀니지만이 평화적인 정치적 전환을 이루었고, 불행하게도 다른 국가들은 해피엔딩을 맞지 못했다. 그들은 다시 새로운 독재정치, 분쟁, 혼란을 겪고 있으며, 혁명 이전보다 상황은 더 악화됐다. 출구가 보이지 않는다.

현재 중동은 '아랍의 봄' 이후 발생한 국내적 혼란에 더해 이슬람 국가IS[3] 등 폭력적 극단주의 세력이 발호하면서, 시리아를 둘러싼 종파 간 전쟁이 지속되고 있다. 아울러 핵협상으로 급부상한 시아파 이란과 수니파 맹주인 사우디아라비아가 예멘, 시리아 등 곳곳에서

---

1 《The Economist》, 2014. 7. 5.
2 이 용어는 미국의 마크 린치(Mark Linch)가 《Foreign Policy》에 〈오바마의 아랍의 봄〉을 기고하면서 처음 사용했다. 중동 언론 '알 자지라'는 미국이 당시 중동 사태를 유리하게 조정하기 위해 이 용어를 사용했다고 주장했다.
3 Islamic State, IS, 급진 수니파 무장단체인 이라크-레반트 이슬람 국가(ISIL)가 2014년 6월 29일 개명한 단체.

1장. 흔들리는 사막의 제국

충돌하고 있다. 아랍인들이 중시하는 이스라엘과 팔레스타인 평화협상은 여전히 오리무중이다.

이뿐만이 아니다. 중동에 적극 개입하여 상황을 관리하던 미국도 어느새 발을 빼기 시작했다. 셰일shale혁명으로 중동원유 수입의 필요성이 줄어들면서 중동에 대한 관심이 줄어든 것이다. 설상가상으로 2017년 1월에 출범한 트럼프 행정부는 친이스라엘, 미국 우선주의America First에 입각한 중동 정책을 펼칠 것으로 예상된다. 이런 탓에 중동 정세는 단기간에 안정을 되찾기 어려워 보인다.

중세에 유럽을 능가하는 화려한 문화와 경제를 꽃피운 아랍. 그들은 아랍의 봄에 실패했고, 민주주의와 경제 발전의 계기를 만들지 못했다. 아랍 민족을 중심으로 하는 중동은 문명사적으로나 지정학적 위치로 봤을 때 세계 평화와 번영에 있어 중요한 역할을 한다. 그렇기에 오늘날 아랍이 겪고 있는 혼란은 그들만의 문제가 아니다.

아랍에는 아직
봄이 오지 않았다

2010년, 튀니지에서 노점 단속에 쫓기던 한 청년이 분신자살을 시도했다. 그는 노점상을 하던 무함마드 보아지지(Mohammed Bouazizi)다. 그의 죽음으로 '아랍의 봄'이 촉발되었다. 가난과 독재에 신음하던 사람들은 분노로 들끓기 시작했고, 거리로 뛰쳐나와 독재 정권 타도를 외쳤다. 튀니지의 실직자, 정치인, 인권 활동가, 노동자, 학생, 교수, 변호사 등 직업과 계층의 구분 없이 많은 시민들이 반정부 투쟁에 참여했다.

그들이 품은 꿈은 어떻게 실패했는가

독재정치, 정부의 부정부패, 인권침해, 빈부격차 등으로 오랜 세월 누적된 아랍인의 불만은 결국 '아랍의 봄'을 불러왔다. 사실 '아랍의 봄'이 시작된 2010년 이전에도 튀니지, 이집트, 알제리 등 곳곳에서 물가상승, 실업률 증가, 정부의 부패를 비난하는 시위가 끊이지 않았다.

정부기관은 올바르게 작동하지 못했고, 관료들은 급여를 제대로 받지 못해 부패해갔다. 기술 관료들도 실력보다는 집권자에 대한 충성도에 따라 승진이 결정되면서 행정 역량이 뒤떨어지게 되었다. 아

1장. 흔들리는 사막의 제국

울러 오랫동안 대정부 투쟁을 해온 야권 세력도 국민들의 불만이나 요구를 만족시킬 만한 능력이 없었다. 야당의 집권도 국정 운영 실패로 이어졌다. 당연히 지지도가 폭락하면서 정국이 불안해지는 악순환이 반복될 수밖에 없었다.

경제도 심각하긴 마찬가지였다. 수십 년간의 독재 체제로 경제 활력이 떨어지면서 경제난이 가중되자, 사회적 불만은 쌓이고 정치가 불안해졌다. 이런 분위기에서 국내외 투자는 감소했고, 경제는 더욱 악화되어 갔다. 정치와 경제 그 어느 쪽도 민생을 위한 방향으로 움직이지 않았다. 불만이 팽배해진 국민들, 특히 일자리가 없는 젊은이들은 거리로 나가 반정부 시위에 나설 수밖에 없었다. 이 투쟁은 어느 날 갑자기 일어난 것처럼 보이지만, 실은 지난 50년간 쌓여온 불만이 임계점을 넘어 폭발한 것이다.

앞서 언급했지만 '아랍의 봄'은 중동 정세를 완전히 바꾸어놓았다. 민주화를 꿈꾸며 그들이 벌인 혁명은 실패로 돌아갔고, 지금도 중동의 많은 국가가 분쟁 중이거나 혼란을 겪고 있다. 시리아와 이라크에서는 IS(이슬람 국가)가 개입된 내전이 계속되고 있다. 이집트는 압둘 파타 엘시시Abdul F. al-Sisi가 집권한 후, 무슬림 형제단Muslim Brotherhood 등 이슬람 세력의 테러가 빈발하고 있고, 리비아는 아직도 통합정부 구성에 난항을 겪고 있으며, 예멘은 종파 분쟁 속에 알카에다가 암약하고 있다.

이처럼 시리아, 예멘, 리비아에서 시민 주도에 의해 시도되었던 혁명은 실패했다. 정치 발전을 가져오기는커녕 폭력적 극단주의Violent

아랍의 봄

아랍의 봄은 튀니지의 무함마드 보아지지(Mohammed Bouazizi)라는 청년으로부터 시작된다. 그는 직장을 구하지 못해 경찰의 허가 없이 노점상을 벌이고 장사를 하다가 단속에 걸리게 된다. 벌금을 물었음에도, 경찰은 그를 폭행하고 팔던 물건을 압수했으며 아버지를 모욕했다.

이에 분노한 부아지지는 항거하다가 2010년 12월 17일 분신자살을 시도했고, 이듬해인 1월 4일 사망하고 만다. 보아지지를 추모하는 모임이 불씨가 되어 2011년 1월 '재스민 혁명'으로 번졌고, 이집트는 2월 '코사리 혁명'으로 정권 교체에 성공했다. 리비아에서는 무아마르 카다피(Muammar Qaddafi)가 사망하면서 42년간 계속된 독재정치가 막을 내렸다. 또한 알리 압둘라 살레(Ali Abdullah Saleh) 예멘 대통령이 11월 23일 권력 이양 안에 서명함에 따라 33년간 계속돼온 철권통치가 막을 내렸다.

이슬람 문화권에 있는 중동지역에서 벌어진 이 혁명은 전례가 없는 것이었다. 국민 스스로가 자신의 삶과 세상을 주체적으로 변화시킨다는 것은 그 자체로 상당히 혁신적인 일이었기 때문이다.

Extremism세력이 부흥하는 계기가 되었다. 이들의 갈등은 종파 간 분쟁 양상을 띠고 있어 중동 내의 이란, 사우디아라비아 등이 개입하고 있으며, 중동 밖 외부 세력인 미국, 러시아 등도 개입하고 있어 갈등 해결이 사실상 쉽지 않다.

더욱 심각한 것은 IS 등 폭력적 극단주의 이데올로기와 그 세력이 확산되고 있다는 점이다. IS는 시리아와 이라크 내에서의 세력 약화를 만회하기 위해 니스, 이스탄불, 베를린 등에서 연계 세력과 힘을

1장. 흔들리는 사막의 제국

합치고 외국인 전투원Foreign Terror Fighters, FTF을 활용한 테러를 자행해 전 세계를 불안 속으로 몰아넣고 있다.

'아랍의 봄'이 남긴 것

'아랍의 봄'은 혁명revolution, 민중의 봄people's spring, 봉기uprising 등으로 다양하게 불린다. 그만큼 성격을 규정하기가 쉽지 않다. 지금도 정치 변혁이 진행 중이며, 국가마다 처한 환경과 변수가 달라 미래를 전망하기 어렵다. 그럼에도 지금까지 상황을 분석해보면, 몇 가지 눈에 띄는 특징이 있다.

첫째, '아랍의 봄'이 진행되면서 이슬람의 정치 세력화가 가속화되고, 급진 이슬람이 재등장했다는 점이다. 그간 이슬람 세력들은 중앙정부의 행정이 미치지 못하는 소외지역과 계층에게 경제적, 사회적 서비스를 제공하면서 세력을 확장해갔다. 이들은 "이슬람이 해결책이다"라는 슬로건을 앞세워, 최근 튀니지, 이집트, 모로코, 쿠웨이트 등에서 주요 정치 세력으로 떠올랐다.

이들이 선거에서 승리한 이유는 부패하지 않았다는 평판과 사회문제 해결에 적극적이며, 정치적으로 잘 조직화되었기 때문이다. 그러나 이집트 모르시Mohammed Morsy 정부의 예에서 보듯이 이슬람 정당도 정책 수립과 이행 능력에서는 부족함이 많았기에, 누적된 정치, 경제, 사회문제들을 해결하기에 역부족이었다.

무엇보다 급진 이슬람 정당들은 비민주적인 가치를 내세우는 경우가 많아 민주주의 전망을 어둡게 하고 있다. 아랍에서 이슬람 세력이 믿을 만한 정치적 대체세력으로서 제 역할을 못할 경우에는 또 다른 문제가 생겨난다. 튀니지 야당인사 암살에서 볼 수 있는 것처럼 이슬람 극단주의 세력이 부흥하거나 과거 기득권층이 다시 일어서는 등의 위협에 직면할 수 있기 때문이다.

둘째, 아랍의 권력 판도가 바뀌고 있다. '아랍의 봄'이 장기간 진행되면서 지역 질서가 재편되고 있다. 전통적으로 아랍 중심국인 이라크, 이집트, 시리아가 내전과 분쟁으로 영향력이 쇠하고 있는 반면, GCC 국가의 영향력은 커지고 있다.

그중 사우디아라비아, 아랍에미리트United Arab Emirates, UAE, 카타르의 입김이 거세지고 있다. 사우디아라비아는 이집트의 동요를 막기 위해 막대한 자금을 제공했으며, 예멘 등 분쟁지역에 적극 개입하고 있다. 아랍에미리트도 예멘에 군대를 파병했다. 또 사우디아라비아와 함께 이집트 경제 재건을 위해 수십억 달러의 원조와 차관을 제공했다. 카타르는 가스 수출로 축적한 막대한 자금으로 리비아 사태 등에 적극적으로 개입하면서 튀니지, 이집트, 시리아 등의 무슬림 형제단을 지원하고 있다.

셋째, 중동 내 중심 세력의 변화와 함께 중동을 둘러싼 국제관계의 변화도 감지된다. 사우디아라비아와 미국은 1945년 압둘라 빈 압둘 아지즈Abdullah Bin Abdul Aziz 사우디 초대 국왕과 루스벨트 대통령이 수에즈 운하 선상에서 회동한 이래 전통적인 우호협력 관계를 유지해왔다. 그러나 최근 들어 양국은 시리아, 이란 등의 문제를 두고 입장 차이를 드러내고 있다.

한데 시리아 사태가 벌어진 당시 미국의 군사 개입이 무산되면서 사우디아라비아와 미국의 관계 변화에 대한 가능성이 제기됐었다. 그런데 미국이 이란과 핵협상을 타결함으로써 이란이 중동에서 시아파의 맹주로 전면에 나설 수 있는 환경이 조성되자, 사우디아라비아는 미국에 서운한 감정을 갖게 된 것이다.

게다가 사우디아라비아는 중동석유에 대한 의존도가 축소된 미국이 중동에 대한 자원 투입을 줄여나가고 있다고 판단했다. 때문에 사우디아라비아는 프랑스, 중국, 러시아 등과는 대규모 무기 구매나 인프라 사업 계약을 통해 양자관계를 강화해나가고 있다. 이들 국가도 사우디아라비아, 아랍에미리트 등과 군사안보, 경제면에서 협력 강화를 위해 적극적으로 노력하고 있는 상황이다.

넷째, 중동에서 미국의 관여가 줄어들고 있다. 미국은 이집트 문제, 시리아 내전, 리비아 내전 등을 중동의 국내 문제로 간주하고 있다. 미국 안보에 직접적인 위협이 안 된다는 판단하에 적극적인 개입을 꺼리며 조력자facilitator 역할로 물러난 것이다. 오바마 행정부는 제2의 이라크 전쟁을 벌일 수 없다는 전제하에 소극적 관여 기조를 유지했다. 이처럼 미국이 서서히 발을 빼면서 상대적으로 러시아의 존재감이 부상하고 있다.[4]

다섯째, '아랍의 봄'으로 인해 직접 영향을 받은 국가의 경기 회복이 늦어지고 있다. 관광 수입 의존도가 높은 이집트, 튀니지의 경우

---

4   인남식, "미국 트럼프 신행정부의 대중동 정책 기조전망", 《IFANS Focus》, 2016. 12.

테러 등 정치, 사회 불안으로 관광객이 급격히 줄어들어 경기 회복에 악영향을 받고 있으며, 국내외의 투자도 감소하는 추세다. 정부는 사회 안정 차원에서 공무원 임금 인상 등의 정책을 추진하고 있다. 하지만 공공 부문 적자가 급증하면서 이를 해소할 대안이 시급한 상황이다. GCC 국가 일부를 제외한 대부분의 아랍 국가는 국민들에게 경제적인 혜택과 풍요를 안겨주지 못하는 실정이다.

여섯째, 일부 국가가 해체되어 소말리아화Somalization될 가능성이 있다. '아랍의 봄' 이후 중앙정부의 힘이 줄어들자 예전부터 세력을 키워온 비국가 행위자Non-state Actors들이 중앙정부의 권위에 도전하거나 중앙정부의 행정을 대신하는 현상이 가속화되고 있다. 이들은 주로 종교 또는 부족 공동체를 기반으로 세력을 결집하고 있다.

또한 잘 무장된 민병대를 보유하고, 학교, 병원, 종교, 문화시설을 운영하며, 생활자금 대출 등의 서비스를 제공하면서 중앙정부의 행정력이 미치지 못하는 지역에서 사실상 독자 세력을 형성한다. 이러한 국가 파편화 현상은 이라크(시아파, IS, 쿠르드족), 리비아(트리폴리타니아, 키레나이카), 예멘(남예멘, 북예멘), 시리아(알라위, 쿠르드족, 수니파, 기독교) 등에서 볼 수 있다.

중동에서 민주주의는 가능한가

'아랍의 봄'이 시작되고 5년이 지났다. 혁명은 실패했고, 비극은 계속되고 있다. 독재에 항거하며 민주화를 열망했던 그들의 외침은 민주주의의 발전으로 귀결되지 못했고, 오히려 정치 불안정의 심화로 나타난 것이다. 그 이유는 무엇일까?[5] 과연 중동이 안고 있는 내재적 요인 때문에 민주주의가 꽃필 수 없는 것인가? 아니면 60년 전영국의 한 언론인이 "한국이 민주주의를 한다는 것은 쓰레기통에서장미꽃이 피길 기대하는 것과 같다"라고 했던 엉터리 전망처럼 중동의 민주화 가능성을 우리가 읽어내지 못하는 것인가?

이와 관련해서는 상반된 의견이 극명하게 갈리고 있는데, 대비되는 이야기를 살펴보자. 먼저 민주주의가 가능하다는 주장은 다음과 같은 내용들을 근거로 한다. 중동은 다양한 인종과 종파가 섞여있는 지역이다. 일부 학자들은 중동처럼 다양하게 분화된 사회에서갈등을 해소하고 정치가 발전하기 위해서는 '권력 분점 제도power-sharing institution' 또는 '협의 민주주의consociational democracy' 체제를 활용할 수 있다고 주장한다.

다시 말해, 주요 공동체 조직의 지도자들이 정책 결정 과정에 참여하는 것을 보장하여 권력을 나눠 가짐으로써 협의 민주주의가 가능하다는 것이다. 민주주의가 가능하다는 찬성론자들은 경쟁 관계에 있는 다양한 공동체를 포괄하는 정권을 창출한다면 공동체 사이의 협력 가능성이 높아질 수 있기 때문에 민주주의가 가능하다고주장한다.

반면, 보편적 가치인 민주주의가 중동에서 정착하기 어렵다는 입장에서는 중동 '예외주의exceptionalism'를 주장한다. 중동의 정치와

---

5 김강석, "내부 정체성 갈등과 외부정치의 개입",《한국과 국제정치》, 2016. 3, p.2

문화가 본질적으로 민주주의 가치와 상충한다는 것이다.

민주주의를 막는 부정적인 정치문화의 하나로 부족주의를 들고 있다.[6] 부족주의는 이슬람 이전부터 아랍 정체성의 주요 요소인데, '원심력을 가진 부족주의'를 없애기 위해 아랍 정부는 강압적인 통치 체제를 선호해왔다는 것이다. 또한 유일신 개념에 입각해 전 사회를 포괄하는 타우히드 사상의 속성상 이슬람은 민주주의 가치와 근본적으로 충돌할 가능성이 크다고 본다.[7] 이슬람의 권위가 선거나 의회제와 같은 각종 민주적 제도를 지배해야 한다는 인식하에서는 이슬람과 민주주의의 가치가 양립할 가능성이 낮을 수밖에 없다는 것이다.

이들은 협의 민주주의 체제의 효과에 대해서도 비판적이다. 협의 민주주의 체제가 공동체 사이의 갈등을 해소하지 못할 뿐만 아니라, 오히려 분열을 제도화하여 불안정이 심화되는 역효과를 낸다고 주장한다. 그렇다면 중동에서 협의 민주주의가 효과적으로 기능하여 민주주의를 정착시킨 사례는 전혀 없을까? 이라크와 레바논이 협의 민주주의를 받아들였으나, 앞서 언급한 여러 한계점을 보여주며 그 결과가 좋지 않았다.[8]

그러면 중동에서 협의 민주주의가 성공하기 어려운 이유는 무엇

---

6 Lijphart, "Constitutional design for Divided Societies", Journal of Democracy, Vol 15, No 2, pp.4-6.

7 Tawhid, 하나님의 유일성, 불가분성, 유일한 실재임을 인정하는 것으로 이슬람의 핵심이고, 구원의 토대가 된다.

8 김강석, "내부 정체성 갈등과 외부 개입의 정치", 《한국과 국제정치》, 제32권 2016년 (봄) 통권 92호, pp.6-12.

1장. 흔들리는 사막의 제국

일까? '아랍의 봄' 이후 새롭게 구성된 중동의 정부는 다양한 정체성을 가진 공동체들을 아우르지 못했다. 또 통치의 정당성을 확보하는 데도 실패했다.[9] 정책을 둘러싼 대립과 권력을 차지하기 위한 경쟁은 내부 갈등의 원인이 되었고, 이들을 화합시킬 수 없었다. 결국 협의 민주주의의 한계를 드러낸 것이다.

또 비국가 행위자들이 타국의 정치에 끼어들어 정치 불안을 야기한 것은 심각한 문제 중 하나다. '아랍의 봄' 이후 IS와 같은 비국가 조직이 시리아, 이라크, 예멘 등에 개입해 무력충돌을 일으켰다. 외부 세력을 끌어들여 벌인 싸움은 승자 없는 제로섬Zero-sum 게임이 되었고, 결국에는 민주적 발전의 기본인 통합과 치안유지를 가로막는 주범이 되고 말았다.

---

9 중동의 다양한 정체성은 중동지역에 혼재된 부족주의 정체성, 국민국가 정체성, 아랍주의 정체성, 이슬람 정체성 등을 들 수 있다. 이러한 정체성은 다양한 층위로 존재하며 고정된 것이 아니다.

중동 경제 3.0

아랍의 평화는 전 세계에
어떤 영향을 미치는가

중동 이슈는 우리 일상과 무관하지 않게 자주 거론된다. 서구 언론에서도 국제면의 30퍼센트 정도를 할애할 만큼 비중 있게 다루고 있다. 이는 각국이 중동과 맺고 있는 이해관계 때문이다.

세계의 화약고, 중동

중동은 역사적, 지정학적으로 볼 때 유럽과 아시아를 연결하는 위치에 자리하고 있어 역내 국가와 슈퍼파워 국가 간의 이해가 교차하는 길목이다. 이곳은 1, 2차 세계대전의 전쟁터였고, 지금도 분쟁이 멈추지 않고 있다. 이런 이유로 중동지역은 긍정적이든 부정적이든 세계 정치와 경제에 영향을 끼친다.

이해관계가 얽힌 서구 언론, 특히 미국에서는 중동 이슈에 상당한 비중을 두고 있는데, 긍정적인 내용보다는 분쟁, 내전, 난민, 테러 등 부정적인 기사들이 주를 이룬다. 일각에서는 미국 언론이 이스라엘 보호와 이란 견제를 위해 중동 이슈를 과도하게 보도하여 세계 여론을 오도한다는 주장도 있다. 어쨌든 미국과 유럽 중심의 서방 언론이 아시아 언론보다 중동에 대한 보도를 많이 하는 것은 사실이다.

서구 세계에 중동이 중요한 이유는 두 가지로 요약할 수 있다. 먼저 중동이 제공하는 석유와 가스 에너지다. 에너지가 세계 경제 발전의 동력원이라는 것은 역사가 증명하는 사실이다. 때문에 누가 에너지를 보유하고 있느냐 하는 점은 국제 사회의 역학 관계에서 중요할 비중을 차지할 수밖에 없다. 최근에는 태양광, 태양열 등을 이용한 신재생 에너지의 비중이 증가하고, 셰일오일의 생산량이 급속히 늘어나고 있지만, 중동지역 석유와 가스는 여전히 중요한 에너지원이다.[10]

아울러 중동 GCC 국가들은 석유와 가스 판매로 축적한 부를 활용해 수조 달러 규모의 국부펀드를 운영하면서 해외 투자를 통해 세계 경제의 윤활유 역할을 하고 있다. 오일머니로 자국의 인프라, 병원, 학교, 주택 등 제반 분야에 투자하고 있어, 많은 외국 기업에게 좋은 시장이 되어왔다.

우리에게도 중동은 중요한 곳이다. 우리가 사용하는 석유와 가스의 대부분을 중동에서 수입하며, 우리 건설사가 매년 200~300억

---

10 2013.11, 아랍에미리트 에너지장관 마즈루이는 아부다비석유전시회(Adipec) 개막식 연설에서 셰일 오일이 중장기적으로는 세계 석유시장의 변화를 가져오겠지만 단기적인 영향은 적다고 언급했다.

중동 경제 3.0

달러를 수주하는 시장이 중동이기 때문이다. 또한 의료, 한류 등 고부가가치 서비스산업을 수출하여 외화를 벌어들이는 지역이므로 보다 지속적인 관심을 갖고 다가가야 할 필요가 있다.

그다음으로 중요한 이유는 중동에서 벌어지고 있는 각종 내전과 분쟁 그리고 거기서 파생되는 테러 행위 때문이다. 국제 안보 측면에서 보면 중동은 세계에 부정적인 영향을 미친다. 현재 세계 분쟁지역의 대부분은 중동에 있으며, 시리아나 이라크의 내전은 국경을 넘어 주변 국가에도 난민과 분쟁을 수출하는 상황이다.

더구나 미국, 러시아 등 강대국들이 개입하다 보니 중동 정세는 더욱 복잡해지고 있다. 이스라엘과 팔레스타인 분쟁은 해결의 기미를 보이지 않고 있으며, 미국 트럼프 행정부가 친이스라엘 정책을 추진할 경우 아랍인의 반미주의는 더욱 심각해질 것이다. 이런 상황에서 이슬람 극단주의자들은 테러로 목표를 달성하려 하고 있어, 세계 안보에 큰 위협이 되고 있다. 이를 우려한 미국과 영국에서는 중동 일부 국가로부터 노트북과 태블릿 PC 등 전자기기의 항공기 내 반입을 금지시키기도 했다.

일례로 2014년 6월 29일, 이슬람 극단주의 무장단체인 IS는 신정국가Caliphate 수립을 선언하면서 모든 무슬림의 충성맹세를 요구했다. 최근 세력이 약화되는 기미를 보이고 있지만, 국제 지하드 운동과 관련해 IS의 글로벌 리더십을 확보하기 위해 테러를 감행하고 있다. 이처럼 중동지역은 갈등의 온상이며, 여전히 세계의 화약고다.

중동의 위기는 관리될 수 있는가

중동의 위기는 하루아침에 극복되기 어렵다. 위기의 원인이 매우 다양하고, 뿌리가 깊기 때문이다. 그러므로 우선적으로 현재의 분쟁을 종식시키기 위해 해결해야 할 문제가 적지 않다. IS를 격퇴하고, 이라크와 시리아에 있는 수니파의 권리를 보장하면서 중동 분쟁의 배후에 있는 이란과 사우디아라비아가 화해하는 것이 급선무다. 아울러 분쟁지역 접경국가들에게 유, 무상 원조를 집중하여 분쟁의 여파가 진정될 수 있도록 하는 것이 중요하다.

동시에 아랍 국가의 정치 개혁과 경제의 구조조정이 필수적이다. 그러자면 정치 과정에 국민들의 자발적 참여가 있어야 한다. 그 어떤 개혁도 주체인 시민의 참여 없이 가능했던 적은 없었기 때문이다. 민주주의를 지향하면서 경제 거버넌스의 정비도 동시에 이뤄져야 한다. 법치를 강화하고 지대 추구 시스템rentier system과 족벌 체제를 개혁하는 경제적 성과를 도출하는 등의 혁신이 있어야만 희망을 기대할 수 있다.

위기가 있는 곳엔 늘 기회가 상존하는 법이다. 중동은 큰 강을 포함한 풍부한 수자원, 석유, 해안이 있고, 인구의 대다수가 젊은 층이며, 경제적으로 활용 가능한 유럽 시장에 가까운 지정학적 이점도 있다. 아울러 풍부한 지적·과학적 전통도 있다. 지금 필요한 것은 지도자들이 현실을 직시하고, 주어진 기회를 발판 삼아 의지를 갖고 개혁의 길로 가는 것이다.[11]

물론 앞서 말한 뿌리 깊은 갈등과 고질적 문제들이 산재한 상황에서 변화와 개혁을 이루는 것이 쉬운 일은 아니다. 시간이 필요하며 고통스러운 노력이 수반되어야 할 수도 있다. 하지만 무력만으로는 이들을 제어할 수 없다. 화합하고 포용하는 정책이 아닌 힘으로 맞서는 정책은 결국 모두에게 상처를 남긴다. 테러가 테러를 부르고 전쟁이 전쟁을 부르는 악순환의 고리를 어떻게 끊어야 할지 전 세계가 고민할 시점이다.

---

11 《The Economist》, 2016. 5. 14.

1장. 흔들리는 사막의 제국

K-BEAUTY, 화장품 기업의 중동 진출

최근 국내 기업들은 사드 배치에 따른 중국 리스크를 극복하기 위한 대안 마련에 분주하다. 특히 유커(중국인 관광객) 의존도가 높은 화장품 업계는 중국 리스크를 줄이기 위해 시장 개척에 발 벗고 나섰다. 그중 중동이 새로운 대안으로 떠오르고 있다. 중동은 차세대 소비계층인 15세 미만 인구 비중이 세계 최고 수준이며, 구매력 있는 청장년층이 과반수를 차지하는 안정적인 소비시장을 갖고 있다.

히잡을 쓰는 중동 여성들은 패션 스타일에 한계가 있어 얼굴을 강조하는 색조 화장품과 피부 관련 제품의 소비가 높다. 때문에 중동은 우리나라 화장품 기업들에게는 기회의 땅이다.

또한 최근에는 아랍에미리트UAE를 중심으로 아랍권에 광범위하게 전파되고 있는 한국 드라마와 K-POP 등 한류의 영향으로 K-뷰티에 대한 호감도도 높아지고 있다. 실제로 우리나라 화장품의 사우디아라비아 수출은 매년 20퍼센트 이상의 급증세를 기록 중이다. 아랍에미리트에서는 연 5퍼센트 안팎의 꾸준한 성장세를 보이고 있다. 코트라 두바이무역관에 따르면, 아랍에미리트의 한국 화장품 수입은 2012년 538만 달러에서 2013년 568만 달러, 2014년 594만 달러로 꾸준히 늘어났다.

어떤 화장품 기업들이 중동에 진출했을까

국내 화장품 기업들의 중동 시장 진출도 본격화되고 있다. LG 생활건강의 '더페이스샵'은 2006년 요르단에 진출해, 현재 중동 내에서만 60여 개의 매장을 운영하고 있다. 2016년 기준, 중동 시장에서만 약 70억 원의 매출을 달성하는 등 꾸준히 성장세를 유지하고 있다. 특히 아랍에미리트와 사우디아라비아에서 가장 실적이 좋다.

'토니모리'는 사우디아라비아를 거점으로 쿠웨이트, 오만, 바레인, 카타르, 아랍에미리트, 사우디아라비아 등 GCC 6개국에 매장을 오픈할 예정이다. 또한 프랑스 뷰티 편집숍인 '세포라'의 중동지역 매장에도 납품을 시작했다.

■ 아부다비예술재단 이사장과 한류에 대해 환담하는 필자, 2016년 1월.

1장. 흔들리는 사막의 제국

그동안 중화권을 중심으로 세계 시장에 진출을 해온 아모레퍼시픽은 지난해 5월 두바이에 법인을 세우고 현지 유통기업과 협업을 시작했다. 올 하반기에 색조 브랜드가 강한 '에뛰드하우스' 1호점 오픈을 시작으로 본격적으로 중동 시장 공략에 나설 계획이다.

중동 화장품시장의 잠재력과 진출 시 유의점

최근 중동 화장품 시장의 연평균 성장률은 15퍼센트에 달한다. 이는 남미(14%)와 아시아(7%)보다 높은 수치다. 게다가 직장 여성의 비중이 늘어나고 있으며, 부유층 하우스 파티에서는 차도르나 히잡을 벗을 수 있어 화장품 소비는 더욱 늘어날 수밖에 없다. 시장조사 업체 유로모니터에 따르면, 중동 화장품 시장은 2015년 180억 달러(약 20조 6,000억 원)에서 2020년에는 360억 달러(약 41조 300억 원)로 두 배 가량 성장할 것으로 예상된다.

이처럼 풍부한 내수시장과 성장 잠재력을 가지고 있는 중동 시장을 공략하기 위해서는 넘어야 할 산도 있다. 종교와 문화 등의 이유로 인허가 기준이 까다롭고 그것마저도 국가별로 조금씩 차이가 있다. 중동에 진출할 경우 현지의 할랄 인증마크를 획득하는 것이 중요하다.

그리고 중동에서는 유럽산 명품 브랜드 선호도가 높은 것에 비해 한국산 제품은 아직 잘 알려지지 않은 단계이므로 적극적인 홍보가 필요하다. 중동의 성장과 맞물려 여성들의 니즈를 잘 파악하고, 한류 열풍을 잘 타면 기대 이상의 성과를 거둘 수 있다.

우리 국경일 행사에 참석한 전통 복장의 아랍에미리트 고위인사.

코란을 따르는 경제

20세기 중반, 아랍제국의 독립과 함께 서구의 경제학과 경제 시스템이 본격적으로 도입되었다. 그러나 중동의 현 경제는 아직도 《코란》의 가르침에 기초한 전통 이슬람 경제의 영향을 받고 있다. 서구의 경제 이론과 시스템이 전통 이슬람 경제와 공존하고 있는 이중 체제라 할 수 있다. 이런 점에서 중동 경제를 제대로 알기 위해서는 전통 이슬람 경제 사상과 시스템을 알아야 한다.

한 손에 코란,
한 손에 경제

중세 이슬람 사회는 고대 중동 문명을 배경으로 탄생했고, 이슬람 시대 이전에
존재했던 중동의 여러 제도를 그대로 물려받았다. 가족과 종족을 기반으로 하
는 소규모 공동체, 농경사회와 도시사회, 시장경제, 관료 중심의 제국 등이 그
것이다. 유럽의 기독교가 오랜 시간 발전해온 것과 달리 비교적 짧은 기간 내에
아라비아에서 동서의 넓은 지역으로 확산되었다. 이슬람 문명은 메카(Mecca)를
중심으로 탄생했지만 팔레스타인과 바빌론 그리고 페르시아 문명으로부터도
큰 영향을 받았다.

중세 아랍 사회는 어떻게 변모해왔는가

이슬람이 출현하기 직전 중동은 비잔틴 제국과 사산조 페르시아
라는 두 개의 거대한 정치문화권으로 양분되어 있었다. 그리스도교
와 조로아스터교의 교세는 이들 두 제국의 영역과 중복되었다. 종교
와 제국은 밀접한 관계를 맺었고, 각 공동체의 수장들은 공동체가 보
편적인 종교와 제국으로 통합되는 과정에서 징검다리 역할을 했다.

공통의 제도적 형식을 갖춘 두 지역은 7세기에 단일한 중동 문명
인 이슬람으로 흡수되어 예전 중동의 제도는 지속되었다. 이처럼 이

슬람은 중동 여러 민족의 종교적 신조와 문화적, 사회적, 경제적 정체성을 재정의하였고, 그들을 지배하던 제국들을 재편했다.[12]

이러한 변화는 크게 두 번 일어났다. 첫 번째는 초기 중동 이슬람 사회의 형성이며, 두 번째는 19세기에 시작된 이슬람 사회의 근대적 변용기다. 중동 이슬람 사회는 7세기 아라비아 반도에서 새로운 이슬람 공동체가 만들어지면서 시작됐다. 새로운 아랍-무슬림 공동체가 중동 정복을 시작으로 초기 칼리프시대(632~945년)를 거쳐 이슬람 제국과 문화를 탄생시켰다. 이어서 술탄시대(945~1200년경)에는 칼리프 시대의 제도와 문화가 새로운 유형의 이슬람 국가와 제도로 변용되었다.

두 번째 변화는 강성한 유럽이 이슬람 세계로 영향력을 뻗쳐오던 19세기 이후에 이뤄진다. 이 시기의 이슬람은 외부 세력에 대해 어떻게 대응할 것인가를 연구하기 시작했고, 이슬람의 근대적 변화가 시작된 지점이다.[13]

중세 이슬람 경제를 알아야 현대 중동 경제가 보인다

중동 국가들은 20세기 중반 독립하면서 서방 경제학과 경제 시스템을 도입했다. 그러나 여전히 현실경제에 대한 많은 원칙은 《코란》에서 가져오고 있다. 때문에 현재 중동 경제는 서구의 경제 이론과

---

12 아이라 M. 라피두스, 《이슬람의 세계사 I》, 신연성 번역, 이산, pp.30-45

13 아이라 M. 라피두스, 《이슬람의 세계사 I》, 신연성 번역, 이산, p.46

시스템, 그리고 이슬람 전통 경제라는 이중 체제가 공존하는 특이한 구조다. 지금 우리나라의 경제를 분석할 때 고려나 조선시대의 경제에 대한 정보는 아무런 도움이 되지 않는다. 왜냐하면 고려나 조선시대의 경제는 광복 이후 도입된 자본주의 시장경제 체제와 완전히 다르기 때문이다.

그러나 중동 경제는 다르다. 현대 중동 정부의 정책이나 상관습은 중세나 근대 아랍의 경제 제도와 사상, 그리고 이슬람 교리의 상당 부분을 반영하고 있다. 따라서 현대 중동 경제를 이해하기 위해서는 과거 중동의 경제 사상, 이슬람과 경제와의 상호 연관성을 이해해야만 한다.

7세기부터 13세기까지 이슬람 국가들은 황금의 시기The Islamic Golden Age를 보냈다. 관용과 개방 정책으로 사회 다방면에 걸쳐 다양성을 확충한 이슬람 제국은 수학, 화학, 물리학, 천문학 등의 자연과학과 기술, 문화 등이 고도로 발달한 선진 문명을 자랑했다. 또한, 상업 행위를 긍정적으로 여겼기 때문에 교역에 무척 활발했다. 지역적인 특성을 활용해 해로와 육로를 잇는 중계무역을 펼쳐 유럽 및 아시아 국가들과 교역하면서 막대한 부를 축적했다.

그리고 이슬람법에 따라 복지와 연금제도인 자카트Zakat(빈민 구제세)가 만들어졌다. 자카트와 인두세인 지즈야jizyah는 가난한 계층, 노인, 고아, 과부, 장애인 등 소외계층을 돌보는 재원으로 쓰였다. 재난에 대비해 각 지역에 물품을 비축하는 등 이미 복지국가의 면모를 갖추고 있었다. 교역이 발달한 이 시기에 이슬람 상인들이 서쪽으로는 대서양, 동쪽으로는 인도양과 남중국해까지 진출하면서 이슬람은 세계 최고의 경제력을 자랑하며 영향력을 확장해나간다.

이처럼 상업문화와 교역이 발달하다 보니 그와 관련한 계약 체계들도 발달하게 됐다. 당시 이슬람 상인들은 효율적인 계약 체계를 마련했고, 어음, 신용장, 수표 등을 사용했다. 게다가 합명회사 *mufawada*, partnership, 합자회사 *mudaraba*, limited partnership, 신탁제도 *waqf*, trust 등 자본주의적인 요소들이 이미 자리하고 있었으며, 이는 13세기부터 중세 유럽에 전파된다. 이처럼 이슬람의 시장경제는 상업 자본주의에 기초하고 있다.

이슬람의 자본가 *Sabib al-mal*들은 9~12세기에 전성기를 맞는다. 이 시기에는 원거리 무역이 성행했고, 다양한 형태의 회사가 설립되었다. 어음, 신탁제도, 환율제도, 저축성 계좌 등도 도입되어 초기 자본주의와 자유시장의 형태를 보이면서 여러 종류의 회사들이 국가와 함께 경제 활동에 참여했다. 그러나 언제나 폐단은 존재하는 법, 지주가 경제권을 장악하고 국가가 생산을 독점하게 되면서 자본주의적 발전은 어려워졌다.

무슬림 기술자들은 수력이나 풍력을 산업적으로 이용하여 농업, 채광, 직물, 화학, 증류 기술을 발전시켰고, 시계, 유리, 종이, 향수, 설탕 산업이 발전했다. 이런 산업기술은 12세기부터 유럽에 전수되어 유럽의 르네상스에 기여하게 된다.

이슬람 경전이자 경제활동의 지침서인 코란

《코란》은 아랍어로 '읽혀야 할 것'이란 뜻을 지닌, 이슬람의 경전이다. 여기서는 이슬람의 기본적인 믿음과 다섯 기둥 즉 신앙고백, 예배, 금식, 기부, 순례 등을 규정하고 있다. 그러나 그저 종교적인 교리만을 다룬 책이 아니다. 《코란》은 철학, 윤리, 민법, 형법, 상법, 사회복지법, 소송법, 국제법 등을 아우르는 백과전서인 동시에 아름다운 문장으로 무슬림의 세계관을 구현하는 인생의 지침서라 할 수 있다. 간혹 혼동하는 이들이 있는데, 이는 예언자 무함마드의 말과 행동을 기록한 《하디스》[14]와는 다르다.

《코란》은 무슬림의 생활이 어떠해야 하는지를 보여주는 본보기며 최고의 종교적 의미를 지녔다. 따라서 《코란》의 가르침을 현실에 어떻게 적용하느냐는 중요한 문제였고, 다양한 주석과 해설에 대해서는 아직도 의견이 분분하다. '샤리아Sharia'[15]는 이슬람의 법체계인데, 이는 하나님의 말씀을 그대로 이야기한 것은 아니지만 대부분의 무슬림은 《코란》과 하디스의 확장으로 받아들였다. 때로는 관습al-urf이나 율법학자의 의견al-ijma도 중요한 규범으로 사용되었다.

중요한 것은 이슬람법에 동업이나 부채 같은 경제적인 내용도 들어 있다는 점이다. 일부 학자들은 이슬람 이론과 관습이 일관성 있

---

14 구전되어 오던 예언자의 말과 행동을 기록한 것으로 《코란》과는 다르며, 세월이 지남에 따라 분량이 늘어나게 됨.
15 샤리아는 이슬람 성전인 《코란》, 예언자 무함마드의 언행을 기록한 수나(Sunnah), 이슬람 법학자간의 합의인 이즈마(Ijma) 및 《코란》과 수나의 유추해석인 키야스(Qiyas)로 구성됨.

■ 이슬람 전통인 마즐리스 모습. 우리의 사랑방 모임과 유사하다.

는 새로운 경제 시스템을 구성하고 있다고 주장한다. 새로운 시스템이란 이슬람 율법에 따라 부자가 빈민 구제세인 자카트를 납세하고, 돈을 빌려주되 이자를 받지 않음으로써 부가 부자에게서 가난한 사람들에게로 흘러가는 새로운 질서를 의미한다.[16]

이 시기 아랍 국가들은 이슬람에서 권위와 정통성을 찾았다. 때문에 중동 사회의 유서 깊은 제도들은 거의 대부분 7~13세기에 모두 이슬람식으로 바뀌었다.

---

16 Michael Bonner, "Poverty and Economics in the Quran, Journal of Inter-disciplinary History", 2005 Winter, pp.391-406.

코란이 허한 것과
금지한 것들

중동지역의 경제는 전통 이슬람 경제의 요소를 갖고 있다. 그리고 이슬람 경제는 《코란》과 이슬람의 전통을 따르는 경제 시스템이다. 그 핵심 내용은 《코란》이나 순나(sunnah)[17] 등에 의해 정리되었고, 근대와 현대에 이르기까지 현실에 맞추어 계속 변화해왔다. 여기서는 《코란》이나 순나에 나타난 초기 이슬람의 경제 관련 내용을 살펴보자.

《코란》은 이자를 금지한다

"하나님께서 장사는 허락하였으되, 고리대금usury은 금지하셨노라. 하나님의 말씀을 듣고 고리업을 단념한 자는 과거가 용서될 것이며, 그의 일은 하나님과 함께하느니라. 그러나 고리업을 다시 하는 자는 불지옥의 동반자로 그곳에서 영원히 머물리라."(2:275), "믿는 자들이여 하나님을 공경하라. 만약 너희가 믿음이 있다면 이자를 포기하

---

17 예언자 무함마드의 언행.

라."(2:278)

이처럼 《코란》에서는 총 여덟 군데서 이자를 금한다고 되어 있다. 예언자 무함마드 시절부터 높은 이자에 대한 비판은 있어왔다. 높은 금리에 해당하는 《코란》의 단어 리바riba는 '초과' 또는 '추가'라는 뜻인데, 이것은 돈을 빌려줄 때 붙이는 이자라는 뜻이다. 2대 우마르 칼리파 시절(634~644)에 이자 금지가 확정되었다. 이후 고금리usury와 이자interest에 대한 해석 차이가 있었으나, 현재는 고금리와 저금리를 불문하고 이자 없이 영업하는 것이 이슬람 금융Islamic Interest-free Financial Enterprises의 특징이 되었다.

이슬람 교리에 따라 이자는 금지되었다. 그리고 이자를 받는 것은 일곱 가지 큰 죄 중 하나다. 이자 금지는 현재 이슬람 샤리아에서 이견이 없다. 샤리아에 따르면 이자는 채권자가 채무자에게 가하는 억압으로 채무자의 필요와 어려운 환경을 악용하여, 채무자의 돈을 부당하게 뺏는 수단이라고 생각하기 때문이다.

빈민 구제세인 자카트의 부과

자카트는 무슬림이 자신의 재산에 따라 1년에 한 번씩 의무적으로 내는 빈민 구제세다. 의무로 정하고는 있지만 강제적인 성격보다는 자발적인 희사의 의미가 크다. 다른 무슬림의 어려움을 도와주어 무슬림의 경제적 불평등을 해소하기 위한 것으로, 무슬림으로서 해야 하는 다섯 가지 중 하나다.

《코란》은 자카트에 대해 30번 이상 언급하고 있다. 《코란》에는 "하나님 외에는 어떤 것도 경배하지 말며, 부모와 친척에게, 고아와 불우한 자들에게 자선을 베풀고, 사람에겐 겸손하며 예배를 드리고 이슬람 세를 바치라 했거늘 너희 중 소수를 제외하고는 외면하며 등을 돌리도다."(2:83)라고 언급되어 있다. 자선은 나중에 커다란 열매를 맺게 해주는 씨 뿌리기로 비유되기도 했는데, 예언자 무함마드가 자카트를 처음 만들었고 후계자인 아부 바크르Abu Bakr가 이를 제도화했다. 무함마드는 정복한 부족에게 충성서약을 받으면서 자카트를 부과했다. 그는 자카트 납부를 자신을 예언자로 인정하는 동시에 납부자가 무슬림 공동체의 일원이 되는 징표로 간주했다.

그러나 일종의 복지제도 성격을 지닌 자카트는 시간이 지남에 따라 그 성격은 변화하기 시작했다. 초기 4대 칼리프인 알리 때까지 자카트는 국가가 관리하는 세금이었으나, 알리가 암살된 후 그의 지지자들이 납부를 거부함에 따라 국가가 관리하는 자카트는 오래가지 못했다. 결국 나중에는 개인 책임의 하나로 간주되었다.

현재 자카트는 지방 정부 차원에서 무슬림이 자발적으로 납부하는 형식으로 이루어지며, 자카트 위원회가 징수와 분배를 담당한다. 사우디아라비아, 파키스탄에서는 자카트가 의무지만, 요르단, 바레인, 쿠웨이트 등 다수 국가에서는 국가가 규제는 하지만 자발적 기부금의 성격이 더 강하다.

《코란》에서는 자카트 수혜를 받을 수 있는 이들을 결식자, 빈민, 채무변제 불능자, 개종하는 비무슬림, 가난한 순례자 등 여덟 가지 부류로 제시하고 있다.

자카트의 경제적 역할

자카트는 재산이 있는 사람이 일정 금액을 기부하여 가난한 사람을 돕는 것으로 사회 계층 간 조화와 유대를 강화하는 역할을 해왔다. 또한 투자investment를 증진시키는 역할도 했다. 자카트는 순수한 부, 즉 자본에 과세를 했기 때문에 부자들은 이를 피하기 위해 이윤이 나는 사업에 투자를 했고, 이것이 투자 증진의 역할을 한 것이다. 무엇보다 투자 수단인 장비, 기계는 자카트가 면제되기 때문에 생산적 투자를 유인하는 데 큰 도움이 되었다.

자카트는 이슬람 국가가 제공하는 사회보장 시스템의 핵심이며, 자카트로 징수한 재원은 세금과 달리 일반 예산처럼 사용할 수 없었다. 오직 《코란》에서 규정한 목적에 따라 필요한 수혜자들에게만 사용할 수 있었다. 무함마드의 동료로 이슬람 사회주의의 창시자로 평가되고 있는 알 기파리Al Ghifari는 지배층이 막대한 부를 독점하는 것을 반대하여 공정한 분배를 주장했고, 부의 분배를 위해 자카트에 가난한 이들을 위한 복지와 연금의 개념이 도입되었다.

부의 축적과 순환

《코란》에는 "믿는 자들이여, 많은 아흐마르[18]와 루흐반[19]들이 부정으로 재물을 축적하며 하나님의 길에 있는 이들을 방해하도다. 또한

---

18 Kom al-Ahmar, 율법학자, 성직자, 목사, 사제 및 학자.
19 수사, 염세주의자, 은둔자 및 세상을 단념한 자라는 뜻.

금과 은을 저장하여 두고 하나님을 위해 사용치 않는 자들이 있으니[20] 그들은 고통스러운 벌을 받을 것이다."(8:34)라고 되어 있다.

부의 축적이 아닌 순환을 권장한 것인데, 자카트를 납부하는 것이 그중 한 가지 방법이다. 부를 계속 축적하면 자카트에 의한 징세가 계속되어 지속적인 축적이 어려워지게 된다. 그래서 부자들은 투자하거나 소비하는 방법을 통해 자카트의 징세를 피하려 했다.

코란과 시장경제

경제적 자유

자본주의의 특징은 사유재산 외에도 경제적 자유economic freedom를 들 수 있다. 개인은 적법한 범위 내에서 어떠한 경제활동도 할 수 있다. 그러나 이슬람 경제에서 경제적 자유는 무제한이 아니며, 《코란》에서 '허용되지 않은 것haram(하람)'은 금지한다. 여기에는 이자, 뇌물, 도박, 투기, 독점, 주류 및 마약 매매, 매춘 등이 포함된다. 자본주의와 비교하면 경제적 자유의 허용 범위가 좁은 편이다.

경제 시스템을 조정하는 메커니즘, 시장

이슬람은 경제 시스템을 조정하는 기본 메커니즘으로 시장을 이해하고 받아들인다. 이슬람에 따르면 완전경쟁 시장은 서로 합의한 가격에 소비자가 원하는 물건을 사고 팔 수 있도록 해야 한다. 그리

---

20 재물과 유산을 축적할 뿐만 아니라, 선행을 실천하지 않는 자도 포함한다고 해석한다.

초기 이슬람 경제 사상

초기 무슬림들은 《코란》이나 '순나'에 따라 경제를 운영하고 분석했다. 대표적인 것이 이자 금지다. 초기 경제 사상가인 아부 유수프(Abu Yusuf, 731~798년)는 그의 저서 《조세론(Book of Taxation, Kitab al- Kharaj)》에서 조세 수익을 사회·경제적 인프라 건설에 사용할 것을 주장했고, 판매세, 사망세, 수입 관세를 포함한 다양한 세금에 대해서도 언급했다. 이 시기 아랍 경제학자들은 근대 서양 경제학에서 논의된 분업의 이점, 수요와 공급의 법칙, 수요의 비탄력성 등을 이미 토의했다고 한다. 알 파라비(Al-Farabi, 873~950년)에 의하면 어떤 사회든지 몇 가지 요소가 부족한데 이 경우 최적은 국내적, 지역적, 세계적 교역이 이루어지는 것이다. 그리고 무역은 당사자 모두에게 이익이라고 갈파했다.

초기 여러 이슬람 학자들은 수요와 공급의 법칙도 언급했다. 이븐 타이미야(Ibn Taymiyyah)는 "어떤 상품에 대한 수요가 늘고 공급이 줄면 가격이 상승한다. 반대로 공급이 늘고 수요가 줄면 가격이 떨어진다"[21]라고 말했다.

이 시대의 최고 이슬람 경제학자인 이븐 칼둔은 슘페터에 의해 서구에도 소개되었는데 칼둔은 자신의 저서 《세계사(Kitab Al- Ibar)》에서 통합(asabiyya, cohesion)의 중요성을 강조했다. 통합이야말로 문명을 발전시키는 가장 중요한 요소라는 것이다. 그는 사회 통합의 관점에서 분업을 설명하는데, 통합이 잘된 사회일수록 성공적인 분업이 이루어지며 이를 통해 경제가 발전한다는 것이다. 그리고 성장이 수요와 공급 양쪽에 영향을 주어 가격을 결정하며, 인구 성장, 자본 축적, 기술 발전 등의 요소가 경제 성장에 큰 영향을 미친다고 주장했다. 또한 그는 인구 증가가 직접적으로 부의 축적에 기여한다고 생각했다.[22]

고 시장이 제대로 작동하려면 세 가지 조건이 마련되어야 한다. 첫째, 교환의 자유로 《코란》에서는 '교역에 참가할 것'을 촉구하고 있다. 둘째, 개인 소유를 허락하는 것이며, 셋째, 계약을 보장하는 것이다. 《코란》에서는 계약의 이행과 준수를 강조하고 있다.

사유재산 문제

사유재산은 자본주의의 근간이다. 개인은 생산이나 분배 그리고 교환 수단을 사유화하여 부를 축적할 수 있다. 그러나 무제한의 사유재산권은 소수가 부를 독점하는 폐단을 가져오기도 한다. 그래서 이슬람에서는 개인의 법적 소유권을 인정하지만, 사회와 공유할 도덕적 의무가 있다고 규정했다. 왜냐하면 알라가 인간을 위해 만든 모든 것은 특정인에게만이 아닌 모두에게 속하며 무제한이 아니라고 천명했기 때문이다. 그래서 국가는 공익을 위해 사유물을 국유화할 권한도 갖고 있다.

불확실성의 회피

지나치게 불확실한 요소가 많은 계약은 금지된다. 파생상품도 금지되며, 공매도short selling 같은 행위도 금지된다. 현대 이슬람 금융은 샤리아에 부합되는 제한된 파생상품만을 취급하고 있어 미국 투자은행의 과도한 파생상품 영업으로 촉발된 2008년 세계 금융위기에 타격을 크게 받지 않을 수 있었다.

---

21 Hosseini, "Contribution of Medieval Muslim Scholars to the History of Economics and their Impact", 2003, p.28.

22 《Islamic Economic Jurisprudence》, pp.2-4, Wikipedia.

코란과 시장은 가깝다

19세기에 서구 열강의 제국주의가 중동으로 진출하자, 이에 대응하여 아랍 정치가와 종교 지도자들은 사회를 변화시키려 했다. 지식층으로 변모한 정치 엘리트들은 이슬람 근대주의를 발전시켜 나가면서 세속적 내셔널리즘이나 사회주의를 신봉하게 되었다. 한편, 종교 지도자들은 이슬람 개혁에 집중했다. 경제도 이러한 흐름 속에서 변화해갔다. 이런 과정에서 크게 두 가지 흐름이 나타났다.[23]

이슬람의 근대화는 어떤 변화를 가져왔나

하나는 아랍의 문화부흥운동인 알 나흐다 운동[24]이다. 이는 근대화와 개혁의 시기에 아랍의 사상과 문화, 예술, 학문, 정치, 종교에 이르기까지 영향을 미친 주요 사조다. 이집트와 시리아, 레바논 등 레반트 지역을 중심으로 발생하여, 주변국 지식인들에게 영향을

---

23 아이라 M 라피두스, 《이슬람의 세계사》, 신연성 번역, 이산, p.1,365.
24 *Al Nahda* Movement, 알 나흐다는 아랍어로 각성, 또는 부흥을 의미한다.

미쳤다. 당시 발전된 서구 문화와 문물을 보고 각성한 알 타타위*El-Tahtawi* 등 아랍 선각자들은 서양 문물을 이슬람 문화에 접목시키려 했다. 이들은 의회주의를 주장했고, 여성의 교육, 과학 진흥과 열린 사회를 지향하는 자유주의적 사상*liberal ideas*을 가졌다. 이 운동의 특징은 자신감과 열린 근대주의*open-minded modernism*라 할 수 있다.

또 하나의 흐름은 7세기 이전의 아랍으로 돌아가서 순수 이슬람을 복원하자는 운동이었다. 이것은 살라피즘[25]의 탄생으로 이어진 복고적 개혁 운동으로 예언자 무함마드의 가르침과 《코란》이 이슬람의 유일한 토대라는 입장이다. 이 시기의 살라피즘은 《코란》을 근대적인 관점에서 해석했고, 과학의 중요성과 사회 변화의 정당성을 강조했다.

그러나 2차 세계대전이 끝나고, 식민 종주국이 떠나간 뒤 자리를 메운 것은 물리적인 힘을 가진 군부나 전통적인 세습 군주들이었다. 이들이 현대 아랍 국가의 성격을 규정했다. 집권세력은 국가가 방송, 교육, 자본 흐름을 통제하는 통치 방식을 택했고, 이는 스페인의 프랑코 통치와 유사했다. 정부는 복종한 대가로 기득권층의 영역을 보호하고 문화적인 권위를 보전해주었으며, 중공업을 육성하고 농업의 기계화를 추진했다. 한편 농민이나 노동자들로부터 식민지 시대 시스템을 바꾸라는 요구는 그다지 거세지 않았기 때문에 시스템을 대

---

25 Salafism, Salaf(선조)를 따르자는 주의로 7세기 초 이슬람 시대를 모범으로 삼고, 그에 회귀해야 한다는 수니파 사상의 하나임.

부분 유지할 수 있었다.[26]

지정학 특성도 아랍에게는 별다른 도움이 되지 않았다. 식민주의의 폐해와 함께 이스라엘에 대한 증오가 겹쳐 아랍은 소련으로부터 무기를 공급받고 계획경제를 전수받는 등 사회주의 경제로 기울었다. 반면, 일부 보수적 아랍 왕정국가들은 친서방 정책을 취했다. 그러나 서방 국가는 이들과의 동맹관계가 훼손되는 것을 우려했기 때문에, 이들의 민주화를 강력하게 요구하지는 못했다.[27]

현대 이슬람 경제학의 단면

서구 경제학이 이슬람 세계에 큰 영향을 끼치는 와중에, 일부 무슬림들은 전통 이슬람 경제학을 기초로 현재의 환경을 반영한 현대 이슬람 경제학을 만드는 노력에 지속적으로 몰두하고 있었다. 이들은 이슬람이 정신적인 측면뿐만 아니라 모든 면에서 완전한 시스템이라 여겼고, 이슬람이 경제활동도 결정한다고 믿었다. 1960~70년대 시아파 사상가들은 이슬람 경제Islamic Economy가 세계 경제 문제를 해결한다고 강조하며, 이슬람이 사회정의, 부의 균등한 분배, 빈곤층 보호를 약속하고 있다고 주장했다. 그러나 1980~90년대에 일어난 이슬람 혁명이 실질적인 소득 증대를 가져오지 못하고, 공산주의 또한 몰락하고 말았다. 이후에는 사회주의적 요소가 많은 국영기

---

26 《The Economist》, 2014. 7. 5, p.23.

27 《The Economist》, 2014. 7. 5, p.23.

업을 중요시 하거나 규제를 강화하는 것에 대한 관심이 점차 줄어들게 된다.

한편, 이슬람개발은행의 우메르 차프라Umer Chapra는 지난 수백 년 동안 이슬람 국가들이 발전에 뒤처졌으나, 이제는 이슬람의 부활로 발전의 롤모델이 될 가능성이 높다고 주장한다. 왜냐하면 이슬람의 세계관은 서구의 세속주의, 가치중립, 물질주의, 사회적 다원주의 Darwinism와 달리 도덕적 가치, 인간애, 사회경제적 정의, 가족 간 유대 등을 달성하기 위해 노력하고 있기 때문이라는 게 그의 주장이다.[28]

그의 이야기를 정리하면 다음과 같다. 서구 경제학은 경제활동의 동기를 개인의 이익self-interested behavior으로 보지만, 이슬람은 개인의 이익에 초점을 두지 않는다. 사람의 경제 행위는 이기주의나 이타주의 두 극단의 중간 어디쯤에서 이루어지기 때문에, 도덕성을 고양하기 위해 개인과 사회 모두 노력해야 한다.[29] 또한 시장의 원리가 인센티브와 억제력을 주어 효율성을 높이지만, 사회적 이익을 확보하지는 못하기 때문에 정부가 규제를 통해 사회적 이익을 확보하는 중요한 역할을 해야 한다.

2008년 찾아온 세계 경제위기는 서구의 신고전주의 경제학의 한계를 잘 보여주고 있다. 이는 레바논 아메리칸 대학 교수인 아이만 레다Ayman Reda 등 일부 이슬람 경제학자들의 주장과도 일맥상통

---

28 《Ethics and Economics: An Islamic Perspective》, Islamic Economic Studies Vol. 16, No.1&2, pp.14-16p.

29 지하드, *jihad*, 지속적인 노력.

한다. 지금의 경제적 위기를 극복하기 위해서는 인간을 중시하는 대안 경제학을 찾아야 하는데, 이슬람 경제가 그 대안 중 하나라는 것이다. 이슬람 경제는 시장뿐 아니라 윤리ethics, 평등equity, 공평성fairness과 사회정의social justice도 중요시한다고 주장하며, 특히 윤리와 도덕이 제 역할을 다해야 함을 강조한다.

이에 대해 티무르 쿠란Timur Kuran[30]은 다른 견해를 제시했다. 그는 이슬람 경제학이 예언자 무함마드 시대로 거슬러 올라가는 것이 아니라, 1940년대 인도에서 창조된 전통an invented tradition이라고 주장했다. 쿠란에 의하면 이 아이디어는 인도의 압둘 알라 모두디Abul-Ala Mawdudi(1903~1979년)에서 시작되었으며, 1960년대 중반을 거쳐 1970년대 석유 붐 시기에 사우디아라비아 등 석유부국의 지원하에 제도적인 기반을 확보했다.

쿠란은 이슬람 경제학의 세 가지 주요 요소 중 무이자, 경제적 평등 성취, 더 나은 경영윤리 구현 등에 대해 연구했다. 그 연구를 토대로 살펴보니 경제 행위를 하는 데 이슬람 국가 중 이자가 없는 나라는 그 어디에도 없었음을 지적하며, 경제의 이슬람화에 대해서 대중들은 지지를 보내지 않았다고 주장했다. 이슬람 금융의 형태인 이자라,[31] 무라바하[32] 등도 위장된 형태로 이자를 지급하기 때문에 이

---

30 터키 출신 미국 경제학자로 듀크 대학교 재직.
31 리스 개념, 3장의 이슬람 금융 참조.
32 자금을 제공하는 금융회사가 상품을 판매자로부터 구매한 후, 이윤을 붙여 고객에게 재판매하는 금융거래. 3장의 이슬람 금융 참조.

슬람 금융을 한다고 주장하는 은행들은 이슬람 전통을 따르기보다는 현대 금융기관과 더 유사하다는 점도 지적한다.

또한 그는 자카트를 부과했지만 경제적인 불평등이 줄어든 곳은 없었다고 말한다. 자카트가 가난한 사람들에게 재원을 분배한 것이 아니라 오히려 빼앗아갔다는 것이다. 그리고 경제활동에서 도덕성을 강조하는 것은 사회주의처럼 개인의 이익을 추구하는 인간의 본성과 충돌하기 때문에 실제로 경제 행위에 큰 영향을 끼치지 못한다고 주장했다.

한 걸음 더 나아가 그는 이슬람 경제학의 부정적 측면을 강하게 지적했다. 이슬람 경제학이 건전한 경제 발전에 필요한 아랍 국가의 사회적, 제도적 개혁을 방해하여 결과적으로 세계 경제의 불안정을 초래할 수 있다는 것이다.[33]

현대 이슬람 경제학이 경제 발전의 모델이 될 것이라는 매우 낙관적인 주장과 중동 경제 발전에 전혀 도움을 주지 못할 것이라는 상반된 평가는 둘 다 너무 극단적으로 보인다. 대부분의 아랍 국가들은 현대 경제학을 기반으로 경제를 운용하고 있으며, 일부 제한적인 분야에서만 이슬람 경제를 적용하고 있다. 불확실성의 회피 관점에서 원칙적으로 파생상품을 취급하지 않는 것 등이 그 예다.

이슬람 경제학을 따르는 특성 덕분에 2008년 세계 금융위기가 찾아왔을 때, 중동은 별다른 어려움을 겪지 않았다. 이는 이슬람 경제

---

33 Timur Kuran, "How Islamic Law held back the Middle East?"

의 장점을 보여준 것이지만, 한계가 존재하는 것은 분명하다. 모든 것이 통합되고 있는 세계화 시대에서 이슬람권에만 통용되는 독자적인 경제 시스템의 효율성이 과연 높을 수 있을까에 대해서도 생각해 볼 필요가 있다. 이슬람 경제를 완벽하게 이행하고 있는 나라는 이란과 수단 두 나라뿐임을 감안한다면 말이다.

중동의 발전이 더딘 것은 이슬람 때문인가

중동의 발전이 더딘 데는 여러 이유가 제시된다. 첫째, 이슬람이 부정적 영향을 미치기 때문이라는 의견이다. 2002년, UN의 지원을 받은 몇 명의 아랍 학자들이 아랍 세계에는 '지식'과 '자유' 이 두 가지가 부족하다twin deficits는 용감한 보고서를 썼다. 2011년에 티무르 쿠란은 이슬람법이 중동 발전에 끼친 부정적 영향에 대한 논의를 촉발시킨 바 있다.[34] 쿠란에 따르면, 이슬람 정신이 경제나 자본주의에 적대적이기 때문에, 현재 중동의 발전을 저해한다는 것이다.

막스 베버와 같은 사회학자는, 이슬람은 생래적으로 자본주의적 요소가 약하다면서, 그 이유의 하나로 이자 금지를 들었다. 그러나 이와 다른 주장을 펼치는 이들도 많다. 《성경》과 유태 경전 《토라》도 이자를 금하고 있다. 오히려 《성경》보다 《코란》이 더 경제 친화적이라는 게 일반적인 평가다. 《코란》에는 비즈니스에 대한 찬사로 가득하다. 더구나 예언자 무함마드 자신이 부유한 아랍 상인이지 않은

---

34 Timur Kuran, "How Islamic Law held back the Middle East?"

가? 나아가 무슬림 형제단Muslim Brotherhood은 이슬람이 문제가 아니라 오히려 이슬람이 해결책Islam is the solution이라고 주장한다.[35]

두 번째 이유는 중동의 저개발은 유럽 식민지 지배의 후유증이라는 것인데,[36] 상당수 아랍인들이 이렇게 생각한다. 일부 서양의 역사학자들 역시 이 주장에 힘을 보탠다. 서양의 제국주의가 아랍의 발전을 저해했다는 것이다. 제국주의가 국내 엘리트 집단과 그 외의 집단 사이의 분쟁을 조장하고 있으며, 사이크스-피코 협정[37]이 현재 중동에서 진행되고 있는 수많은 분쟁의 단초를 제공했다는 것이다.

특히 이스라엘과 팔레스타인 분쟁의 불씨를 퍼뜨려 지금까지 중동의 불안정을 초래하여 중동 민주주의 발전에도 악영향을 미치고 있다.[38] 그러나 일부 서구학자들은 반론을 제기한다. 식민지 폐해론이 그럴듯해 보이지만, 서구 지배 기간 동안 문자 해독율과 교육 수준이 높아져 긍정적인 방향으로 근본적인 변화fundamental transformation가 이루어졌다는 것이다.

한편, 쿠란 같은 일부 학자들은 중동의 저발전에 대해 다른 주장을 펼친다. 지나치게 엄격한 평등주의적인 상속법이 자본 축적을 막았고, 결과적으로 산업화를 방해하여 중동 경제가 발전하지 못했다

35 《The Economist》, 2011. 1. 27.

36 Nicholas D. Chirstof, "Is the Islam the Problem?", 《The New Times》.

37 Sykes-Picot Agreement, 1916년 영국(마크 사이크스)과 프랑스(프랑수아 조르주)간 체결된 비밀합의로 1차 세계대전 후 영국과 프랑스가 오스만 제국을 격파한 후 중동의 세력권을 나눈 협정으로, 아라비아 반도 외 지역을 영국과 프랑스 지역으로 분할했다.

38 《The Economist》, 2014. 7. 5, p.22.

2장. 코란을 따르는 경제

는 것이다. 이 이론은 최근 서구학자들의 많은 지지를 받고 있다. 아랍 국가들은 정치와 종교가 분리되지 않았고, 7세기 첫 칼리파 정부가 수립된 이래 국가의 법이 종교 아래 있는 구조다. 모든 면에서 종교가 우위를 차지하는 상황은 국가 경영에 어려움으로 작용할 수밖에 없다. 그래서 19세기의 이집트, 터키, 튀니지 정부는 샤리아 재판 sharia judges의 영향력을 줄이는 조치를 취했다. 결과를 예측하기 어려운 샤리아 재판은 정부가 국정을 운영하는 데 장애요소로 작용했기 때문이다.

쿠란에 의하면 10세기 무렵의 이슬람 국가들은 완벽한 법과 제도를 가지고 있었다. 경제 제도는 매우 훌륭했으며, 역사 발전에 발맞춰 잘 변화해나갔다. 그러나 15세기 이후, 경제 근대화에 도움이 되는 의미 있는 변화는 거의 없었다. 그는 18세기의 카이로, 이스탄불은 800년 전인 10세기와 다를 바 없다고 주장한다. 투자자나 교역하는 상인들의 회사도 여전히 10세기 때와 같이 작은 규모인데, 이런 소규모 회사는 근대화를 추진하기에는 한계가 있다.

쿠란은 중동 경제 발전을 방해한 요인으로 이슬람의 상속법을 지적했다. 상속법은 근대 이전의 기준에서 볼 때 매우 평등한 개념이지만 지금 기준으로 보면 그렇지 않다. 사업 파트너 중 한 명이 사망할 경우 남은 파트너가 사망한 파트너의 상속자들 생계 문제까지도 해결해야 하기 때문이다. 이런 한계점 때문에 이들은 궁여지책으로 파트너의 수를 제한하여 상속 문제의 가능성을 최소화하려 했다. 이처럼 이슬람법의 엄격한 개인주의 때문에 기업의 규모를 키울 수 있

이슬람법과 중동 경제 정책

이슬람 국가주의 또는 복지주의적 특성도 현대 중동 경제에 영향을 미치고 있다. 《코란》에 의하면 물과 불, 목초지는 공공재산(public property)으로 분류되어 개인이 소유할 수 없고, 국가가 관리해야 한다. 아울러 격심한 빈부 격차를 방지하고, 취약 계층인 아동, 노인, 과부, 장애인들의 생활을 보호하기 위해 국가는 경제 분야에서 큰 역할을 해야 했다.

이러한 전통의 영향 때문에 대부분의 중동 국가들의 경우, 정부가 운영하는 공공 분야가 경제 분야에서 큰 비중을 차지하고 있다. 그에 비해 민간 경제는 활발하지 못한 것이 현실이다.

중세 칼리파들은 자카트를 징수하여 빈곤층에게 필요한 것을 제공했고, 이로 인해 세계 최초의 복지국가라는 말을 들었다. 현대 중동 국가도 이런 전통을 따라 어려운 재정에도 불구하고 국민들의 생필품, 연료, 전기 등에 많은 보조금을 지불하고 있다.

는 현대적인 법인corporation 개념이 도입되지 못했다.

또한 20세기 이전까지 아랍의 기업들은 5인 이상 규모의 기업이 드물었고, 회사도 몇 년 존속하지 못했다. 그 이유는 이슬람 상업회사의 회원은 언제나 탈퇴가 가능했기 때문이다. 만일 한 파트너가 탈퇴해 조기에 파트너십이 사라질 경우에는 다른 파트너에게 비용을 전가하게 되며, 이런 문제들로 인해 투자자나 상인들은 파너트십을 적게, 단기간만 운영하려 했다.

이처럼 쇠퇴하는 아랍과 달리 서구는 13세기부터 아랍에서 받아들인 여러 가지 문화와 기술 덕분에 르네상스의 기반을 닦는다. 유럽의 르네상스 태동에 아랍의 과학, 문화와 제도가 크게 기여한 것이다. 뿐만 아니라 근대 경제 시스템을 발전시킨 덕분에 세계의 주도권을 잡으며 부상할 수 있었다.

예스24, 중동 교육 시장에 진출하다

국내 최대 인터넷 서점인 '예스24'는 도서 판매뿐 아니라 각종 문화 콘텐츠 사업을 하는 기업이다. 2014년에는 컬러 전자책 단말기인 '크레마 원'을 출시한 바 있다. 최근에는 국내외 출판사와 파트너십을 맺고 6만여 개의 교과서 등을 전자책 콘텐츠로 만들어 제공하고 있으며, '크레마 원'뿐 아니라 '크레마카르타', '크레마샤인 등으로 미국과 중동 등 해외 시장 개척에도 적극 나섰다.

더 스쿨북The Schoolbook 플랫폼의 기대 효과

예스24는 중동 시장 진출의 교두보를 아랍에미리트로 삼았다. 국비 지원 공교육 시스템을 제대로 갖춘 아랍에미리트 정부는 2012년부터 지식기반 경제 및 인재 육성을 위해 K-12 IT 인프라 구축 프로젝트에 약 2억 7,000만 달러를 투자했다. 이러한 교육적 환경에 주목한 예스24는 교육용 솔루션, 세계적인 e-콘텐츠, 디바이스를 통합한 스마트 러닝 교육 플랫폼인 '더 스쿨북'으로 중동 시장에 진출했다.

아랍에미리트의 현지 파트너와 함께 1만 명 정도의 초중고교생이 공부하는 학교에서 첫 서비스를 시작해 시장을 점차 확대해나갈 계획이다. 예스24의 중동 진출은 현지 합작법인 스마트트랙을 통해 아랍에미리트 공교육뿐 아니라 학부모 시장까지 노리고 있어 국내 관련 기업들의 이목을 집중시키고 있다. 또 아랍에미리트의 아부다비 알나흐다 학교에 e-러닝 시스템을 공급하는 기념행사를 열기도 했다. 일련의 일들을 토대로 하여 앞으로 중동지역 학교에 e-러닝 시스템 판매를 보다 더 확대해나갈 예정이다.

중동 교육 시장 공략을 위한 교두보를 확보한 예스24

예스24는 2016년 2월부터 6월까지 2차에 걸쳐 더 스쿨북 플랫폼을 알나흐다 학교에 성공적으로 구축하면서 글로벌 경쟁력을 입증

■ 알 나흐다 학교에서 예스24 e-러닝 기념행사, 2016년 2월.

중동 경제 3.0

받았다. 또한 다른 학교뿐 아니라 아랍에미리트 정부기관으로부터 라이브 데모Live Demo 및 구축사업 요청을 받고 있다. 2017년에는 아부다비의 학교 두 군데를 시작으로 2021년까지 아랍에미리트를 포함해 중동지역의 12개 학교의 수주를 목표로 하고 있다.

　이 외에도 국내 교육 업체들의 중동 시장 진출은 계속 이어지고 있다. 교육 업체인 정상 JLS의 경우, 2014년 이란과 두바이 지역에 교육 프로그램을 독점 공급하는 MOU를 체결했다.

본격적으로 개발되기 이전의 아랍에미리트 모습. 현재 Dubai waterway.

3 장

중동 경제의 민낯

중동 경제는 검은 황금이라 불리는 풍부한 석유자원을 바탕으로 성장해왔다. 하지만 지나치게 석유 의존도가 높은 산업 구조 때문에 유가 하락에 매우 취약하다. 이런 문제를 해결하고자 중동 일부 국가들은 산업 다변화로, 금융으로 눈을 돌리기 시작했으며, 수쿠크 열풍을 일으켜 전 세계 금융의 화두가 됐다. 세계적 금융기관들이 이슬람 금융 시장에 본격적으로 진입하고 있으며, 이슬람 금융에 대한 전망은 밝다.

여기서는 중동 경제를 이해하기 위해 이슬람 금융의 역사와 원리, 상품의 종류와 특성을 살펴보려 한다. 나아가 유럽 식민지를 겪으며, 중동이 어떻게 변모해왔는지도 다룬다. 이를 통해 중동 경제의 오늘, 그 민낯을 만나볼 수 있을 것이다.

이슬람,
서구 경제를 만나다

풍부한 에너지 자원을 소유하고 있으며, 이슬람 문화를 따르는 중동은 여전히 낯설기만 한 대상이다. 또 그들의 경제 체제나 경제활동에 대해 잘 몰라 중동 진출에 어려움을 겪는 이들이 많다. 오늘날의 중동은 한국과는 건설, 에너지에 이어 금융, 의료, 문화 시장까지 상당한 교류가 이루어고 있다. 현재 중동과의 고부가 서비스산업 교류는 시작 단계에 있으며, 조금만 관심을 갖고 제대로 준비를 한다면 우리에게 새로운 일자리와 비즈니스를 창출하는 기회의 땅이 될 수 있다.

기존 서구 경제 체제와는 다른 현대 이슬람 경제학

현재 이슬람 국가에서 이슬람 교리에 따라 경제 시스템을 운영하는 국가는 거의 없다. 이란이나 수단 정도가 이슬람 경제를 일부 따르는 수준이다.[39] 오늘날 중동 국가의 경제 시스템은 독립 후 이식된 서구의 경제 시스템과 전통 이슬람 경제가 혼재되어 있다. 그래서 현

---

39 Volker Nienhaus, "Fundamentals of an Islamic Economic System compared to the Social Market Economy", p.76

대 이슬람 경제학Islamic Economics의 여러 원리들은 서구의 경제 이론과 이슬람의 철학, 경제법이 결합된 형태다.

학자들은 현대 이슬람 경제학은 중동지역이 아닌, 1930년경 인도 무슬림에 의해 정립되기 시작했다고 주장한다. 무슬림들은 이슬람 국가를 위한 경제 체제를 연구하면서, 자본주의도 아니고 공산주의도 아닌 자신들만의 길을 모색했다. 그래서 초기 현대 이슬람 경제의 모델은 상당 부분 사회주의 특색을 보였다.

이렇게 탄생한 이슬람 사회주의Islamic Socialism는 국가가 경제의 주도권을 쥐고 분배하면서도 생산 수단의 사유화는 인정했다. 이 모델은 사회주의 모델의 변종으로 인식되었으나, 이슬람 사회주의는 나중에 경쟁요소가 가미된 사회주의 시장경제Social Market Economy로 변했다. 국가는 통화 안정과 적절한 경쟁을 보장하고 교통, 교육, 의료, 법적 체계 등 기본 인프라를 제공했다. 그리고 빈부격차를 줄이며 빈곤을 해소하는 방향으로 노선을 정했다.

결과적으로 이슬람 사회주의는 기존의 서구 경제 체제들과는 다르게 이슬람의 요소를 가진 시장경제 형태를 지니게 된 것이다. 그 내용을 정리하면 아래와 같다.

| 법적 프레임워크 |
- 정부의 행위는 상위법인 샤리아Shariah[40]와 샤리아를 준수하는 세속법과 연계되어 있다.

| 경제윤리 |

• 이슬람법은 경제 행위를 적극 지원하는 가치 시스템을 갖는다.

• 이슬람의 경제윤리는 개인이 자신의 노동을 통해서 생활해나가는 것을 기본으로 하며, 개인 노동윤리나 개인의 성취를 중시한다.

• 도박이나 투기 등 다른 사람의 희생을 통해 이익을 보는 모든 계약을 금지한다.

| 사회의 연대와 사회 안전망 |

• 무슬림은 자카트를 납부하며, 국가와 사회는 가난한 사람을 지원한다.

• 알라가 세상의 물건들은 모든 인간이 사용할 수 있도록 규정했기 때문에 소득과 부에서 불평등이 많으면 안 되며, 필요 시 국가가 빈곤 해소를 위해 개입해야 한다.

| 지속 발전 |

• 인간은 신이 지명한 지구의 수호자로 지구를 이용할 권리만을 갖는다. 따라서 지구에 피해를 주어서는 안 되며 미래 세대의 권리도 고려해야 한다.

• 물이나 천연자원처럼 재생이 안 되는 것은 공동 소유로 하여 환

---

40 이슬람의 법 체계. 종교생활부터 가족, 사회, 경제, 정치, 국제관계에 이르기까지 모든 것을 규정하는 포괄적인 체계로, 일반적인 법 체계와는 많이 다르다.

경을 보호할 의무가 있다.

- 천연자원을 사용하지 않는 것도 안 되지만 낭비해서도 안 된다.

| 재산의 소유 |

- 이슬람법은 생산 수단means of production의 사유를 인정한다.
- 토지와 자본은 노동과 결합될 때 생산 요소factors of production 로서의 가치를 갖는다. 그러므로 토지와 자본을 소유한 그 자체 만으로 소득을 창출할 수 없다.

| 국가의 공공재 제공 |

- 국가는 기본 인프라와 특별한 공공재를 국민에게 제공해야 하 며, 경쟁시장에 관여하는 것을 자제해야 한다.

이슬람 금융의
빛과 그림자

중동 경제를 이해하는 데 있어 가장 중요하게 살펴볼 것은 금융이다. 이슬람 금융(Islamic Banking)은 일반 금융(Conventional Banking)과는 달리 이슬람의 율법인 샤리아를 근거로 한다. 때문에 일반 금융 시스템과는 사뭇 다른 특성을 지니며, 이는 기존의 서구 금융 시스템이 가진 문제 해결의 대안으로 논의되기도 한다. 여기서는 이슬람 금융의 역사, 이슬람 금융의 원리와 특성에 대해 살펴보도록 하자.

오늘의 이슬람 금융을 만든 역사

8~12세기에 걸쳐 이슬람 세계에서 산업이 발달하고 교역이 활발해짐에 따라 금융도 발전했다. 변화된 환경에 맞춰 기업활동을 지원하는 새로운 제도들도 나타났다. 환어음, 합명회사*mufawada*, 합자회사*mudaraba*, 자본축적*nama al-mal*, 신탁제도*waqf*, 수표, 어음 등이 그것이다. 초기 자본주의적인 개념들이 도입되었고, 이는 13세기 유럽으로 건너가 더욱 발전했다.

19세기 후반 이후에는 영국계 은행들이 이슬람권 국가들에게 금융서비스를 제공하며 금리를 받는 상품을 개발하였다. 하지만 이자를 금지하는 샤리아의 율법에 위배된다는 비판이 제기됐다. 이에 따라 1950~60년대에는 파키스탄, 이집트, 말레이시아 등에서 금리를 대체하는 '무다라바Mudarabah'[41]라는 이슬람 금융기법의 원형이 나타나기 시작했다.

현대 이슬람 금융의 역사가 시작된 것은 1963년 최초의 이슬람 은행인 이집트의 미트감르저축은행Mit Ghamr Local Savings Bank이 운영되면서부터다. 미트감르저축은행은 이자 수수가 아닌 투자에 따라 예금자들과 이익을 배분하는 방식으로 운영되었다. 이러한 형태의 이슬람 은행이 1967년까지 이집트에만 아홉 개가 개설되었다.

이슬람 금융이 본격적으로 성장하게 된 건, 1973년 석유 위기 이후 산유국들이 오일머니를 축적하면서부터다. 1975년 10월, 회원국에게 개발 프로젝트 재원을 제공하기 위해 사우디아라비아 젯다에 이슬람개발은행Islamic Development Bank, IDB이 설립됐고, 1975년에는 최초의이슬람 상업은행인 두바이이이슬람은행Dubai Islamic Bank이 탄생했다. 은행들이 속속 생겨나고 있었지만, 엄격한 샤리아 원칙이 적용된 탓에 금융상품을 크게 늘리지는 못하는 상황이었다.

이러한 배경으로 볼 때, 이슬람 금융의 역사적인 분기점은 1970년대 중반으로 볼 수 있다.[42] 1977년에서 1983년까지 쿠웨이트파이낸

---

41 신탁금융, 후에 상술.

42 Munawar Iqbal, Philip Molyneux, 《Thirty Years of Islamic Banking: History, Performance and Prospects》

3장. 중동 경제의 민낯

스하우스, 이집트파이잘이슬람은행, 수단파이잘이슬람은행, 바레인 이슬람은행, 카타르이슬람은행 등이 연이어 개설되어 소매 부문을 중심으로 이슬람 금융이 본격적으로 성장했다. 초기 금융 상품들은 일반 은행상품에 기초한 기본적인 것이었으나, 수년이 지나면서 이슬람 금융업계는 새로운 상품과 서비스를 제공하기 시작했다.

이슬람 금융이 다양성을 확보하며 활기를 띤 것은 1980년에 들어서면서부터다. 1983년, 말레이시아에서는 이슬람은행법The Islamic Banking Act이 시행되어 이슬람말레이시아은행이 최초로 인가를 받았다. 아울러 정부투자법The Government Investment Act에 따라 샤리아 기준에 맞는 국채를 발행했고, 이슬람 은행의 유동성을 관리할 수 있는 수단을 순차적으로 제공했다.

금융산업 활성화 과정에서 이슬람 보험산업도 확산되었다. 보험산업이 발전하자 법적 기반이 필요해졌고, 이를 위해 1984년에는 타카풀법The Enactment of Takaful Act을 시행했다. 말레이시아 최초로 타카풀 운영회사인 STMBSyarikat Takaful Malaysia가 영업을 시작하면서 이슬람 금융상품이 다양해지기 시작했다.

이처럼 이슬람 금융산업이 활기를 띠며 확산되자 이란, 수단, 파키스탄도 국가 금융 시스템 전체를 이슬람 금융으로 바꾸려는 시도를 했다. 이슬람 국가뿐 아니라, 서구 금융기관이나 이슬람 학자들도 이슬람 금융에 관심을 보이기 시작했다. 시티은행이 런던에서 이슬람 금융거래를 시작한 것이 1981년이며, 이슬람 금융에 대한 보고서를 작성하기 시작한 것도 이 무렵이다.

1990년대에는 수쿠크, 투자신탁, 펀드 등 다양한 금융상품이 개발되었고, 이슬람 금융에 의한 프로젝트 파이낸싱 등 생산자 금융도 등장했다. 1990년에는 다국적 기업 쉘Shell의 말레이시아 법인이 세계 최초로 수쿠크를 발행했다. 이러한 발전에 힘입어 이슬람 금융은 지리적으로도 범위를 넓혀갔다. 1992년 인도네시아에, 1993년 브루나이에 각각 이슬람 은행이 설립되었고, 1994년에는 일반 금융을 취급하는 말레이시아의 은행들에 이슬람 창구[43]가 생겼다.

기존의 일반 은행들이 지점 네트워크를 통해 무슬림 고객들을 확보하면서, 이슬람 금융산업이 경쟁력을 갖추게 되었다. 아울러 샤리아를 따르는 기업을 대상으로 한 다우존스 이슬람지수Dow Jones Islamic Index, FTSE 이슬람지수FTSE Global Islamic Index 등의 지표도 개발되었다.

2000년대에 들어 유가가 상승하자 오일머니가 이슬람 채권 시장에 유입되었고, 이슬람 금융은 급격히 발전한다.[44] 더불어 국제이슬람금융시장International Islamic Financial Market, IIFM, 이슬람서비스위원회Islamic Financial Services Board, IFSB, 국제이슬람신용평가기관International Islamic Rating Agency, IIRA, 국제이슬람금융교육센터International Center for Education in Islamic Finance, INCEIF 등을 통한

---

43 Islamic Windows, 일반 금융을 거래하는 은행이 은행 내에 이슬람 창구를 만들어 이슬람 금융을 취급함.
44 이전의 중동 오일머니는 미국채나 Fannie Mae, Freddie Mae 등을 매입함으로써 미국 채권 시장에 대량 유입되었으나, 9.11 테러 이후 중동 자금에 대한 규제가 강화되면서 미국에 대한 투자 기피 현상이 확산된 바 있다.

표준화 노력도 이어졌다. 이런 금융 체제 정비를 통해 이슬람 금융 시장의 기본 인프라가 발전되기 시작했다.[45]

2008년, 전 세계가 금융위기로 흔들릴 때도 이슬람 금융은 상대적으로 안정적인 것으로 평가되면서, 성장세가 두드러졌다. 성장세의 변화만 살펴봐도 그 가능성을 알 수 있다. 2008년까지 이슬람 금융은 매년 10~15퍼센트 성장했으나, 2012년부터 2017년까지는 연 17퍼센트 성장을 예상하고 있다.[46]

이슬람의 금융이 세계의 주목을 받으며 새로운 대안으로 떠오르는 데는 그만한 이유가 있다. 먼저 이슬람 금융기관은 손익공유제[47]를 따르기 때문에, 단순히 대출자로서의 역할만을 수행하지 않는다. 그들은 사업 파트너로서 채무의 상환 가능성 외에 순이익, 사업의 건실성, 사업자의 경영 능력 등을 다각적으로 검토하여 자금을 제공한다. 기존 금융에서는 제공하지 않는 이러한 특성들이 이슬람 금융을 발전시키는 주요한 동력으로 작용한다.

이슬람 금융의 운용 방식은 일반 금융에서 나타나는 투기적 자금 수요에 의해 실물 부문과 금융 부문 사이의 괴리가 발생하고, 자원 배분이 왜곡될 가능성을 방지함으로써 자원 배분의 효율성을 높인다. 또한 샤리아는 투기적인 거래를 금지함으로써 과다한 신용 창출

---

45 "이슬람 금융의 최근 동향과 전망", 한국은행, 2011. 4, pp.4-5.

46 "Islamic Finance Creating Value", PWC, 2013.

47 profit-loss sharing, 원금상환이나 확정수익을 사전에 보장해주는 것을 금지하고, 자금 수요자와 공급자 간의 파트너십에 따라 사업의 수익은 물론 손실도 분담한다는 원칙이다.

에 의한 자산가격 상승이라는 투기적 순환구조를 근본적으로 제한
한다. 2008년 세계 금융이 위기를 맞을 때도 상대적으로 이슬람 금
융을 건실하게 평가한 건 바로 이런 이유 때문이다.[48]

이슬람 금융의 원리와 특성

이슬람 금융은 일반 금융과 많은 차이점을 지닌다. 무엇보다 이슬
람법인 샤리아와 이슬람 경제학을 따라 운영된다는 점에서 다르다.
중동에서 은행은 일반 은행과 이슬람 율법을 따르는 이슬람 은행으
로 구분되며, 이슬람 은행은 전체 은행의 3분의 1을 넘지 않는다.

샤리아 율법에 따른 이슬람 금융

샤리아란, 아랍어로 '물 마시는 곳에 이르는 길'이란 뜻이며, 일반
적으로 '사람이 마땅히 해야 할 삶의 방식을 제시하는 길'로 해석된
다. 샤리아는 법률뿐 아니라 일상생활의 행동 규범까지 포함하는 넓
은 개념이다. 이슬람 금융은 이런 샤리아의 율법을 따르는데, 그 특
징은 두 가지로 볼 수 있다.

첫째, 돈을 빌 주면서 이자interests, *riba*를 받아서는 안 되며, 둘째는
돼지고기, 도박, 무기, 포르노, 주류 산업 등 이슬람에서 금지하고 있는
분야[49]에는 투자할 수 없다. 샤리아에 반하는 투자이기 때문이다.

---

48 "금융안정 연구", 제11권 제2호, 예금보험공사, 2010. 12.
49 haram, 이와는 반대로 허가된 것은 halal이라 한다.

3장. 중동 경제의 민낯

예를 들면 주류회사에 대한 대출, 무기 제조업에 대한 출자 등은 허가받을 수 없다. 주식투자는 가능하지만 금리를 다루는 은행주나 돼지고기를 취급하는 식품회사의 주식은 보유할 수 없다. 이슬람 금융은 샤리아 기준을 준수해야 하며, 이 기준을 지키는지 여부는 개별 금융기관에 설치된 샤리아위원회Shariah Board에서 결정한다.[50] 샤리아위원회는 이슬람 율법학자로 구성돼 있으며, 거래에 앞서 이슬람 금융기관이 제공하는 대출, 출자 등의 영업이 샤리아에 저촉되는지 여부를 심사해 허가를 결정하는 기능을 한다.

이슬람 금융에는 크게 다음의 두 가지 원칙이 있다. 첫 번째 원칙은 손익공유profit-loss sharing다. 이것은 《코란》에서 수익은 허락하되 이자는 금지한 데 바탕을 둔 것이다. 쉽게 말해 이익뿐만 아니라 위험, 즉 손실도 공유한다는 것이다. 이슬람 세계의 채권자와 채무자 간에는 일종의 연대의식이 있어 금융 소비자에게 손실이 발생할 경우, 그 책임을 전가하기보다는 오히려 보호할 수 있다. 금융기관의 목적은 이런 두 집단 사이의 연대의식을 강화하고 이들의 이익이 갈등보다는 공존에 바탕을 두고 있다는 점을 인식시키는 데 있다. 이는 차입자가 투자한 사업의 성패와 관계없이 약속된 이자를 지불해야 하는 일반 금융의 개념과는 다르다.[51]

두 번째 원칙은 특별한 경우를 제외하고 현재의 자산 교환거래 만

---

50 동기관은 샤리아자문위원회(Shariah Advisory Board), 샤리아감독위원회(Shariah Supervisory Board) 등으로 다양하게 불린다.
51 심의섭 외,《중동경제와 이슬람금융》, 세창출판사, pp.203-204.

중동 경제 3.0

이슬람 금융의 기본 원칙

1. 이자를 금지한다. 실물거래가 수반된 거래가 아닌 현금을 투자하고 이자를 받는 것은 서비스의 제공 없이 시간의 경과만으로 금전이 스스로 증식된 것이기 때문에, 기생적 행위 또는 부당 이득으로 취급한다. 따라서 도덕적, 종교적 측면에서 이자를 금지한다.

2. 불확실성 배제의 원칙이 있다. 사전에 거래 당사자 사이에 모든 사항이 명확히 규정되어 있어야 한다. 따라서 불명확한 사항이 포함된 거래는 금지된다.

3. 도덕, 사회, 종교적 판단에 부합하는 거래여야 한다. 모든 투자는 윤리적이어야 하며 사회 구성원들의 공공이익에 도움이 되어야 한다. 따라서 술, 담배, 포르노, 무기, 도박 등 비윤리적인 사업을 하는 기업에는 지원할 수 없다.

4. 모든 이익과 위험은 구성원들과 공동으로 분담한다.

을 인정한다는 것이다. 불확실성을 최소화한다는 차원에서 투기 성격의 파생상품이나 선물거래 등은 원칙적으로 금지한다. 이러한 종류의 상품을 만들 경우, 그것을 운용하고 싶다면 샤리아위원회로부터 금융상품으로 적합하다는 허가를 사전에 받아야 한다.

이슬람 금융기관의 형태

대다수 이슬람 국가는 일반 금융과 이슬람 금융이 공존하는 금융 시스템을 운영하고 있다. 이슬람 금융은 단일 시스템single Islamic banking system과 이원 시스템dual banking system, 이슬람 윈도우 시스템Islamic window system 등 세 가지 종류로 구분된다. 이슬람 은행의 단일 시스템은 이슬람 은행 이외의 일반 금융을 취급할 수 없다. 국내 모든 은행이 이슬람 은행이며 이란과 수단 두 나라에서만 채택하고 있는 시스템이다.

두 번째, 이원 시스템은 일반 은행 외 이슬람 은행을 설립하여 이슬람 금융상품을 취급하는 방식이다. 마지막으로 일반 은행에서 이슬람 금융서비스를 제공하는 창구를 구비한 것이 이슬람 윈도우 시스템이다. 이원 시스템을 채택하는 대부분의 국가에서 이슬람 윈도우 시스템도 인정하고 있다.

이슬람 금융의 성장

2015년 현재 이슬람 금융의 총자산 규모는 1.88조 달러다. 이 중 이슬람 은행이 1.5조 달러, 수쿠크가 2,900억 달러, 이슬람 펀드가 713억 달러, 이슬람 보험인 타카풀이 232억 달러를 차지하고 있다.[52]

이슬람 은행의 자산은 1.5조 달러로, 2009년부터 2014년까지의 연평균 성장률이 14퍼센트에 달할 정도로 성장세를 보인다. 국가별로는 이란이 규모가 가장 크고 사우디아라비아, 말레이시아, 아랍에미리트 순이다. 이외도 쿠웨이트, 카타르, 터키, 바레인, 인도네시아,

---

52 "Islamic Financial Services Industry Stability Report", 2015.

중동 경제 3.0

| 이슬람 금융의 지역별 자산 규모 |

(10억 달러, 2015)

지역	은행자산	수쿠크	이슬람 펀드 자산	타카풀
아시아	209.3	174.7	23.2	5.2
GCC	598.8	103.7	31.2	10.4
MENA(GCC 제외)	607.5	9.4	0.3	7.1
사하라 이남	24.0	0.7	1.4	0.5
기타	56.9	2.1	15.2	–
총계	1496.5	290.6	71.3	23.2

방글라데시, 파키스탄 등이 규모가 큰 축에 속한다.

채권 발행도 2015년도에는 2,906억 달러에 달했고, 2009년부터 2013년까지의 증가율은 19.6퍼센트로 매우 높았다. 말레이시아가 58퍼센트, 인도네시아가 17.5퍼센트, 바레인이 6퍼센트, 아랍에미리트가 5퍼센트를 차지했다.

이슬람 금융은 2000년대에 들어서 연간 15퍼센트 이상 성장해왔고, 비이슬람권으로도 확산되는 등 국제 금융 시장에서도 높은 성장세를 지속하고 있다. 그 이유로는 먼저 오일머니를 들 수 있다. 유가 상승으로 오일머니가 축적되면서, 이슬람 금융 인프라가 정비되었고, 실물거래를 동반하는 특성 때문에 매우 높은 안정성을 확보하였다. 특히 GCC 국가들은 풍부한 오일머니를 국내외 이슬람 금융의 주요 자금원으로 활용하고 있다.

다른 이유로는 이슬람 금융 인프라가 정비되고 있다는 점을 들 수 있다. 다양한 금융상품과 서비스가 개발되고 있으며, 이슬람 금융과 관련한 기구들이 국제기준을 만드는 등 이슬람 금융 발전에 기여하고 있다. 2000년대 들어서 국제적인 투자은행들이 수쿠크, 프로젝트 파이낸싱, 사모펀드, 기업공개 등 기업금융을 중심으로 적극적으로 참여했다. 이처럼 이슬람 금융상품의 종류가 증가하면서 일반 은행 내에 이슬람식 서비스를 제공하는 이슬람 금융창구가 개설됐는데, 이 역시 이슬람 금융 발전에 일조하고 있다.

하지만 상품이 다양하고 인프라가 좋다고 해도 시스템 안정성이 떨어지면 문제가 되기 마련이다. 이슬람 금융은 샤리아에 따라 실물거래를 동반한 금융거래를 하기 때문에 시스템의 안정성이 비교적 높다. 샤리아가 투기 목적의 투자를 금지할 뿐만 아니라 샤리아에 부합하는 헤지펀드의 설립은 사실상 거의 불가능하기 때문이다. 이 점도 이슬람 금융이 각광받는 이유 중 하나다.

그뿐만이 아니다. 글로벌 자금 이동이 활발해지면서 이슬람 금융의 이용도가 높아지고 있다. 오일머니로 축적된 자금을 이슬람 내부에만 묵혀둘 필요가 없어진 것이다. 이슬람 국가뿐 아니라 비이슬람 국가들이 이슬람 금융을 도입하면서 각종 조치를 적극적으로 취하고 있는 것도 이슬람 금융 발전에 기여한다.

이슬람 은행상품의 다양한 구조

예금

이슬람 은행 예금의 종류에는 당좌예금, 저축예금, (특별)투자예금

| 무다라바 방식 |

자금 제공자
(예금자)

자금제공 →
← 이익배분

이슬람 은행

자금투자 →
← 이익배분

기업가
(프로젝트 사업)

등이 있으며, 이슬람 금융 방식으로는 무다라바*Mudharabah*와 와디아*wadiah*가 이용된다. 무다라바 예금은 자금을 제공하는 예금자가 금융회사를 통해 특정 사업에 참여하고, 경영을 담당하는 사업가는 이를 운영하여 수익이 발생할 경우 사전에 약정한 이익 배분율에 따라 삼자 간 이익을 공유하는 상품이다. 예금자는 사업가가 투자를 진행한다는 사실을 알고 나서 자금을 제공한다. 따라서 출자자는 사업가가 행한 투자와 운용의 성과로 배당을 받기 때문에, 이는 샤리아에 반하지 않는다.

무다라바 예금의 경우, 사업가가 투자하고 운용한 결과 손실이 발생했을 때는 출자자도 일정 정도 손실을 입을 수 있다. 수익이 발생하지 않거나 사업이 실패할 경우 모든 금전적 책임은 출자자에게 귀속되며 경영자는 자신이 제공한 노동에 대한 손실만 부담한다. 그러므로 무다라바는 이익만 얻는 게 아니라 손실도 공유하는 손익공유 방식에 속하는 개념이다.

와디아 예금의 기본적인 구조는 무다라바와 같다. 그러나 예금 운용에 따른 수익을 모두 은행이 취하는 대신에 예금자는 언제든지 예

3장. 중동 경제의 민낯

이자를 피하는 기법

샤리아 율법을 따르는 이슬람 금융에서는 금리 거래를 하지 않는다. 샤리아가 거래 시점이 다른 자금과 자금의 교환 비율로서의 금리(리바)를 금지하기 때문이다. 그러나 이자를 피하는 방법이 아주 없는 것은 아니며, 우리가 평소 접하는 일반 금융거래에도 유사한 방법이 있다. 자세한 거래 형태를 살펴보자.

• 금리 대신 상품 거래에서 발생하는 이익이나 사업, 투자의 결과로 배당이란 형태를 취하는 경우가 많다. 자금 거래에서 추가되는 부분을 금리(리바)로 보면 샤리아의 기준에 어긋나지만, 상품 거래나 사업활동 등을 포함시키면 샤리아에 부합하는 금융거래가 된다. 예컨대 상품 거래에서 은행이 상품 구매자(은행 고객)의 대리자가 되어 판매자에게서 상품을 구입(은행이 대금을 지급)해 구매자에게 재판매(뒤에 구매자가 은행에 대금 지급)하는 형태가 대표적이다.

• 선지급 방식은 부동산 개발 대상 융자나 공산품 거래에 이용된다. 은행은 고객의 지시를 받아 부동산 개발업자나 제조업자에게 자금을 제공한다. 업자는 그 자금으로 완제품을 만들어 은행을 통해 고객에게 납품한다. 은행은 고객에게서 자금을 받는데, 그때 발생하는 차액이 금리가 된다.

• 투자의 경우 배당이 금리와 유사하게 취급된다. 일반 예금에서는 자금 제공자에게 일정 기간 후 금리를 지급하지만, 이슬람 예금에서는 자금 제공자가 출자처의 투융자(부동산 개발, 금융자산 거래 등)를 먼저 염두에 두고 자금을 제공한다. 배당은 투자의 성과이지, 자신이 출자한 자금이 그만큼 증식한 것은 아니기 때문에 이자가 아니다. 손실이 생긴 경우에는 출자자도 일정 정도의 손실을 입는다. 때문에 이러한 구조를 '손익공유방식'이라 부르기도 한다.

금 인출이 가능한 상품이라는 점에서 차이가 있다. 일종의 보관계약이라 보면 된다.

대출

이슬람 은행에서도 다양한 대출 상품이 제공되고 있는데, 이슬람 금융 방식으로 무라바하, 이스티스나, 이자라, 무샤라카 등이 이용되고 있다.

| **무라바하**Murabahah(소비자 금융) | 무라바하는 채권자가 채무자에게 돈을 빌려주는 개념이 아니라 펀드투자 혹은 투자신탁과 비슷하다. 자금을 제공하는 금융회사가 판매자에게 상품을 산 후, 이윤을 붙여 고객에게 재판매하는 금융거래다. 대출 기간 동안 상품 소유권은 고객에게 이전하지만 이슬람 은행은 지급보증을 위해 통상 해당 상품에 담보권을 설정한다. 은행으로서는 사업을 통해 추가된 이윤이 금리가 된다. 상품 구매자 쪽에서는 지급을 구입 시점보다 늦추거나 분할 지급할 수 있기 때문에(금리에 해당되

| 무라바하 구조 |

3장. 중동 경제의 민낯

| 무샤라카 방식 |

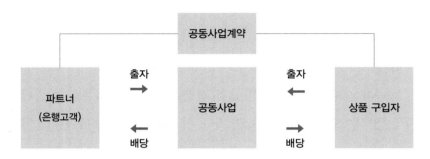

는) 마진을 지급하는 금융적인 의의를 갖는다. 이 마진은 '가격 할증'이라고도 한다.

상품을 먼저 구입하고 대금을 나중에 지불하는 거래는 우리나라에서도 볼 수 있다. 예를 들어, 주택 대출, 자동차 대출이나 할부 판매가 이런 금융거래에 속한다. 무라바하는 무역금융 등 단기 상업금융 분야 거래에 적용된다. 지역적 차이는 있지만, 중동에서는 무라바하 방식이 이슬람 은행 대출의 60~80퍼센트를 차지한다. 무라바하 거래는 금융거래 약정 때 구입 대상물을 정하기 때문에 자금만으로 이루어지는 거래가 아니라 실물을 동반하는 거래다. 따라서 샤리아에 부합된다.

| 무샤라카Musharaka | 무샤라카는 자금을 필요로 하는 사업자에게 은행이 공동출자하는 형태의 금융거래다. 투자자와 사업자가 공동출자 및 경영을 하므로 사전 계약에 따라 이익과 손실을 분

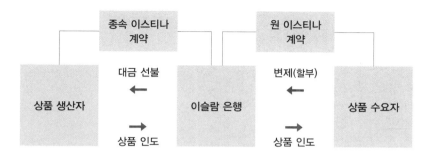

| 이스티스나 방식 |

종속 이스티나 계약 — 원 이스티나 계약

상품 생산자 ← 대금 선불 — 이슬람 은행 ← 변제(할부) — 상품 수요자
상품 생산자 → 상품 인도 — 이슬람 은행 → 상품 인도 — 상품 수요자

배하고, 비교적 장기간의 사업에 활용한다. 일정 기간 동안 단계적으로 은행 출자금을 상환하고, 상환이 완료되면 은행은 해당 사업 파트너에서 탈퇴하는 저감형 방식도 존재한다.

이 거래는 손익을 공유하는 방식이므로, 사업에 손실이 발생했을 때 은행은 출자한 최대 금액까지 손실을 입게 된다. 무샤라카는 무다라바와 달리 자금을 출자한 은행이 직접 경영에 참여할 수 있다. 공동투자 사업 계약을 맺기 때문이다. 따라서 출자자도 경영 전문성이 요구되며, 경영자는 자금을 출자하기보다는 동산, 부동산, 기술, 경영 등의 현물 출자 형태를 취하는 경우가 일반적이다.

| 이스티스나 Istisna | '이스티스나'란 아랍어로 '만들게 하다'라는 의미다. 단어의 의미로 유추할 수 있듯이 은행이 발주자인 고객을 대신해 생산자에게 돈을 먼저 지급하고, 상품을 만들게 한다. 그

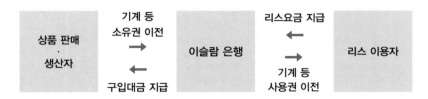

리고 추후 상품이 완성되면 금융회사는 이 상품을 취득하여 수요자에게 판매하는 금융거래 방식이다. 이스티스나는 신규 주택 취득, 공장설비 등을 위한 대출상품으로도 이용되는데, 상품 수요자와 은행이 제조하는 상품 명세에 관해 합의한 후 이를 생산자에게 제조시키고 특정 시점에 대출금을 변제한다.

| 이자라 Ijara | 이자라는 리스lease와 비슷한 개념으로 이해할 수 있다. 금융회사가 기계, 설비, 건물 등을 구입해 소유하고, 이를 리스 이용자에게 임대한다. 그리고 임대 기간 동안 임대료를 정기적으로 수취하는 금융거래다. 비교적 대규모 금융이 요구되는 토지, 건물, 기계설비류, 항공, 선박 등의 자금 조달에 이용되며, 일반적인 융자 기간은 15년이다. 이 구조도 무라바하와 같이 대상 자산이 특정 실체를 가지는 거래이기 때문에 샤리아에 부합한다.

이슬람 금융투자상품(채권)은 어떤 구조인가

수쿠크

수쿠크Sukuk(이슬람 채권)[53]는 중세 이슬람 국가에서 처음 발행되었다. 그러나 이슬람법이 이자를 금지하기 때문에, 이를 피하기 위해 중간에 사업을 끼워 넣어 투자와 이윤을 나눠주는 개념으로 포장한 금융상품이다. 전통적인 채권과 유사하지만 실물자산을 기반으로 하고 기초자산에 대한 소유권이 있다는 점에서는 일반 채권과 다르다. 수쿠크를 보유한 사람은 기초자산에서 발생한 수익, 그리고 자산 매각에 따른 수익을 공유할 권리를 가진다.

수쿠크는 실제로는 금융거래가 목적이지만 이자 금지라는 이슬람 율법을 준수하기 위해, 형식상 실물거래를 이용하여 발행하는 이슬람 채권이다. 특정 자산으로부터 취득할 수 있는 수익(실물자산에 대한 전매 차익 또는 임대료 등)의 배당에 대한 권리를 표시하는 증권이며 무라바하, 이자라, 무샤라카 등 이슬람 금융 방식을 응용하여 유통 가능한 채권 형태로 발행하는 금융상품이다.

수쿠크는 금융회사가 구입한 기계류, 설비, 건물 등을 차입자에게 임대(리스)하고 사용에 대한 임대수익을 투자자에게 지급하는 형태의 증권이다. 수쿠크는 가장 많이 쓰는 구조 중 하나로, 이슬람 금융에서 일반 금융의 고정금리 채권과 유사한 역할을 수행하고 있다.

---

53 아랍어로 '증서'를 뜻하는 말로, 수쿠크의 단수형 'Sakk'에서 유래하며, 수표를 뜻하는 영어 단어인 체크(cheque)의 어원이다.

| 이자라 수쿠크 구조 |

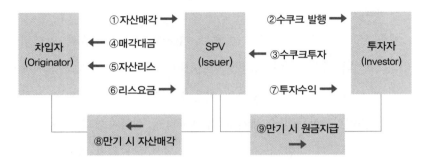

여기서 리스요율은 원금에 대한 이자율에 해당하여 수쿠크는 고정 금리 채권과 동일한 현금 흐름의 구조를 가진다.[54]

수쿠크 시장의 문제점

현재 수쿠크 시장은 여러 가지 문제에 직면해 있다. 특히 채권 발행 시 광범위한 투자자를 대상으로 하지 않고 일부 투자자를 대상으로 하는 장외거래 방식으로 발행된다는 점이 가장 큰 문제다. 또 자산관리 업계의 수요를 충족시키기 위한 이슬람 자산의 다양성이 부족하다는 점과 가격 결정의 투명성이 부족한 점도 문제점으로 지적받고 있다.

수쿠크 시장이 발전하기 위해서는 넘어야 할 장애물이 많다. 그중 하나는 GCC 국가와 말레이시아 사이에 존재하는 샤리아에 대한 해

---

54 "이슬람 금융의 최근 동향", 한국은행 국제경제정보, 2011. 4.

석의 차이다. 이 때문에 수쿠크 시장에 대한 표준화가 마련되지 못하고 있다. 수쿠크 시장의 적절한 규제 체계가 미비한 점, 조화가 부족한 점도 해결해야 할 과제다.

이슬람의 펀드

이슬람 투자펀드는 통상적인 상품과 동일하게 출자자(투자자)에게서 운용 자금을 모아 각종 자산에 투자하고, 거기에서 나온 이익을 출자자(투자자)에게 환원한다. 결국 투자펀드의 구조는 무다라바 개념을 응용한 것이라 할 수 있다. 투자 대상으로는 주식, 채권, 부동산, 상품 외에도 통상적인 투자펀드와 동일하게 사모펀드private equity funds나 기타 펀드 등 대안 투자 분야를 폭넓게 포함한다. 일반 채권은 금리를 취급하는 구조상 샤리아에 반하므로 채권은 수쿠크로 한정한다.

이슬람 금융에 특화한 헤지펀드도 존재한다. 미국의 샤리아 캐피탈Shariah Capital은 2004년 이후 샤리아에 부합하도록 설계된 펀드 '샤리아 시장중립 마스터 펀드Shariah Long/Short Master Fund'를 운용하고 있다. 율법이 엄격한 이슬람권에서 '투기의 대명사'로 알려진 헤지펀드가 탄생한 것은 꽤 이례적인 일로 받아들여지고 있다.

이슬람 펀드 규모는 2015년에는 713억 달러로 최근 그 규모가 지속적으로 확대되고 있다. 펀드 수도 1,220개에 달한다. 향후 펀드 시장은 이슬람 인구 증가, 말레이시아 및 중동에서의 샤리아 기준에 부합하는 자산에 대한 수요 증가, 중동지역 부의 축적 및 유동성 증가에 따라 성장세를 지속할 것으로 예상된다. 2013년 이슬람금융서비스법Islamic Finance Services Act 2013이 제정됐는데, 이는 펀드 시장이 성장하는 데 기여할 것이다.[55]

이슬람의 파생금융상품

이슬람의 파생금융상품은 기능면에서는 일반 금융의 파생상품과 유사하다. 그러나 파생상품이 갖고 있는 특성이 이슬람 금융의 기본 원칙인 이자 금지, 불확실성 금지, 투기 금지에 부합되지 않는 측면이 있어, 전통 금융의 파생상품과 비교할 때 다양성이나 이용도가 많이 부족한 편이다.

예를 들어 옵션거래는 미래의 손실이나 이익이 우발적 현상에 따라 결정되므로 단순히 생각하면 하람(샤리아가 금지하는 것)의 대상으로 해석할 수 있다. 따라서 단순한 선물거래조차 미래 시점의 거래 약정이라는 불확실성을 지니므로 하람의 대상으로 보는 견해도 있다. 그럼에도 최근 이슬람 파생금융상품은 거래가 늘고 있는 추세다.

이와 관련해 몇 가지 예를 살펴보자. 스탠다드차타드은행의 말레이시아 법인은 2006년 4월부터 금리 스와프와 유사한 통화 스와프 거래, 선물과 유사한 거래를 제공하고 있다. 이 구조를 토대로 현지 이슬람 전담 은행인 무아말랏은행이 통화스와프 계약을 체결했고, 같은 해 현지 전담 은행인 뱅크이슬람이 금리 스와프와 유사한 거래

---

55 IFSB, INCEIF 공동 주관 포럼 논의, 2014. 6. 9-10, 쿠알라룸푸르.

를 했다. 이렇게 각지에서 이슬람 금융의 파생금융상품이 거래되며 움직임을 보이고 있지만, 아직 전면적으로 인정된 것은 아니다.

아직까지는 말레이시아나 두바이처럼 비교적 샤리아 해석에 유연한 지역에서만 파생금융상품이 활성화되고 있다. 파생금융상품 거래가 인정받으려면, 샤리아에 적합하지 않은 이유로 지적되는 두 가지 요인, 즉 실체를 동반하지 않는 부분과 불확실성 부분이다. 현재 폭넓게 이용되고 있는 이슬람 금융상품 중 일반 금융의 파생상품 특성을 갖고 있는 금융상품은 아래와 같다.

바이 살람Bai Salam

바이 살람은 미래의 특정 시점에 미리 정해진 가격으로 특정 상품을 매입, 매도하기로 쌍방이 합의한 거래로 포워드forward 거래와 유사하다. 하지만 일반 금융의 포워드 거래와 다른 점이 있다. 가장 큰 차이점은 거래 체결 시점에 매입자는 매도자에게 총 매입대금을 결제해야 하며, 결제는 현금으로 해야 한다는 것 등이 명시된다는 점이다.

바이알 우르분Bai-al Urbun

바이알 우르분은 상품 매입자가 상품 매도자에게 소정의 예치금을 지불하고, 상품 매입자가 향후 거래 의무를 제대로 이행할 경우 최종 결제대금에서 예치금만큼을 차감한 후 잔액만 결제하는 것이다. 일반 금융에서 옵션 프리미엄은 옵션 행사 여부와 관계없이 해당 프리미엄을 돌려받을 수 없다. 그러나 바이알 우르분의 경우 실제 상품 매도 시점에 해당 금액을 원금에서 차감한다.

이슬람 보험의 상품 구조

보험과 샤리아

이슬람 율법에서 금기시하고 있는 불확실성, 도박, 이자와 같은 요소를 지닌 일반 보험은 금지되므로 타카풀[56]이라는 이슬람 보험이 등장했다. 1985년 피크 아카데미Fiqh Academy[57]는 일반 보험은 금지되지만 상호부조의 원칙, 샤리아의 준수 그리고 관대한 기부에 근거한 이슬람 보험은 허용한다고 결정했다. 타카풀에는 생명보험에 해당하는 패밀리 타카풀과 손해보험에 해당하는 제너럴 타카풀이 있으며 샤리아위원회의 인증은 필수다.

타카풀 방식

타카풀 방식은 투자수익의 분배 방식에 따라 세 가지로 나뉜다. 하나는 타카풀 사업자도 투자수익을 배분받는 무다라바 모델(주로 말레이시아)이고, 다른 하나는 소정의 수수료를 받고 투자수익을 모두 보험 계약자에게 배분하는 와카라 모델(주로 중동 국가)이다. 그리고 양자의 혼합모델도 존재한다.

---

56 Takaful, '타카풀'이란 아랍어로 '상부상조'라는 의미다.
57 이슬람 사회 전반에서 제기되는 여러 문제를 토론하고 결정하는 이슬람 법학자 및 종교학자들로 구성된 학회로서 1983년 설립되었다.

글로벌 타카풀 시장 규모는 2014년의 221억 달러에서 2015년 현재 232억 달러로 성장했다. GCC 국가가 가장 큰 시장이며, 다음으로는 이란, 아시아 지역이다. 국가별로는 사우디아라비아(37%), 이란(37%), 말레이시아(14%) 순으로 큰 시장이며, 이들이 전체 시장의 88퍼센트를 차지하고 있다.

주요국의 이슬람 금융 현황

최근 말레이시아, 영국, 싱가포르, 일본 등은 이슬람 금융 시장에 적극적으로 참여하는 분위기다. 말레이시아는 이슬람 금융을 위한 별도 입법을 제정하는 등 적극적으로 지원 정책을 추진하고 있다. 영국과 싱가포르는 이슬람 금융을 기존 금융 체계에 편입시키되, 경쟁 측면에서 일반 금융과 형평성을 유지할 수 있도록 제도를 개선하고 있다. 일본은 그간 국내법적 제약으로 인해 해외 진출을 통한 우회 전략을 활용했다. 하지만 최근에는 일본 내에서 수쿠크 발행을 위한 환경 조성을 위해 세제 개정을 논의할 정도로 적극적이다.

말레이시아

말레이시아는 이슬람 금융에 특화된 금융 시스템 개발에 성공했고, 이를 통해 혁신적이고 탄력적인 금융 부문의 개혁을 이뤘다. 말레이시아 당국은 1980년대 초부터 이슬람 금융 시장의 단계적 발전 계획을 수립하고[58] 육성해왔다. 1983년에는 이슬람 은행법을 제정해 법률 체계를 정비했다.

| 주요국 이슬람 금융 도입 현황 비교 |

	말레이시아	영국	싱가포르
제도정비 방식	특별법 제정	기존 법·제도에 반영	
세제 혜택	적극 지원	조세 중립성(tax neutrality*)유지	
비전	세계 이슬람 금융 허브	국제금융센터로서의 위상유지	
이슬람 인구비중	61% (1,540만 명)	5% (320만 명)	15% (65만 명)

* 이슬람 금융의 이중과세를 방지하고, 일반 금융에서의 과세와 형평성을 유지하려는 제도.
자료: 금감원, 조사연구 Review 제31호, 2010. 9.

이슬람 금융산업의 장기적인 발전을 위한 노력도 함께 이뤄졌다. '10개년 종합발전계획'을 시행했으며, 사우디아라비아에 위치한 이슬람개발은행Islamic Development Bank, IDB과 말레이시아의 이슬람금융서비스위원회Islamic Financial Service Board, IFSB와 상호협력을 도모했다.

이러한 노력 덕분에 전 세계 이슬람 금융에서 말레이시아가 차지하는 비중은 급격히 확대되었다. 2004년부터 2013년까지 10여 년간 이슬람 금융이 말레이시아 경제 성장에서 차지하는 비중도 크게 증가했다. 말레이시아는 일반 금융과 이슬람 금융을 병행하는 이중 금융 시스템을 유지하고 있기 때문에 순수 이슬람 금융만 허용하는 이란 같은 국가들에 비해 상대적으로 경쟁력을 확보하고 있는 셈이다.

---

58 친숙화 단계: 1983-1992, 경쟁 단계: 1993-2003, 자유화 단계: 2004년 이후.

중동 경제 3.0

2013년 기준, 말레이시아 이슬람 은행 총 자산은 전체 은행 자산의 25.7퍼센트(2008년 17.4%)를 차지하고 있으며, 예금 비중도 26퍼센트를 상회(2008년 18.8%)하는 등 꾸준한 증가세를 유지하고 있다. 말레이시아는 전 세계 이슬람 금융의 중심지로서 이미 상당한 지위를 확보하고 있다. 그러나 말레이시아의 금융 발전 정책은 여기서 멈추지 않고 있다. 정책당국의 집중적인 지원에 힘입어 글로벌 이슬람 금융 기준의 제정을 주도하고, 이슬람 금융 전문인력 양성과 조사연구 등을 통해 이슬람 금융의 허브화를 지속적으로 추진 중이다.

영국

비이슬람 국가 중 가장 적극적으로 이슬람 금융을 받아들인 나라는 영국이다. 영국 내 무슬림[59]을 위한 금융지원과 국제 금융센터로서의 위상을 강화하기 위해 이슬람 금융을 적극적으로 육성하고 있다. 영국은 비이슬람 국가 중 가장 많은 이슬람 금융자산을 보유하고 있으며, 이슬람 국가를 포함해 자산의 규모가 세계 8위 수준이다.[60]

영국은 말레이시아와는 달리 이슬람 금융을 위한 특별법을 제정하지 않고, 기존 제도 내에서 금융의 한 분야로 동일하게 규제하고 있다. '장애는 제거하되 특혜는 부여하지 않는다no obstacles, but no special favours'는 원칙을 적용한 것이다.

---

59 2015년 기준 320만 명으로 전체 인구의 5%.
60 "Islamic Financial Report", IFSL, 2010.

3장. 중동 경제의 민낯

영국의 금융감독청Financial Services Authority, FSA은 이슬람 금융
을 특별 취급하지 않으며, 이슬람 금융과 일반 금융 사이에 실질적
인 형평성이 유지되도록 하고 있다. 특히 조세 측면에서 이슬람 금
융상품이 일반 금융상품과 차별되지 않도록 하는데, 실물자산 거래
에 따른 토지인지세, 이득세 등을 면제하고 수쿠크에서 발생하는 수
익을 일반채권 이자와 동일하게 취급[61]한다. 또한 이슬람 금융에 필
요한 전문적 자문, 법률서비스 등을 제공하는 민간 전문기업인 프
라이스워터하우스쿠퍼스Pricewaterhouse Coopers, PwC, KPMGKPMG
International, 언스트앤영Ernst&Young, 딜로이트Deloitte 등을 활발히
지원하고 있다.[62]

싱가포르

싱가포르는 인접한 말레이시아에 비해 이슬람 금융을 뒤늦게 도입
했다. 그럼에도 기존의 선진 금융 인프라를 배경으로 2004년부터 이
슬람 금융을 적극 육성하고 있다. 2005년 11월 말레이시아 메이뱅크
May Bank가 싱가포르에서 이슬람 은행업을 시작했으며, 2007년 5월
싱가포르개발은행DBS이 싱가포르 최초의 이슬람 은행인 IBAIslamic
Bank of Asia를 설립했다.

2006년 2월 아시아 최초의 이슬람 주가지수인 'FTSE SGX 아시아

---

61 《Finance Act》, 2003, 2007, 2009.
62 "이슬람 금융 현황", 하나금융정보, 2010. 4.

샤리아 100 Index'를 개발하였으며, 2009년 1월 싱가포르 통화청 MAS이 비이슬람 국가 최초로 자국 통화표시 이슬람 국채를 발행했다. 현재 세 개의 이슬람 보험회사[63]가 영업 중이며, 2004년 11월에는 이슬람재보험회사Tokio Marine Nichido Re-Takaful가 설립되었다.[64]

영국과 유사하게 일반 금융과 이슬람 금융을 동일하게 규제하되, 제도상 차별이 없도록 금융 시스템을 정비했다. 싱가포르 금융당국은 2005년 4월 이슬람금융서비스위원회The Islamic Financial Services Board, IFSB 정회원 자격을 획득하고 2009년 5월 IFSB 정상회의를 개최했으며, 이슬람 자본시장 활성화를 위해 수쿠크 발행 프로그램 Sukuk Issuance Facility을 만들었다. 조세 측면에서 형평성을 위해 노력 중인데, 2005년 2월 이슬람 금융거래 관련 실물자산거래에 대한 인지세의 이중과세를 방지하고, 수쿠크 수익을 일반채권 이자와 동일하게 취급하기로 했다.

일본

일본은 2005년부터 이슬람 금융에 관심을 갖고 도입을 위해 노력해왔다. 아시아 최대인 자국의 자본시장과 외환시장을 통해 오일머니를 아시아 각국으로 중개하는 한편, 일본 기업의 자금 조달 수단을 다양화하기 위해 이슬람 금융의 도입을 추진하고 있는 것이다. 정

---

63 HSBC Insurance, NTUC Income, United Overseas Insurance
64 《조사연구 Review》 제31호, 금감원, 2010. 9.

부 산하 국제협력은행Japan Bank for International Cooperation, JBIC을 중심으로 일본은행Bank of Japan, BOJ, 금융청Financial Service Agency, FSA 등이 협력하여 이슬람 금융 도입을 준비해왔으며, 2008년 2월 금융청이 IFSB와 공동으로 이슬람 금융 국제 세미나를 개최하기도 했다.

법적 제약[65] 때문에 일본 금융회사는 주로 이슬람권 현지 금융 회사와의 제휴를 통해 간접적으로 이슬람 금융에 참여하고 있다. 2008년 12월, 은행법 시행령을 개정하여 제한적이나마 은행의 해외 자회사가 실질적 대출에 해당하는 이슬람 금융거래를 할 수 있도록 허용했다. 2006년 6월, 도쿄해상 그룹은 말레이시아 금융그룹인 홍룽 그룹과 합작으로 이슬람 보험회사를 설립했다.

그리고 2010년 12월에는 사우디아라비아 알인마은행Al Inma Bank 과 합작으로 자본금 50억 엔 규모의 손해보험회사를 설립했다. 2008년 도요타자동차는 말레이시아에서 금융 자회사 해외법인을 통해 수쿠크를 발행했다. 또한 도쿄미쓰비시UFJ은행의 말레이시아 지점은 2014년 9월 일본 은행 최초로 1년 만기 5억 달러 규모의 엔 화표시 수쿠크를 발행했다.

일본은 이슬람 금융에 필요한 제도 정비를 진행하면서 이슬람 금 융 활성화에 노력하고 있으며, 일본 법인이 이슬람 국가에서 현지 법 률에 따라 수쿠크를 발행하는 사례도 증가하고 있다. 최근 일본 정

---

65 일본 금융회사의 업무 범위에는 실물거래가 수반되는 이슬람 금융 방식이 불포함.

중동 경제 3.0

부는 일반채권과 동일한 환경에서 수쿠크를 발행하기 위해 수쿠크에 대한 조세 부과 방식의 변경을 고민하고 있다. 수쿠크에서 발생한 배당수익에 대한 원천징수세 면세 여부, 수반되는 실물자산 이전 과정에서 발생하는 등록세, 부동산 취득세 등에 대한 면세 여부 역시 이슈다.[66]

이슬람 금융의 미래를 보는 다른 시각

이슬람 금융이 향후에도 지속적으로 발전할 것인가에 대해서는 논란이 있다. 그러나 수쿠크 열풍이 불며 전 세계 금융의 화두가 됐고, 세계적 금융 기관들이 이슬람 금융 시장에 본격적으로 진입하고 있다. 급성장하는 이슬람 금융 시장을 선점함으로써, 금융 허브의 지위를 놓치지 않기 위해서다. 이런 이유들로 이슬람 금융은 앞으로 더욱 확대될 것이라는 전망이 우세하다.

이슬람 금융에 대한 긍정적 전망

이슬람 금융은 급성장하고 있는 GCC 국가들의 프로젝트 파이낸싱Project Financing 시장과 수쿠크 시장을 통해 더욱 확대될 것이라는 전망이 우세하다. 오일머니가 증가하면서 중동 경제가 성장했고,

---

66 한국 정부도 수쿠크 발행을 위해 2009년 3월부터 이슬람 금융 활성화 T/F를 운영해 왔다. 그리고 2009년, 수쿠크 발행 시 장애물인 조세문제를 해결하기 위하여 일반 채권과 동일한 세제를 적용할 수 있도록 하는 조세특례제한법 개정안을 국회에 제출하였으나 처리가 유보되었다. 이에 관해서는 뒤에 자세히 설명한다.

3장. 중동 경제의 민낯

무슬림 인구도 세계적으로 증가 추세이기 때문에 이슬람 금융의 수요는 증가할 수밖에 없다는 게 중론이다.

중동의 막대한 자본을 유치하기 위해 금융 선진국들이 수쿠크 사업에 뛰어드는 것도 이슬람 금융의 발전 가능성을 시사한다. 현재 전 세계적으로 75개 국가에 600여 개의 이슬람 금융기관이 영업 중이며 최근 들어서는 유럽, 미국에서도 관심이 높아지고 있다. 기존 이슬람권 국가 외에 이슬람 금융의 성장 잠재력이 큰 국가들로는 영국, 홍콩, 싱가포르, 태국, 일본, 미국 등을 들 수 있다.

중동의 경제전문 언론기관인 '자우야Zawya'는 2018년까지 이슬람 금융이 3.4조 달러까지 성장할 것이라고 보도했다. 이들은 글로벌 금융자산 대비 이슬람 금융자산 규모가 아직 1퍼센트 내외 수준이어서 성장 잠재력이 높으며, 이슬람 금융에 대한 수요와 공급이 꾸준히 증가할 것으로 내다봤다.

특히 수쿠크 채권은 1990년대 후반 이슬람 금융의 주요한 자금 중개 방식으로 등장한 이래 인프라 건설, 유틸리티 부문 투자, 교육, 의료, 교통 등 서비스 부문에 소요되는 자금 조달 상품으로 활용되면서 급성장하고 있다. 이슬람 금융상품과 서비스가 확대되면 일반 금융을 이용하던 무슬림들은 자연스레 이슬람 금융으로 선회할 수밖에 없다. 그렇게 되면 이슬람 금융의 점유율은 점차 높아질 것이다.

금융 시장이 글로벌화하면서 국제기구를 중심으로 이슬람 금융의 국제 기준을 만들려는 노력도 계속되고 있다. 개별 국가가 정책적 지원을 하고 있어 제도적인 인프라가 빠르게 구축되고 있는 상황이다. 또한 소비금융 중심이던 이슬람 금융이 점차 생산금융 및 자본시장까지 확대되고 있고, 중동, 아시아와 같은 성장지역이 이슬람 금융의 주요 지역이라는 점에서 이슬람 금융의 미래를 낙관적으로 전망하는 이가 많다.

낙관적인 전망은 수치로도 확인된다. 언스트앤영은 카타르, 인도네시아, 사우디아라비아, 말레이시아, 아랍에미리트, 터키 등 이슬람 국가 6개국을 이슬람 금융 급성장 국가로 분류했다. 그리고 이들 국가의 최근 5년간 이슬람 금융 성장률이 연평균 16.4퍼센트에 달한다고 발표했다. PwC의 전망도 비슷하다. 전 세계 이슬람 금융자산이 연간 17퍼센트의 성장률을 보이고 있으며, 2017년에는 약 2조 7,000억 달러에 이를 것이라고 전망했다.

금융위기를 겪은 후, 이슬람 금융은 새로운 투자의 대안 중 하나로 급부상하고 있다. 이슬람 금융은 이슬람 국가뿐 아니라 비이슬람 국가들에게도 꽤나 매력적인 투자 대상이다. 넘치는 오일머니를 유치하는 것 외에도, 위험 분산을 위한 포트폴리오를 짤 수 있기 때문이다.

이런 이유로 최근 들어 이슬람 금융에 대한 글로벌 주도권 경쟁이 가열되는 분위기다. 아랍에미리트는 두바이를 이슬람 금융 허브로 발전시키는 계획을 발표하였는데, 현재 전 세계 이슬람 금융의 허브로서 입지를 구축한 말레이시아와 라이벌 구도를 형성하는 데 목표를 두고 향후 이슬람 채권 시장을 적극 육성할 것으로 보인다.

영국은 제9차 이슬람경제포럼World Islamic Economic Forum을 개최

한 이후 이슬람 금융 육성에 힘을 쏟고 있다.[67] 2014년, 비이슬람 국가로서는 최초로 약 3.2억 달러 규모의 수쿠크를 발행했다. 이런 행보는 런던이 이슬람 금융의 중심지로 발돋움하는 계기가 될 것이라는 평가가 대체적이다. 최근의 흐름으로 볼 때 쿠알라룸푸르, 두바이, 런던 간의 이슬람 금융 허브화 경쟁은 아마도 상당히 가열될 것이다.

게다가 이슬람 금융이 가진 특이점도 긍정적 요인으로 꼽는다. 손익공유제도, 금융기관과 개인의 사회적 책임에 대한 강조, 장기적 거래 중시 등의 특징이 경제활동의 지속가능성을 높이는 데 기여하고 있기 때문이다.[68]

이슬람 금융에 대한 부정적 전망

모두가 이슬람 금융의 미래를 장밋빛으로 보는 건 아니다. 일각에서는 이슬람 금융의 미래를 부정적으로 보고 있다. 무엇보다 샤리아 해석의 국제적 표준화가 미비한 점, 종교적 성향이 지나쳐 금융거래의 유연성이 부족한 점, 이슬람 금융상품과 서비스의 다양성이 부족한 점 등을 지적한다. 이런 문제들이 이슬람 금융의 발전을 가로막고 있어 전망이 밝지만은 않다는 것이다.

---

67 WIEF는 이슬람 최대 규모의 포럼으로 'Islamic Davos'라 불리며 경제·금융계 인사 2,500명 이상이 참석한다. 쿠알라룸푸르에 본부가 있다. 2005년에 시작되어 말레이시아(5회), 파키스탄, 쿠웨이트, 인도네시아, 카자흐스탄, 영국, 두바이 등에서 개최되었고, 2016년에는 자카르타에서 개최되었다.

68 Timothy Spangler, Financial Hub, 2013. 10. 18.

실제 국가별로 샤리아 해석에 차이가 있고, 이 점이 이슬람 금융 시장의 국제적 통합을 저해하는 건 사실이다. 대다수 이슬람 국가에서도 이슬람 금융의 점유율이 낮아 무슬림 대부분이 일반 금융을 이용하고 있다. 특히 미국에서는 9.11 테러 이후 미국 내 무슬림들의 입지가 좁아졌고, 더불어 중동 국가들의 반미 정서가 강해지면서 경제 교류에도 악영향이 생겼다. 미국 금융 당국이 소극적 태도를 취하면서 이슬람 금융이 확대될 가능성이 적다는 평가도 있다.[69]

아울러 무슬림 인구가 증가한다고는 하지만 인구 증가가 단기간 내에 경제 발전으로 연결된다고 보기는 어렵다. 인구수가 많은 대부분의 이슬람 국가들은 여전히 경제적으로 취약한 상태여서 자산 관리의 개념이나 토대가 빈약하다. 게다가 상당수 이슬람 국가들의 자원이 제대로 관리되지 않아, 경제적 파급 효과가 사회 전반으로 확산되지 못하고 있는 상황이다. 이슬람 펀드가 보다 넓은 지역으로 확산되지 못하고, 중동지역이나 말레이시아 등 아시아 일부 국가에 주로 집중되는 경향이 나타나는 것은 이러한 요인 때문이다.

이제는 한국도 이슬람 금융에 적극적이어야 한다

앞서 살펴보았듯이 이슬람 금융은 성장세에도 불구하고 여러 가지 해결해야 할 문제들에 직면해 있는 게 사실이다. 그래서 발전 가능성을 무조건 낙관적으로만 볼 수는 없다. 그럼에도 새로운 금융상

---

69 한국은행, "이슬람 금융의 최근 동향 및 전망", 2011, pp.20-23

품과 서비스의 개발, 신규시장 개척, 금융위기가 생길 경우 금융시장의 안정성에 기여하는 등 글로벌 금융 시장에 긍정적 역할을 하는 것은 분명하다. 특히 이슬람법을 준수하는 금융상품에 대한 수요를 공급이 따라가지 못하는 상황이라 이슬람 금융의 성장세는 지속될 것이다.

우리나라의 경우 국내 이슬람 인구가 적고 이슬람 금융의 수요도 제한적이어서 소매 이슬람 금융은 한계가 있다. 따라서 활용 가능한 분야는 소매금융보다는 도매금융을 통한 자금 조달 및 운용이 주가 될 가능성이 크다. 현재 국내 금융기관들은 주로 미국, 일본, 유럽에서 자금을 조달해왔다. 그러나 이슬람 금융을 통해 자금을 조달하기 시작하면서 자금조달 창구가 다변화되었고, 이는 안정적인 자금 조달 가능성을 높이는 역할을 하리라 예상된다.

우리 기업들도 이슬람 국가의 사회간접시설이나 기타 대형 프로젝트 수주 시 수쿠크 발행을 통해 자금을 조달할 수 있다. 또한 일부 이슬람 국가들은 조선, 항공, 해운 등 대형 자본재를 구입할 때 이슬람 금융 방식을 통해 자금을 조달한다. 따라서 이러한 사업에 투자자로 참여할 기회를 얻기 위해서는 이슬람 금융을 이용하는 것이 필수적이다.

이슬람 자본이 국내 자본시장에 유입되는 것을 촉진하려면 국내 증권거래소에서 샤리아 기준을 충족하는 기업을 선정하여, 별도의 지수를 개발하는 방안도 고려할 필요가 있다.[70] 지수 편입 종목을 선택하는 것이 중요한데, 현재 국내에 샤리아 전문가가 없으므로 말레이시아나 아랍에미리트 등 이슬람 국가의 협조를 받아 선정하는 방법을 택할 수 있다.

이슬람 금융은 발전 전망이 밝고, 거기서 파생되는 경제적인 효과가 상당하다. 선진국들이 앞다퉈 관심을 갖는 이유는 글로벌화된 금융 시장에서 리스크를 줄이고, 자금 운용의 다변화를 꾀하기 위해서다. 이런 상황에서 우리만 이슬람 금융을 외면하는 것은 생각해 볼 일이다. 정책당국, 금융기관, 기업도 이슬람 금융의 도입과 활용 방안에 관심을 가질 필요가 있다. 또 2011년도에 미뤄진 이슬람 채권 발행을 위한 국내 입법도 다시 시도해야 한다. 무엇보다 이슬람 현지의 금융 전문가들과 인적 네트워크를 강화하는 노력이 필요하다.

---

70 예를 들면, Korean Stock Market Shariah Index, 미국 다운존스 및 영국 《파이낸셜 타임스》 등은 샤리아 기준을 충족하는 기업만을 대상으로 Dow Jones Shariah Index, FTSE Global Islamic Index 등을 편제하여 제공함으로써 이슬람 자본 유입을 유도하고 있다.

3장. 중동 경제의 민낯

중동 경제의 화수분, 석유

중동 산유국들은 풍부한 석유자원을 바탕으로 성장해왔다. 특별한 노력을 기울이지 않고, 땅에 묻힌 천연자원으로 부를 획득할 수 있다는 건 분명 행운이다. 하지만 주어진 행운보다 중요한 건 그것을 전략적으로 잘 관리하는 것이다. 중동은 지나치게 석유 의존도가 높은 산업 구조 때문에 전체 경제가 유가 하락에 매우 취약한 구조를 갖고 있다. 유가의 등락이 다양한 산업에 영향을 미칠 뿐 아니라, 중동 산유국의 경기가 중동 비산유국들에게도 영향을 미치고 있다.

석유산업이 걸어온 변화의 길

1950년 이전까지 중동은 가난한 지역이었다. 그러나 1950년대 석유 탐사와 시추가 이뤄지면서 이들의 경제적 위상은 하루아침에 달라졌다. 산유국들이 오일머니로 급격히 성장하고, 석유산업이 발전하면서 정치, 경제, 사회적으로도 큰 변화transformation가 일어났다. 소득이 높아졌고, 특히 GCC 산유국들은 선진국을 능가하는 고소득 국가가 되었다.

GCC 산유국들은 막대한 석유 수출로 국민들에게 부를 분배하고 다양한 복지서비스를 제공했다. 국민들은 세금을 낼 필요가 없고, 무상교육과 의료혜택을 받았으며, 보조금 혜택으로 싼 기름과 물을 사용하며, 취업도 쉽게 할 수 있었다. 그와 동시에 국민들은 풍요로운 혜택을 얻는 대가로 이슬람을 준수하고, 왕정의 절대 권력을 묵인해주었다.

그러나 중동의 모든 국가가 산유국인 것은 아니다. 22개 중동 국가 중 대표적 산유국은 사우디아라비아, 아랍에미리트, 오만, 카타르, 쿠웨이트, 바레인 등 GCC 6개국과 이란, 이라크, 예멘, 그리고 마그레브 지역의 알제리, 리비아 등 11개국으로 절반 정도다. 이들은 중동 경제에서 높은 비중을 차지하고 있는데, 이것만 봐도 중동 경제가 석유를 중심으로 운영됨을 알 수 있다.

비산유국의 노동자들은 산유국으로 건너가 취업하는데, 이들이 본국에 송금하는 규모가 커서 비산유국의 재정 수입에도 도움이 되고 있다. 또한 GCC 산유국들은 무상원조나 저리 차관을 통해 비산유국에게 자금을 지원한다. 이처럼 산유국 경제와 비산유국 경제는 여러 측면에서 밀접하게 연계되어 있다.

중동의 5대 산유국인 사우디아라비아, 이란, 이라크, 쿠웨이트, 아랍에미리트는 국제 에너지 시장에서 중요한 위치를 차지한다. 중동 지역은 세계 석유 매장량의 3분의 2를 차지하고 있으며, 50억 배럴 이상의 대형 유전supergiant fields 33개 중 28개가 중동에 위치해 있다. 이 중에서도 600억 배럴 이상의 매장량을 가진 최대 유전인 가와르Ghawar 유전이 사우디아라비아에 있으며, 중동 매장량의 75퍼센트, 전 세계 매장량의 55퍼센트가 사우디아라비아, 이라크, 이란, 쿠웨이트 4개국에 집중돼 있다.

1950~60년대는 저유가 시대로, 이 시기에는 메이저라 불리는 다국적 석유 기업이 석유의 생산과 정유시설을 독점했다.[71] 1953년, 다국적 석유 기업이 공산권을 제외한 전 세계 매장량의 95퍼센트, 생산량의 90퍼센트, 정유시설의 75퍼센트를 소유할 정도로 세계 석유 시장을 장악한 상황이었다. 그러나 국제석유회사에 대항하기 위해 산유국의 국영석유회사National Oil Companies, NOC가 설립되고, 이들이 매장량의 90퍼센트를 지배하면서 석유 시장의 구도에 큰 변화가 일어나기 시작했다.

1950년대 일본, 유럽, 미국의 경우 에너지 소비에서 석유가 차지하는 비중은 각각 5퍼센트, 14퍼센트, 40퍼센트였지만, 저유가 시대가 계속되면서 그 비중은 점점 커졌다. 석유값이 싸다 보니 과소비를 하게 된 것이다. 석유파동이 일어난 1973년에는 그 비중이 각각 76퍼센트, 60퍼센트, 47퍼센트로 늘어나 있었다.

그러나 1973년에 일어난 10월 전쟁으로 모든 상황이 달라졌다. 석유위기가 발생하자 생산자와 소비자가 쥐고 있던 유가의 주도권이 산유국으로 넘어간 것이다. 1973년 석유위기 이후 치솟기 시작한 유가는 지속적으로 상승하다가 1990년대에 하락하여, 1998년에

---

71 1950년대의 다국적 석유 기업인 메이저는 '일곱 자매(seven sisters)'라는 별명으로 불렸으며, 여기에는 엑슨, 모빌, 걸프, 텍사코, BP, 세브론, 로얄더치셸이 속한다. 이들은 1990년대에 M&A를 통해 슈퍼메이저(supermajors)로 변신한다.

배럴당 10.81달러로 최저가를 기록했다. 2002년 이후 다시 유가가 상승하기 시작해 새로이 고유가 시대를 맞게 되었다.[72] 그러나 영원한 것은 없으며 모든 일에 언제나 등락은 있는 법. 지속되던 고유가가 2014년 중반을 고비로 하락하기 시작했으며, 2017년 3월 현재는 50달러를 상회하고 있다.

중동 산유국들은 풍부한 석유자원을 바탕으로 성장했기 때문에, 전체 경제에서 석유나 천연가스가 차지하는 비중이 매우 높다. 석유산업은 2차 세계대전이 끝난 직후인 1950년대부터 발전하기 시작해, 1970년대부터 1990년대 초반까지 고유가가 지속된 덕분에 이 시기 동안 중동 산유국은 다른 신흥국보다 높은 성장세를 기록했다.

그러나 이 성장세는 1990년대 들어 냉전이 무너지면서 하락하기 시작한다. ICT와 교통의 발전으로 세계화가 급속히 진행되었고, WTO가 출범하는 등 세계 무역 질서에 큰 변화가 있었기 때문이다. 이처럼 경제가 범세계적으로 통합되기 시작한 격변의 시대를 맞아 산유국들 역시 경제개혁을 추진해야만 했다. 리스크를 최소화하며 경제적 성과를 얻기 위해 다양한 분야의 발전 필요성을 느낀 것이다. 석유에만 의존하는 구조로는 위험부담을 피할 수 없고, 미래를 장담할 수 없기 때문이다.

이러한 필요에 의해 경제의 주축인 공공 분야의 효율성을 높이려는 노력과 함께, 민간 분야를 육성하고 제조업 등 비석유 분야를 육

---

72 "The Global Oil Industry", 《The Economist》, 2013. 8. 3.)

3장. 중동 경제의 민낯

성하기 위한 산업 다변화 정책들이 추진됐다. 금융과 무역 부문에서는 어느 정도의 자유화가 진행되었고, 공공 분야에서도 개혁이 추진되었으나 안타깝게도 성공적이지는 못했다.

2000년 이후, 중동 산유국은 고유가로 벌어들인 오일머니에 힘입어 경기호황을 거듭했다. 2000년부터 2005년까지 OPECOrganization of Petroleum Exporting Countries, 석유수출국기구이 벌어들인 오일머니는 1조 4,888억 달러에 달하며, 그중 약 1조 달러가 GCC 6개국으로 유입되었다. 2005년 OPEC의 석유 수출액은 4,731억 달러로 그때까지 사상 최고치를 기록했다. 이는 1980년 중동 붐 당시의 석유 수출액 2,759억 달러의 1.7배에 달하는 규모다.

오일머니의 급증은 중동 경제의 성장과 맞물렸다. 원유 수출로 재정 수입이 증대되자 정부는 재정 지출을 확대했고, 소비와 투자가 증가해 내수가 활성화되면서 경제 성장률이 상승한 것이다. 특히 석유와 가스 산업의 비중이 높은 국가의 성장률이 높았다. 사우디아라비아와 쿠웨이트는 2000년대 초반 0퍼센트 대 성장률을 보이다가 2003년에 각각 7.7퍼센트, 9.7퍼센트 성장했다. 특히 세계 3위 천연가스 보유국인 카타르는 2003~2004년에 20퍼센트 전후의 고성장세를 구가했다.

그러나 호황을 누리는 중동 산유국도 석유 의존적인 산업 구조가 유가 하락에 매우 취약한 구조를 갖고 있어, 지속가능성이 문제가 된다는 점을 인식하고 있었다. 특히 2007~2008년 세계 금융위기를 겪으면서 이 인식은 더 강화되었다. 중동 산유국들은 국가가 중장기적으로 지속발전하기 위해서는 유가 및 원유 수요 변동에 따른 충격을 완화하는 것이 필요함을 인식하고, 비석유 분야의 발전을 도모하는 장기 계획을 세워 추진하고 있다.

예전의 중동 지도자들은 오일머니를 소모적인 소비 확대에 투입했다. 그러나 2000년대 이후의 지도자들은 소비보다는 재정수지 건전화와 미래지향적 투자활동에 보다 집중하고 있다. 눈앞의 이익이 아닌 미래를 위한 투자 중심으로 전환한 것이다. 아울러 경제 개발의 중점 과제도 포스트 오일시대를 대비하기 위해 석유 의존도를 줄이고 장기적인 성장을 위한 기반을 구축하는 것이다. 중동 국가의 기본 방향은 시장경제 체제의 도입과 정착, 사회간접자본과 인적자본의 확대, 그리고 석유 의존 산업 구조의 다각화로 요약할 수 있다.

그들은 먼저 시장경제 정착을 위해 WTO에 가입하여 자유무역을 추구했다. 자유무역과 경제 협력을 중시해 FTAFree Trade Agreement, 자유무역협정 체결도 추진하는 한편, 산업 다각화, 세계 경제와의 통합, 높은 인구 증가에 따른 일자리 창출을 위해 외국인 투자를 적극적으로 유치했다. 아울러 공공 부문이 경제를 주도하던 데서 방향을 선회해 민간 부문이 큰 역할을 할 수 있는 구조로 변화를 추진했다.

경제 성장의 토대가 되는 인프라 개발을 위해 고속도로, 항만, 공항, 통신, 주택 등 사회간접자본도 확충했다. 또한 IT, 석유화학산업, 유통, 관광, 금융 등 소프트 부문의 경쟁력을 높이기 위한 노력과 급격한 도시화에 따른 주택난 해소를 위한 주택 건설 정책도 강화하고 있다.

석유 의존형 경제에는 어떤 문제가 있나

석유 의존도가 높은 산유국들을 위협하는 경제의 최대 위험 요인은 유가 변동 등 세계 경제의 부침에 취약한 것이다. 중동지역의 경제 성장률은 유가 등락에 매우 민감하다. 수치로 확인하면 이 점이 더 명확하게 드러난다. 경제성장률을 보면 저유가 시기였던 1986~1999년 사이에는 2.6퍼센트에 불과했으나, 유가 상승기인 2000~2008년에는 5.3퍼센트, 그중에서도 급등기인 2004~2008년 중에는 6.5퍼센트를 기록했다.

글로벌 경제위기를 겪던 2008년에는 5.3퍼센트에서 2009년 2.2퍼센트로 하락했으며, 특히 GCC 국가는 6.4퍼센트에서 0.7퍼센트로 급락하여 취약성을 여지없이 드러냈다. 이는 풍부한 자원에 지나치게 의존하다 보니, 제조업이 붕괴되어 결국 경기침체가 발생하는 아픔을 겪었던 '네덜란드병Dutch Disease'과 유사한 '자원의 저주Resource Curse'라 할 수 있다.

문제는 이뿐만이 아니다. 석유에 편중된 산업구조와 풍부한 오일 머니의 혜택 때문에 교육을 받지 않으려 하거나, 일하지 않는 사회적 분위기가 팽배했다. 단순하게 말해 땅에서 기름이 솟아나 부가 보장되는데, 애써 공부하거나 노력할 필요가 없다는 것이다. 경제가 발전하는 데 인적자원이 얼마나 큰 영향을 미치는지를 감안한다면 이는 심각한 문제다.

산유국들은 대학 진학률이 낮아 자국에서 인재를 길러내지 못하는 상황이다. 경제적으로 부유한 국가라 해도, 한 국가가 지속적으로 성장하고 발전하기 위해서는 무엇보다 미래를 책임질 인재들이 있어야 한다. 그러기에 교육은 그만큼 중요한 것이다. 아랍에미리트에서는 이런 문제를 해결할 자구책으로, 2014년 징병제를 실시하면서 고등학교 졸업자는 중학교 졸업자보다 군복무 기간을 단축시켜주는 혜택을 주기도 했다.

또 국가가 석유자원을 독점하고 있다 보니, 국가가 다른 모든 분야를 압도하는 형국이 되어 권력 분산과 힘의 균형이 이루어지지 않고 있다. 국가가 안보를 명목으로 오일머니를 활용해 과다하게 무기를 구매하는 것도 문제가 된다는 지적이 있다. 중동의 사우디아라비아, 아랍에미리트가 무기 수입국의 상위 5위권에 속한다는 점만 봐도 그렇다. 대부분의 기업이 석유 관련 국영기업이고, 주목할 만한 민간기업은 부족한 것이 현실이다. 국영기업의 보수가 민간에 비해 월등히 높아 고급 인력이 민간 부문으로 진출을 꺼리고 있는 것도 해결해야 할 문제다.

저유가와 석유 의존형 경제

2014년 중반부터 계속된 유가 하락은 중동지역 경제에 상반된 영향을 주었다. GCC를 비롯한 석유 수출국은 2015년에 이어 2016년에도 성장세가 둔화되었으나, 석유 수입국은 다소 회복했다. GCC 국가의 경우 저유가에 따른 경상수지 및 재정수지의 악화, 재정긴축 때문에 비석유 부문의 성장에도 제약이 있었다. IMF 통계에서도 성장 추세가 둔화되었다. 2015년 3.4퍼센트를 기록했고, 2016년도는

| 주요 중동 국가의 경제 성장률 |

국가	2009-13	2014	2015	2016
알제리	2.8	3.8	3.9	3.6
바레인	3.6	4.4	2.9	2.1
이란	0.8	4.3	0.4	4.5
이라크	7.8	-0.4	-2.4	10.3
쿠웨이트	1.9	0.6	1.1	2.5
리비아	6.6	-24.0	-6.4	-3.3
오만	4.8	2.9	3.	1.8
카타르	10.9	4.0	3.7	2.6
사우디아라비아	4.1	3.6	3.5	1.2
아랍에미레이트	2.6	3.	4.0	2.3
예멘	1.2	-0.2	-28.1	-4.2

자료: National authorities and IMF staff estimates and projections.

1.7퍼센트 성장했다.[73]

저유가가 지속되면 석유 수출국의 재정수지가 악화되어 지역경제
의 위험요인으로 작용할 수밖에 없다. IMF 통계에 따르면, 2015년
재정적자는 GCC의 경우 GDP의 9.4퍼센트를 기록했으나 2017년에
는 6.9퍼센트까지 개선될 것으로 전망하고 있다. 한편 석유 수입국
의 경우 유가 하락으로 2015년 GDP의 8.6퍼센트이던 재정 적자가

---

73 IMF Regional Economic Outlook, 2016. 10.

중동 경제 3.0

(브랜트유 기준, 달러)

국명	2016년	2017년	국명	2016년	2017년
사우디아라비아	82	86	쿠웨이트	57	61
이란	99	93	카타르	51	58
이라크	60	65	리비아	112	104
아랍에미리트	63	67	알제리	80	72

자료: IHS Energy, OPEC Price Thresholds, 2016. 10.

2017년에는 7.1퍼센트로 줄어들 것으로 예상된다. 이에 따라 중동 산유국들은 에너지 보조금 축소 등을 통해 재정 지출을 줄이고 있으며, 부가가치세, 법인세 등 새로운 세금 도입을 검토하고 있다.

아랍에미리트를 중심으로 유가 하락이 미친 영향에 대해 좀더 구체적으로 살펴보자. 아랍에미리트의 경우도 다른 산유국과 마찬가지로 유가 하락에 따른 재정수지와 경상수지에 부정적인 영향을 받았다. 그러나 역내 안전 투자처라는 지위와 1조 달러가 넘는 국부펀드가 완충 역할을 해 경기에 미치는 부정적인 영향이 다른 국가에 비해서는 제한적인 편이다.[74]

아랍에미리트의 경우, 항공, 관광, 금융 등 비석유 부문의 안정적인 성장에 힘입어 조금씩 성장세를 보이고 있다. 2014년에 3.1퍼센

---

74 아랍에미리트 국부펀드는 아부다비투자공사ADIA 7,730억 달러 등 1.2조억 달러 규모로 세계 최대 수준이다.

　　　　　　　　　　　　　3장. 중동 경제의 민낯

트, 2015년에는 4.0퍼센트를 기록했고, 2016년에는 2.4퍼센트 성장했다. 물가의 경우 정부가 보조금을 축소함에 따라 용수 및 전기세, 가솔린 가격이 인상되어 물가가 가파르게 상승하고 있다. 2013년에 1.1퍼센트 인상한 데서 2015년에는 3.8퍼센트로 늘어났다. 재정 상태는 석유 수입이 감소됨에 따라 2009년도 이후 처음으로 2015년에 GDP 대비 2.1퍼센트 적자를 기록했다. 2015년의 재정균형 유가Fiscal Breakeven Oil Price는 69달러였으나, 실제 유가는 62달러 수준에 머물렀기 때문이다.

2014년도에는 정부 주도의 대규모 프로젝트에 대한 투자를 줄이지 않았으나, 유가 하락이 지속되자 2015년부터 불요불급한 투자는 연기하거나 취소했다. 아울러 인건비 절약을 위해 공공 분야에 일하던 고임금의 유럽과 미국의 전문가들을 상당수 퇴직시키는 방법을 택했다. 에너지 보조금 등 정부가 지급하는 보조금도 축소하고 있다. 또한 IMF는 재정의 지속가능성을 높이기 위해 부가가치세 및 법인세를 도입할 것을 적극 권고하고 있다.[75]

---

75 아랍에미리트는 세금을 징수하지 않는다. IMF는 부가가치세 5퍼센트, 자동차세 15퍼센트, 법인세 10퍼센트 수준으로 도입할 것을 제안하고 있다.

중동 경제에 도사린 위험

국가의 경제가 발전하기 위해서는 다양한 요건들이 필요지만, 무엇보다 환경 조성이 기본이다. 지정학적 위험을 안고 있으며, 내외부적으로 갈등이 심각한 중동의 경우는 특히 그렇다. 여기서는 중동의 지정학적 위험이 중동 경제에 어떤 영향을 미치는지 살펴보자.

지정학적 위험이 만드는 문제들

중동 경제 발전을 위해 해결해야 할 문제에는 여러 가지가 있지만 먼저 지정학적인 위험을 최소화하는 것이 필수적이다. 치안이 불안한 지역에 투자가 유입될 리 없기 때문이다. 빈곤을 벗어나지 못하는 나라 중 상당수가 치안이 불안한 점을 봐도 그렇다. 중동지역은 고질적으로 정세가 불안하고, 이는 중동 경제 발전의 발목을 잡고 있다.

중동의 주요 산유국들은 공통적으로 석유에 의존하는 산업 구조를 갖고 있다. 그럼에도 경제 상황에서 차이를 보이는 것은 산업의 다각화 수준과 인프라의 구축 정도에서 오는 차이뿐 아니라, 산유국 별로 지정학적인 위험이 다르기 때문이다. 리비아, 이라크의 지정학 적인 위험과 쿠웨이트, 아랍에미리트의 위험은 그 정도가 다르다.

최근 중동의 안정과 경제 발전을 저해하는 지정학적인 위험 요소 는 상당히 많다. '아랍의 봄' 이후 전환기에 발생한 국내적 혼란, IS 등 폭력주의 세력 및 이데올로기 확산, 시리아 내전을 둘러싼 종파 간 전쟁, 이란 핵협상 타결 이후 이란과 사우디아라비아 사이의 지 역 패권경쟁 심화, 해결의 기미 없이 답보 상태인 이스라엘과 팔레스 타인의 평화협상 등이다. 이에 더해 최근 미국은 중동에 대한 관여 를 축소할 움직임을 보이고 있고, 트럼프 행정부의 친이스라엘 정책 이 불러온 중동의 반미감정 등도 경제 발전을 저해하는 요인들이다.

이를 구체적 설명과 함께 정리하면 다음과 같다.

첫째, 시리아·리비아·예멘에서 일어난 시민 주도의 정치전환 운 동이 실패하면서 폭력적 세력이 생겨났고, 역내와 역외의 강대국들 이 이에 개입하고 있다. 종파 간 분쟁이 심화되면서 극심한 혼란은 지속되고 있다.

둘째, 폭력적 극단주의 세력과 이데올로기가 확산되는 위험한 상 황이다. IS는 시리아나 이라크 내에서 약화된 세력을 만회하기 위해 니스, 다카, 이스탄불, 런던 등 세계 각지에서 연계세력을 이용해 소 프트 타깃을 대상으로 테러를 자행하고 있다. 또 시리아 등에서 전 투하다 귀환한 외국인 테러 전투원Foreign Terror. Fighters, FTF들이 테러에 가담하고 있고, 소셜 미디어 등 사이버 공간에서 극단주의 이데올로기가 전파되어 '외로운 늑대lone wolf'에 의한 자생적 테러가 빈번히 발생하고 있다.

셋째, 러시아와 이란 등 시아파의 지원을 받는 시리아의 아사드 정부군과 미국, 사우디 등 순니파 세력의 지원을 받는 반군 간의 내전이 6년째 계속되고 있는 것도 중동의 위험 요소 중 하나다.

넷째, 원래부터 앙숙이었던 이란과 사우디아라비아의 갈등이 이란 핵협상 이후 더욱 심화되고 있다. 2015년 7월 이란 핵협상이 타결된 데 이어 2016년 1월 16일 국제사회의 대이란 제재가 해제됐다. 이란은 핵 보유 때문에 국제사회에서 왕따를 당해왔으나, 핵 포기와 함께 다시금 국제사회로의 진출이 가능해졌다. 이처럼 미국과 이란의 관계가 개선되면서 미국에 안보를 의존해오던 사우디아라비아가 상대적으로 불안을 느끼며 심정적으로 불쾌감을 드러내고 있다.

2015년 9월, 사우디아라비아 성지 메카에서 순례 중이던 사람들 700여 명이 압사를 당하는 참사가 일어났는데, 이때 이란인이 다수 사망하며 양국 간 누적된 갈등이 터져 나오기 시작했다. 2016년 1월, 사우디아라비아가 시아파 성직자 니므르 알 니므르Nimr al-Nimr를 처형하면서 양국의 갈등은 폭발했다. 이 사건으로 사우디아라비아는 이란과 단교하고, 이후 친사우디아라비아 성향의 GCC 국가들은 대이란 단교 또는 공관 축소 조치를 단행했다.

이란도 가만히 있지 않았다. 이에 맞서 이란 정부도 2016년 6월 메카 성지순례를 전면 중단시켰다. 현재 양국은 시리아, 예멘, 이라크 등 거의 모든 분쟁에 개입하며 대립하고 있다.

　다섯째, 이스라엘과 팔레스타인의 평화 정착을 위해 국제사회는 계속적인 노력을 하고 있지만, 마땅한 대안이나 구체적인 해법은 찾지 못하고 있다. '아랍의 봄' 이후 중동 정세 악화, 이스라엘 강경파 집권, 압바스 팔레스타인 대통령에 대한 지지 약화 등 여러 요인으로 인해 이스라엘-팔레스타인 문제에 대한 국제사회의 관심이 약화된 것도 한 요인이다. 미국 트럼프 대통령의 미국 대사관을 예루살렘으로 이전하겠다는 발언은 이스라엘-팔레스타인 문제 해결을 더욱 어렵게 만들 것으로 보인다.

　여섯째, 미국의 대중동 정책의 변화 역시 지정학적 위험 중 하나다. 미국은 셰일혁명으로 중동산 원유 수입이 줄어들었다. 이는 에너지 안보 측면에서 미국에게는 중동의 중요성이 감소됐음을 의미한다. 더불어 트럼프 신행정부는 친이스라엘 정책을 추진하겠는 입장을 강하고 표명하고 있어 지정학적 위험성의 수위를 높이는 데 일조할 것으로 보인다.

　이러한 중동지역의 불안정성은 중동뿐만 아니라 전 세계에 영향을 미친다. 이는 유가 인상, 석유화학 제품 가격의 인상, 항공유가 급등 등으로 인한 항공과 해운사의 실적 악화, 중동 건설 발주 건수와 금액의 감소, 중동지역에 대한 투자 및 수출 감소 등으로 이어져 세계 경제에 부정적인 영향을 가져올 수밖에 없다.

중동 경제 3.0

중동의 큰 정부는
지속될까

중동에서는 국가가 경제 운영에서 주도적인 역할을 한다. 아랍 국가들은 전통적으로 복지국가를 지향해왔기에 국가가 주도적일 수밖에 없기도 했고, 국가가 주도하는 공공 분야 경제가 차지하는 비중이 큰 것도 그 이유다. 국가가 정치권력뿐 아니라 경제 분야까지 틀어쥐고서 빅브라더 역할을 하는 것은 과연 무엇을 의미하는가? 그리고 그럴 수밖에 없는 이유와 거기서 어떤 문제들이 파생되는지 살펴보도록 하자.

국가가 경제 운영을 주도하는 이유

국가가 경제 운영을 주도하는 데는 여러 가지 원인이 있으나, 우선 전통적으로 아랍 국가는 복지국가welfare state를 지향해왔다는 점을 들 수 있다. 중동 국가들은 《코란》의 말씀에 따라 국민에게 사회보장체제system of social security를 제공하기 위해 노력하고 있다. 실업수당 등 각종 수당을 지급하고 국민들이 생필품과 필요한 에너지를 싸게 구입할 수 있도록 막대한 규모의 보조금을 지급하고 있다.

다른 이유로는 국가가 주도하는 공공 분야 경제가 국가 경제에서 차지하는 비중이 매우 높다는 점을 들 수 있다. 서구의 식민통치에서 독립한 중동 국가들은 독립 초기에 사회주의식 국가 발전 모델이나 수입 대체형 국가 발전 모델, 또는 자원부국 국가 발전 모델을 채택했다.

특히 천연자원이 경제에서 차지하는 비중이 높은 GCC 국가의 경우, 국가가 석유나 천연가스를 독점하여 탐사, 생산하고 수출하는 국영기업 체제를 갖고 있기 때문에 국가의 역할이 지배적일 수밖에 없다. 산유국 정부는 석유 수익으로 보조금을 지급하여, 국민이 식품과 에너지 등을 지원받아 기초생활을 할 수 있도록 보장한다. 대표적인 것이 식품과 에너지에 대한 보조금이다.

각국마다 보조금의 규모는 다르지만 이집트와 예멘이 GDP 대비 8~9퍼센트로 아랍 국가 중 제일 높은 편이다. 이집트의 경우 GDP의 6퍼센트는 전기와 연료 등 에너지 보조금으로 소비되고, 2퍼센트를 식품 보조금으로 지급한다.[76]

국가가 보조금을 준다고 하니 좋은 제도란 생각이 들겠지만, 반드시 그런 건 아니다. 보조금의 문제점은 뒤에서 설명하겠지만, 재정에 부담을 줄 뿐 아니라 국민들이 취업하려는 동기를 약화시키는 원인이 될 수도 있어 조심스럽게 접근해야 한다. 또 보조금에 많은 예산을 사용하면 상대적으로 경제 성장에 필요한 인프라, 교육, 보건 분야에 대한 투자가 줄어들기 때문에 경제 성장과 빈곤 해소에도 악영향

---

76 "Staff Report for the 2010 Article IV Consultation, Egypt", IMF 2010,

| 주요 국부펀드 현황(자산 순) |

No.	국가	펀드명	자산(10억불)	설립	재원
1	노르웨이	Government Pension Fund	885	1990	석유
2	중국	China Investment Corporation	813.3	2007	
3	아랍에미리트	Abu Dhabi Investment Authority	792	1976	석유
4	사우디	SAMA Foreign Holdings	576.	−	석유
5	쿠웨이트	Kuwait Investment Authority	592	1953	석유
6	중국	SAFE Investment Company	474	1997	
7	중국(홍콩)	Hongkong Monetary Authority Investment Portfolio	456.6	1993	
8	싱가포르	Government of Singapore Investment Corporation	350	1981	
9	카타르	Qatar Investment Authority	335	2005	석유, 가스
10	중국	National Social Security Fund	295	2000	
11	아랍에미리트	Investment Corporation of Dubai	200.5	2006	
12	싱가포르	Temasek Holdings	193.6	1974	
13	사우디	Public Investment Fund	160	2008	석유
14	아랍에미리트	Mubadala Investment Company	125	2002	석유
15	아랍에미리트	Abu Dhabi Investment Council	110	2007	석유
16	한국	Korea Investment Corporation	108	2005	

자료: Sovereign Wealth Fund Institute, 2016.

을 미친다.

산유국 정부의 주요한 경제적 활동은 국부펀드를 이용해 적극적인 해외 투자를 하는 것이다. 오일머니를 기반으로 풍부한 자금력을

3장. 중동 경제의 민낯

갖춘 국부펀드는 해외 투자를 확대하여 세계 금융 시장에서 영향력을 행사하고 있다.[77] 특히 GCC, 이란, 이라크 등 8개국의 국부펀드가 운영하는 자산 규모는 3조 달러로 세계 국부펀드 총 자산 7조 4,370억 달러의 약 40퍼센트를 차지한다.[78]

세계 10대 국부펀드 중 아랍에미리트의 ADIAAbu Dhabi Investment Authority, 사우디아라비아의 SAMA Foreign Holdings, 쿠웨이트 투자청 등 네 개가 중동 국가들이 운용하는 국부펀드다.

---

77 "중동 주요국 경제의 7대 특징과 시사점", 현대경제연구원, p.6.
78 Sovereign Wealth Fund Institute의 2016년 11월 통계.

중동 경제 3.0

중동 경제의
틀을 만든 것들

중동 경제의 오늘을 이해하기 위해서는 중동의 근대화와 현대화 과정을 이해할
필요가 있다. 그런데 그 과정은 유럽의 식민주의가 아랍에 미친 영향과 식민주
의에 대한 아랍의 대응을 파악하는 데서 비롯돼야 한다. 18세기에 이슬람 사회
는 이미 세계적인 시스템이 형성되어 있었다. 세계 각지의 이슬람 사회는 중동
이슬람 국가제도, 공동체 제도 그리고 토착 사회제도와 문화 등의 여러 요소가
상호작용하여 만들어졌다. 그리고 이러한 상호작용은 지역마다 다른 형태의 이
슬람 사회를 만드는 데 기여했다.

유럽 식민주의가 이슬람 사회에 미친 영향

이슬람 사회는 18~19세기 유럽이 중동에 개입하면서 진화의 방향
이 바뀌게 된다. 유럽 경제와 자본의 침투는 무역 증대를 가져왔으
나, 수탈무역의 형태를 띠는 경우가 많았다. 그들은 원료 생산을 강
요해 토착산업의 기반을 무너뜨렸다. 이런 변화는 경제적 생산과 교
환의 새로운 패턴과 신기술을 만들어냈고, 전통적인 이슬람 사회를
기반으로 해서 유럽 문명의 기본적인 특징을 채택하거나 재창조하
는 형태로 진행되었다.[79]

3장. 중동 경제의 민낯

근대에 들어서면서 이슬람 사회의 역사적 변용은 몇 개의 국면으로 나뉘며, 이슬람 세계 전역에서 어떤 공통된 특징을 보여준다. 첫 번째 국면은 18세기 말에서 19세기 초까지의 기간으로, 유럽의 상업적·영토적 야심 때문에 이슬람 국가 시스템이 붕괴한다. 이 단계에서 이슬람 사회의 정치, 종교, 부족 엘리트들은 이데올로기적이고 종교적인 접근을 통해 이슬람 사회의 내적 발전을 모색했다.

이러한 대응 속에서 근대적 발전의 두 번째 국면, 즉 20세기 국민국가의 형성이 시작되었다. 이슬람 국가의 엘리트들은 국민국가의 형성을 통해 자국의 정치적 정체성을 확립하는 한편, 경제 발전과 사회 개혁을 위해 노력했다. 국민국가를 건설하는 국면은 1차 세계대전 직후에 시작되어 현재까지 계속되고 있다. 독립된 국민국가가 이루어지면서 이슬람 사회는 세 번째 국면에 들어서게 된다. 이 시기에 이슬람주의와 이슬람 부흥운동이 대두하고, 이들 사회의 발전에서 이슬람의 궁극적인 역할을 둘러싸고 갈등이 불거진다.

식민 지배를 받은 중동지역에서 새로운 엘리트층인 군인, 관료, 지주 등이 전면에 등장하기 시작했고, 이들 신흥 엘리트는 유럽의 압력에 두 가지 반응을 보였다. 유럽의 확장에 맞서기 위해 근대화가 시도된 이슬람 세계 내부에서 근대화의 방향을 두고 서로 다른 의견을 가진 세력이 등장한 것이다.

하나는 서양식 교육을 받고 유럽의 문화적 가치와 그 결과를 동

---

79 아이라 M. 래피두스, 《이슬람의 세계사 I》, 신연성 번역, 이산, pp.790-791.

경하는 정치인과 지식인들이다. 이들은 이슬람 사회의 근대화나 세속적 내셔널리즘에 찬성했으며, 이슬람 사회를 유럽식 국가와 경제에 부합시키는 방향으로 이슬람을 재정의하는 데 기여했다.

다른 하나는 울라마Ulama[80]와 수피Sufi[81]의 지도를 받는 부족 지도자와 상인, 부농들이다. 이들은 근본적인 교의 관점에서 이슬람 공동체의 재편과 개인행동의 개혁을 지지했다.

중동 국가에서 차세대 정치 엘리트와 지식층은 국가 변혁을 위해 새로운 정치 이데올로기를 규정하려고 노력했다. 그 과정에서 이슬람 근대주의, 세속적 내셔널리즘, 때로는 사회주의와 같은 여러 관념들을 채택했다. 이슬람 근대주의는 19세기 이슬람 정치 엘리트와 지식인의 교의였다. 물론 이는 울라마의 교의였던 이슬람 개혁주의와는 엄연히 다른 것이다.

이슬람 근대주의의 원리에 의하면 무슬림이 유럽 열강에 패한 것은 약점을 드러낸 것과 같은 의미다. 때문에 정치권력을 회복하기 위해서는 유럽의 군사기술을 차용하고, 국가권력의 집중화, 경제의 근대화, 근대식 엘리트 교육이 필수일 수밖에 없었다. 유럽 열강에 의해 드러난 약점을 보완하고, 대내외적인 힘을 길러야 한다고 믿었기 때문이다.

---

80 지식이 있는 사람을 뜻하는 'alim'의 복수형으로 이슬람 사회의 신학자, 법학자를 총칭하는 말이다. 이들이 이슬람교의 교리, 제도에 대한 실질적인 합의를 도출해내는 당사자다.

81 수니파 이슬람의 율법주의, 형식주의에 대한 비판에서 종교적으로 경건한 생활을 강조하는 자가 수피이며 이슬람 신비주의 사상의 담당자다.

3장. 중동 경제의 민낯

이것은 이슬람 문명의 중세적 형식들이 거부되어야 한다는 뜻이었지 이슬람 자체를 부정한다는 뜻은 아니었다. 오히려 이슬람에 내재되어 있었지만 무시되어왔던 합리성, 윤리적 행동주의, 애국주의를 바탕으로 이슬람은 재구성되어야 한다는 생각이었다. 이렇게 이슬람 근대주의에 대한 지식인의 노력은 세속적 내셔널리즘으로 이어졌다.

이슬람 개혁주의의 다양한 얼굴

이슬람 개혁은 서로 다른 관점을 지닌 세력에 의해 발전하게 된다. 먼저 서구를 모방하고자 했던 정치 엘리트와 지식층은 이슬람 근대주의와 세속주의, 내셔널리즘에 몰두했다. 반면 유럽의 식민지배에 반대한 울라마와 그를 따르는 상인, 부족 지도자들은 이슬람 세계의 단결과 이슬람에 기반한 근대화를 주장했다. 때문에 이들은 서구에 개방적인 국가 지식층에게도 반대할 수밖에 없었다.

예언자 무함마드를 철저하게 따르는 것을 무슬림의 이상적인 삶으로 규정한 울라마의 저항은 대체로 이슬람 개혁주의의 관점을 보였다. 그들은 개인의 규율과 도덕적인 책임을 중시하는 종교와 보편적인 이슬람 사회 건설을 추구했고, 이슬람법에 바탕을 둔 전통주의적 사회를 통합하고 유지하려 했다. 이슬람 개혁주의는 유럽의 정치적 개입과 경제적 침략에 반대하는 농촌과 도시 상인들의 지지를 받았다. 이는 전통적인 무슬림 사회 구조의 변화와 유럽의 정치적, 경제적, 문화적 지배에 맞서기 위한 울라마와 부족집단, 그리고 도시공동체의 정치적, 도덕적 대응이었다고 볼 수 있다.

이슬람 개혁주의는 정치적 통합을 모색하던 부족사회와 상업화·도시화 과정을 겪고 있던 상인과 농민에게 더 큰 공동체를 형성할 수 있는 문화적 기반을 제공했다. 이집트 등에서는 근대주의와 개혁주의 사상이 결합하여 살라피 운동으로 발전하기도 했다.[82]

이슬람 사회의 와해와 유럽의 침투에 대한 서로 다른 두 가지 반응은 정치 엘리트와 울라마에서 나왔으며, 이는 이슬람 사회 구조에 있어 현재까지도 이어지고 있다. 대부분의 이슬람 사회에서 근대 이슬람 국민국가의 정치와 문화를 규정해온 것은 정치 지도자와 울라마 그리고 신흥 엘리트 간의 투쟁이라고 볼 수 있다.

중동의 다양한 경제 발전 전략들

1차 세계대전 이후 중동 여러 나라가 독립해 국가 발전을 위해 노력했으나, 여전히 뒤처진 상태다. 그 이유에 대해서는 다양한 분석이 있다. 우선 정치학자들은 석유에서 나오는 이윤으로 국가를 운영하는 지대경제국가Rentiers State가 그 원인이라고 설명한다. 지배자가 국민들에게 복지와 부를 분배하고 그 대신 정치적 동의를 받을 필요가 없는 체제이기 때문에 발전이 없다는 것이다.

한편 사회학자들은 중동지역에 민주주의가 작동하지 않는 것을 지적하며, 외부세력을 불신하고, 가부장적인 문화가 팽배해 저개

---

82 살라피 운동은 샤리아가 지배하던 7세기 초기 이슬람 시대를 모범으로 그에 회귀해야 한다는 수니파의 사상으로, 이슬람 근본주의임.

발 상태에 있다고 분석한다. 인구학자들은 급증하고 있는 인구가 경제 성장에 큰 부담을 주고 있음을 주장한다. 일부 역사가들은 2세기 넘게 진행된 서양의 제국주의 침탈이 중동 국내 세력 간의 분열을 조장했고, 이것이 문제라 지적한다. 사이크스-피코조약Sykes-Pico Agreement이 국가 간의 분쟁을 촉발하며, 이스라엘의 건국과 이스라엘-팔레스타인 관계가 중동 전체를 분쟁화시킨다는 것이다. 이처럼 중동의 저개발에 대한 다양한 해석이 있다.

서양 식민주의로부터 독립한 이후 중요한 것은 국가를 발전시키는 것이었다. 이를 위해서는 경제 발전이 무엇보다 중요했고, 중동 국가들은 경제 발전을 위해 다음과 같은 전략을 사용했다. 농산물 수출 전략Agro-export-led Growth, 광물 수출 전략Mineral-export-led Growth, 수입대체산업 육성 전략Import-Substituting Industrialization, 제조업 수출 전략Growth led by Manufactured Exports 등이 그것이다.[83] 중동 국가들은 하나의 전략만 채택하지 않고, 동시에 두 가지 전략을 채택하기도 했다. 비료, 금속 제련 등의 분야에서는 수입대체산업 육성 전략을 채택하고, 섬유나 전기제품 분야에서는 세계 시장에 수출하기 위해 제조업 수출 전략을 추진하기도 했다. 튀니지나 이집트의 경우 농산물 수출 전략, 수입대체산업 육성, 제조업 수출 전략 등 세 가지를 동시에 사용하기도 했다.

또한 어떤 국가들은 이 전략들을 순차적으로 사용했는데, 대개

---

83 Alan Richards et.al, 《A Political Economy of the Middle East》, pp.21-30.

중동 경제 3.0

수입대체산업 육성 정책이 성과를 내지 못하게 되자 수출 주도 전략으로 변경하는 식이었다. 이집트, 이스라엘, 모로코, 튀니지 등이 그런 국가다. 그러나 1980년대 이후, GATT에 이어 WTO 체제가 정착하면서 개방 체제가 대세가 된다. 따라서 수입 제한을 통해 자국 기업을 육성하는 수입대체산업 육성 전략은 채택하기 어려워졌다.

그럼 이토록 다양한 전략들은 기본적으로 어떤 내용이며, 서로 어떻게 다른지 살펴보자. 농산물 수출 전략은 발전 초기에 대다수 인구가 농업에 종사하고 있기 때문에 나온 것이다. 이는 생산되는 농산물을 수출해 산업화에 필요한 재원을 마련하고, 이를 토대로 발전을 추진한다는 이론이다. 그러나 농산물은 가격 변동이 심하고, 교역 조건이 좋지 않아 산업화에 필요한 자금을 마련하는 데 어려움이 있었다.

천연자원 수출을 통한 성장 전략은 석유를 수출하는 GCC 국가, 이란, 이라크, 리비아 및 광물을 수출하는 모로코 등이 채택했다. 그러나 이 전략은 불안정한 국제유가에 너무 의존하게 된다는 한계점이 있었다. 또 국가가 국민 복지를 충분히 제공하고 있다 보니 국민들 스스로가 자신을 계발하려는 유인이 적고, 석유 중심의 산업 구조로 인한 취약성도 심각한 문제였다.

다음으로 수입대체산업을 육성하는 전략은 1930년에 터키가 시멘트, 섬유, 금속 분야에서, 1950년 이후 이란, 튀니지, 알제리, 이라크 등 중동의 많은 나라에서 채택된 전략이다. 국내 시장의 규모가 큰 나라는 성과를 낼 수 있으나 소규모 국가에게는 적합하지 않다.

또 냉장고나 자동차와 같은 사치품을 생산하였으나 품질 문제로 수출하지 못해 국제수지에 문제를 야기했다. 1973년 석유파동 이후 수입대체산업 육성 전략은 시들해졌으며, 산유국들도 유가가 폭락하기 시작한 1980년대 중반에는 그 전략을 폐기했다.

마지막으로 제조업 수출 전략은 수입대체산업 육성 전략의 결점을 보완한 것이다. 이 전략은 산업화를 추진하면서 외화를 획득하고, 생산 단가를 낮춰 국제 경쟁력을 확보하는 장점이 있다. 먼저 이 전략을 추진하기 위해서는 산업 경영 능력과 숙련된 노동력, 수출을 뒷받침할 관료조직 등이 필요하다. 모로코, 튀니지가 1960년대 후반 EU와 특혜무역협정 협상을 추진했으며, 터키는 1970년대 이후 동 정책을 추진하다 석유가 파동으로 위기를 겪기도 했다.

중동 경제,
그래도 희망을 쏜다

우리는 여기서 중동 경제의 오늘, 그 민낯을 들여다봤다. 현재 중동은 '아랍의 봄' 이후 정치, 사회, 경제적으로 여러 위기를 겪고 있는 게 사실이다. 여전히 해결해야 할 것이 많고 혼란의 와중에 있는 것도 맞다. 그러나 이런 문제들에도 불구하고 그들에게는 잠재된 가능성이 많으며, 현재 일어나는 변화들은 희망적 미래를 보여주는 신호들이기도 하다.

중동 경제를 둘러싼 새로운 추세

현재 중동 경제에서는 몇 가지 새로운 특징이 나타나고 있다.

첫째, 이란의 경제 제재 해제다. 유가 하락이 지속되면서 중동 경제가 어려움을 겪고 있는 가운데 경제 제재에서 해제된 이란 시장에 대한 관심이 부쩍 높아지고 있다.

둘째, 중동에서 GCC 6개국과 이란, 이라크가 풍부한 자원을 기반으로 경제적 위상이 강화되고 있다. 최근 유가 하락으로 잠시 주춤했지만, 이들의 GDP는 2005년 세계 GDP의 2퍼센트인 9,487억 달러에서 2012년에는 3.2퍼센트에 달하는 2조 3,791억 달러로 증가했다.

셋째, 아랍에미리트를 비롯한 GCC 국가들이 포스트 오일 시대를 대비하여 산업 다각화를 적극적으로 추진하고 있다. 정부 차원에서 물류, 항공, 의료, ICT, 금융 분야를 전략산업으로 육성하는 중이다. 또 아랍에미리트는 중동과 세계 각 지역의 수출입을 연결하는 중계 무역 중심지로 발전하고 있으며, 이에 따라 컨테이너 및 항공 물동량도 2000년 이후 점진적으로 증가하고 있다. 컨테이너 물동량은 2000년 약 500만TEU에서 2013년 약 1,900만TEU로 연 11퍼센트씩 증가하는 중이다.

오늘의 중동 경제, 그 현실을 보다

석유 수출국들은 2015년도의 1.6퍼센트, 2016년에는 3.3퍼센트 대 성장률을 보였다. 이는 신흥경제국emerging economy의 2015년 성장률 4퍼센트보다 낮은 수치다. GCC 국가의 경제활동은 더 둔화되고 있다. 2016년에는 재정건전화를 추진했으나, 저유가로 인한 재정 적자가 늘고 있다. 재정의 지속가능성을 회복하기 위해서는 중기적으로 예산 적자를 줄이는 추가적인 노력이 필요하다.

제일 중요한 것은 일자리 창출이다. 현재 공공 분야에서 일자리를 창출해내는 데 한계가 있기 때문에 민간 분야가 나서야 하는데, 그러기 위해서는 대대적인 구조조정을 통해 중기 경제 성장률을 높이고 경제 다변화를 추진해야 한다. 이런 문제를 해결하기 위해 정책결정자들은 저유가가 초래한 문제들을 해결하기 위해 적극적인 정책을 펼쳐야 한다.

한편 석유 수입국의 경제는 조금씩 나아지기 시작했다. 경제 성장률이 2011년부터 2014년까지는 3퍼센트 성장한 데 비해 2015년에는 3.8퍼센트 성장하며 증가 추세를 보였다. 2017년에도 그 추세가 계속될 것으로 전망되는데, 저유가나 최근의 경제 개혁에 따른 신뢰도 증가가 경제 회복에 일부 도움이 된 것이다.

그러나 정세 불안과 사회 긴장의 지속, 인근 지역의 갈등으로 인한 난민의 국내 유입, GCC 국가들의 경기 둔화가 중동 석유 수입국 경제에 부정적인 영향을 주고 있다. 현재 석유 수입국들의 에너지 보조금을 축소하는 노력으로 재정 적자를 줄이고, 거시 정책의 안정을 꾀하고 있다. 하지만 이것만으로는 부족하다. 추가적인 재정건전화 정책을 추진하여 정부 채무를 보다 안정적으로 관리할 수 있는 수준으로 줄여야 한다. 아울러 향후 경제 성장을 촉진하려면 구조조정의 가속화하가 필요하다.

산유국들의 최신 경제 동향

지난 10년간 중동의 산유국들은 고유가로 인해 막대한 재정 수익을 기록했고, 급속히 경제를 성장시켰다. 그러나 2014년 중반 이후 저유가가 계속되자 이에 대한 대책이 절실해졌다. 2014년 6월 114달러의 유가가 2017년 4월에는 50달러 수준으로 곤두박질했다. 일반적으로 2020년까지 유가가 50달러 선에서 유지될 것으로 전망되고 있다.[84]

당분간 유가가 상승할 전망이 없다는 것은 정부 지출 능력이 감소한다는 의미기도 하다. 2015년 MENAPMiddle East and North Africa +Pakistan석유 수출국의 수출이 GDP의 17.5퍼센트(3,900억 달러)나 감소되었다. 재정수지도 악화되었다. 이런 이유로 대부분의 MENA 산유국들은 유가 하락의 충격을 흡수하기 위해서 유례가 없는 수준의 재정조정 정책fiscal adjustment을 추진하고 있다.

알제리, 이라크, 아랍에미리트, 사우디아라비아 등은 자본 투자 축소에 치중하면서, 새로운 수입원도 검토하는 중이다. 오만은 법인세 증세, 바레인은 담배세와 주세, 이란은 면세 혜택을 축소하고 있으며, GCC 국가들은 조만간 부가가치세를 도입할 계획이다. 아울러 산유국들은 저유가에 따른 수익 감소에 대응하여 국내 에너지 가격에 대한 개혁을 대대적으로 추진하고 있다. 대부분의 GCC 국가들은 국내 유가, 전기세, 수도세를 올렸고, 몇몇 국가는 추가로 인상할 계획이다.

그러나 아직도 이들 국가의 국내 에너지 가격은 국제가격에 비해 현저하게 낮은 편이다. 또 이런 개혁조치를 강행하다 보면 아무래도 취약 계층에 부정적인 영향을 미칠 수밖에 없다. 그래서 취약 계층에게 돌아가는 부정적인 영향을 최소화하기 위해 이들을 대상으로 한 보조금 정책을 강화하고 있다.

---

84 Bloomberg 및 IMF 추정치.

추가적인 재정 정책이 필요

2016년부터 2021년까지, GCC 국가와 알제리의 누적 재정 적자는 9,000억 달러에 이른다. 이 기준으로 예상해보면 머지 않아 알제리, 바레인, 오만, 사우디아라비아가 재정 고갈로 인해 채무국이 될 것이다. 사실 대규모로 재정 정책을 사용하는 것은 어려운 선택이다. 따라서 다른 방법들을 찾아야 한다. GCC 국가들의 경우, 고유가 시절에 확대된 공공 지출을 줄일 여지가 많다.

추가로 에너지 보조금을 개혁한다면 GDP의 2퍼센트를 절약할 수 있다. 수익 확대를 위해 세원을 확대하는 방안도 강구할 필요가 있는데, 5퍼센트 부가가치세를 도입하면 GDP의 1.5퍼센트에 해당하는 재정 수입을 올릴 수 있다.

저성장 전망

저유가는 중동 산유국의 예상 경제 성장률을 낮추고 있다. 저유가로 인해 산유국 정부는 긴축재정 정책에 돌입했고, 민간 분야의 신뢰도 약화, 금융 시스템의 낮은 유동성 등으로 성장률은 상당히 떨어질 전망이다. 그럼에도 경제 제재 해제 이후의 이란의 활발한 경제 활동, 최악의 상태에서 벗어나고 있는 리비아와 예멘 등에 힘입어 산유국들은 2015년도의 2.3퍼센트에서 2016년에는 3.4퍼센트, 2017년에는 3.4퍼센트로 계속 성장해나갈 것으로 전망된다. 그러나 중기 전망은 낮게 보고 있다.[85]

재정 적자 감소 정책들이 예상보다 성장에 크게 영향을 미치고 있으나, 재정건전화 정책 수준은 재정의 지속가능성을 회복할 정도에는 못 미치고 있는 실정이다. 또 다른 위험으로는 중동지역 분쟁과 미국 금리 인상을 들 수 있다. 분쟁이 장기화됨에 따라 산유국의 경제활동에 어려움을 주고 있고, 미국의 금리 인상은 차입 비용을 높이고 국내 금리도 올리게 만든다.

석유 수입국의 경제 동향

2011년 '아랍의 봄'에서 촉발된 정치적 전환 이후 중동 석유 수입 국가들은 국민들이 요구하는 생활 향상, 일자리와 사업 기회 확대 등을 충족시키기 위해 노력해왔다. 최근의 이러한 개혁 노력은 거시경제가 안정되는 데 도움을 주었다. 그러나 아직도 청년 실업률이 25퍼센트에 달하고 있다. 근본적인 문제 해결을 위해 무엇보다 경제 성장을 통해 일자리를 창출하는 것이 급선무다.

2011년부터 2014년까지 3퍼센트 성장률에 비해 2015년에는 3.8퍼센트 성장을 했다. 이는 저유가, 기업 환경의 개선, 재정 적자 해소 노력 등에 기인한다. 2016부터 2017년까지는 4퍼센트 대의 성장률을 보일 것으로 예상된다. 최근의 보조금 개혁이나 저유가로 확보한 여유 자금 덕분에 공공 인프라에 대한 투자 역시 늘어날 것으로 보인다.

경제활동은 국가마다 편차가 크다. 튀니지는 치안 불안으로 관광

---

85 IMF 보고서, "Regional Economic Outlook", 2016.10

수입이 감소되었고, 시리아에서 파급된 갈등으로 인접한 요르단과 레바논 경제는 악화되었다. 이집트는 치안 불안과 대외적인 취약점 때문에 성장이 제약을 받고 있다.

석유 수입국들의 경우 대외적인 측면에서 나아진 것은 유가 인하이며, 불리한 면은 수출량과 해외에서의 송금remittance, 그리고 관광객들이 감소했다는 점이다. 유로지역과 중국으로의 수출이 각각 35퍼센트, 5퍼센트 줄었다. 2016년의 중동 석유 수입국의 경상수지 적자는 지난 2년과 같이 GDP의 4.5퍼센트 수준이다. 인플레는 2014년 중반부터 낮아지기 시작하여 2016년에는 2015년에 비해 1퍼센트 떨어진 6퍼센트다. 이는 식품과 에너지 가격이 낮아지고, 수입 파트너인 중국 위안화나 유로화가 평가절하된 덕분이라 할 수 있다.

향후 중동의 경제가 성장하는 데 몇 가지 위험 요소가 있다. 먼저 치안이 악화되고 분쟁국가에서 불안 요소가 계속 전이되면서 경제 활동이 위축되는 것이다. 더욱 타이트해지고 유동성이 커진 국제금융 시장 상황도 위험 요소다. 미국의 금리가 인상되면 대외 차입 비용이 증가하면서 국내 은행의 이자율도 올라가고 자금의 흐름이 원활하지 못하게 된다. 한편 GCC 국가의 성장세 둔화로 인해 그곳에서 일하는 석유 수입국 근로자의 송금액 감소, 석유 수출국의 석유 수입국에 대한 투자 및 원조액이 줄어드는 것도 문제다.

저유가와 정부의 노력에 힘입어 중동 석유 수입국의 재정 적자는 2013년 GDP 대비 9.4퍼센트에서 2016년에는 7.0퍼센트로 감소되었다. 주원인은 보조금 개혁이다. 아울러 이집트, 모로코, 튀니지 등에서는 재정건전화 정책이 경제 성장과 일자리 창출에 미치는 부정적인 영향을 줄이기 위해 노력하고 있다. 그 대안으로 에너지 보조금 개혁을 통해 확보된 재원을 인프라, 보건, 교육 분야에 투자하는 한편, 취약 계층에 지원하는 정책도 함께 추진 중이다.

요르단이나 레바논 등 난민이 많이 유입된 국가에서는 이들로 인한 사회적인 긴장이 늘어나고 공공서비스 비용이 증가함에 따라 이를 해소하기 위한 투자가 필요하다는 압력이 증가하고 있다. 이러한 사회적 요구에 부응하기 위해 중동 각국은 국제적 지원을 포함한 수입원을 늘리기 위한 노력에 한창이다. 면세 혜택을 상당 부분 없애고, 소득 세제를 개혁하고, 조세행정을 강화하고 있다. 그러나 이러한 개혁 조치들은 잘 이행이 되지 않고 있는 실정이며, 석유부국인 GCC의 지원도 줄어들어 쉽지 않은 형편이다.

각국 정부의 안정화 노력에도 불구하고, 정부의 부채 비율은 여전히 높다. 특히 이집트, 요르단, 레바논의 정부 부채 비율은 GDP 대비 90~150퍼센트 수준이다. 이는 외국 투자자들이 투자를 꺼리는 요인이 된다. 결론적으로 일자리를 창출하고 생활 수준을 높이기 위해서는 높은 경제 성장률이 필요하고, 많은 사람이 혜택을 입는 성장inclusive growth이 필요하다.

이를 위해서는 구조조정을 할 필요가 있다. 기업들은 활동비용을 줄여야 하고, 정부는 투자자의 권리를 보다 더 보호하고, 양질의 인프라를 구축해야 하며, 실효성 있는 규제 개혁을 추진해야 한다. 아울러 노동 시장의 효율성을 높이고 민간 분야가 필요로 하는 교육을 제공함으로써 실업률은 낮추고 노동자의 생산성은 높이는 데 기여해야 한다. 나아가 대외 교역을 통해 일자리를 만드는 세계 제조 공급 체인에 참여하는 것도 필요하다.

의료기기 기업의 중동 진출

중동지역의 의료 시장은 급성장하고 있다. 의료기기 역시 매해 성장세를 이어가고 있어서, 1970년대 건설사가 오일머니를 벌어들였다면 이제는 의료기기 기업이 중동 수출의 선봉에 서 있다고 볼 수 있다. 코트라 의료바이오팀의 보고서(2016년)에 따르면, 중동지역 의료기기의 시장 규모는 2012년 대비 2020년에는 30퍼센트 이상 성장할 전망이다. 또한 중동 내 의료기기 수입 시장의 동향을 보면, 연간 90억 달러 규모 수준(2015년 기준)으로 매년 증가세를 보이고 있다. 이는 미국 등의 선진국과 비교해봐도 높은 추세로, 그중 이라크의 증가세(27%)가 두드러진다.

인구 증가에 따른 의료 시장의 성장 가능성

이처럼 중동지역 의료기기 시장의 전망이 밝은 이유는 인구 증가율이 높아지면서 의료서비스의 수요도 증가하기 때문이다. 중동의 인구 증가율과 출산율은 세계 최고 수준으로 전체 인구 중 약 70퍼센트 이상이 40세 미만일 정도로 젊은 인구의 비중이 높다. 그만큼 향후 의료 수요가 가파르게 늘어날 것이며 의료기기 및 공공의료비 지출액도 크게 늘어날 전망이다.

최근 국내 의료기기 업체들이 중동 시장에서 약 500억 원의 해외 수출 계약을 체결했다. 두바이 국제전시센터에서 열린 중동 최대 규모의 의료기기 전시회인 '제42회 아랍헬스'에 참여한 한국 업체들은 전시회 4일간 2억 3,793만 달러(약 2,729억 원)에 달하는 현장 상담액과 계약액 4,366만 달러(약 500억 8,600만 원)의 실적을 거두었다.

중동 주요 국가에 진출한 기업들도 성장세를 유지하고 있으며 사업 다각화에 나서고 있다. 아랍에미리트에 진출한 기업 중 임플란트 업체인 덴티움과 진단 키트 업체인 씨젠생명과학연구소는 현지에 법인을 설립했다. 분자 진단 업체인 랩지노믹스는 아랍에미리트 헬스케어 기업인 바비루스와 수출 계약을 성사시켰다. 이란에는 치과용 임플란트 업체인 디오메디칼이 현지 합작 법인을 설립했고, 재생의료 사업 업체인 세원셀론텍은 2008년부터 지속적으로 수출해오고 있다.

국가별 보건당국의 정책을 철저히 분석하라

사우디아라비아의 경우 의료기기 시장 규모는 세계 20위로, 2020년에는 30억 달러를 돌파할 것으로 내다보고 있다. 전 인구의 70퍼센트가 비만환자이고 3대 당뇨병 발병 국가이며, 근친결혼으로 인한 유전성 질환 발발 가능성도 아주 높다. 그런데 의료기기의 대부분을 수입에 의존하고 있어서 추후 해외 기업들의 진출이 가속화될 전망이다. 2014년부터는 민간의 의료 분야 투자를 자유화하고 외국 기업이 영리 목적의 독자적 의료시설 설립을 가능하도록 해서 시장 규모는 더 커지고 경쟁도 치열해질 것이다.

사우디아라비아의 의료기기 수입 시장 동향을 살펴보면, 한국은 수입국 중 11위로 시장 점유율이 낮다. 이는 유럽산 의료제품에 대한 신뢰도와 선호도가 높고, 의료용 소모품과 저가 장비는 중국 제품을 사용하기 때문이다. 이처럼 중동은 기회의 땅이자 넘어야 할 산도 많은 곳이다.

중동 의료기기 시장에 진입하기 위해서는 우선 국가별 보건당국의 정책에 대해 철저히 파악해야 한다. 대부분의 국가가 에이전트 제도를 운영하기 때문에 에이전트 선정 시 각별히 유의해야 하며 계약 내용을 숙지해야 한다. 또한 국제인증 및 실증적 데이터 제공을 바탕으로 바이어들의 신뢰를 얻어야 하며, 현지 트렌드를 발 빠르게 파악해서 유망 상품을 선별해내야 한다. 그러기 위해서는 매년 1월에 두바이에서 열리는 아랍헬스 등 의료 기기 관련 박람회 참가 등으로 중동지역 내 네트워킹과 시장 동향을 꾸준히 파악해야 한다.

지금은 우리나라 의료기기가 미국과 유럽의 기기에 비해 인지도가 낮지만, 우수한 IT 기술과 현지 특화 서비스 등으로 차별화해나간다면 승산이 있다. 애프터서비스 강화와 관련 인력 교육에도 투자해야 하고 고객 만족도를 높이기 위해 보다 유연한 마케팅 전략을 수립해야 할 것이다.

두바이의 휴양지 아틀란티스 더 팜 호텔.

지속가능한 중동 경제를 위해

중동지역의 경제는 아직 전체적으로 낙후되어 있다. 하지만 잠재력만큼은 세계 어느 지역에도 뒤지지 않는다. 중동지역은 무엇보다 풍부한 천연자원과 인적자원을 보유하고 있다. 석유와 천연가스로 대표되는 천연자원은, 지나친 의존도와 고갈 우려 등 여러 가지 문제점에도 불구하고, 여전히 중동 경제를 떠받치고 있다. 중동의 산유국은 이를 이용해 정유나 석유화학 등으로 산업 다변화를 도모하면서 지속 가능한 경제를 추구하고 있다.

중동지역의 인구는 20세기 후반 빠른 속도로 증가했으며, 거의 절반이 20세 이하 젊은 층이다. 이들을 잘 교육해 숙련된 노동력으로 육성한다면, 민간 분야를 활성화할 수 있을 것이다. 현재 각 나라에서 공공 분야와 보조금을 개혁해 재정 적자를 줄이기 위해 노력하고 있다. 또한 각종 지역 협정을 통해 중동지역 내 경제를 통합하고, 나아가 세계 경제에 통합되기 위해 국제사회의 지원을 받고 있다.

인구 증가,
재앙이 아닌 축복으로

최근 선진국들의 가장 큰 고민거리 중 하나는 저조한 출생률로 인한 생산인구 감소다. 한국에서도 각종 출산장려 정책을 시행하고 있지만, 출생률은 계속 감소하는 추세에 있다. 그런데 MENA[86] 지역의 인구는 매년 늘어나고 있다. 1950년에는 1억 명이었던 인구가 2000년에는 3억 8,000명이 되었다. 이 기간 동안 인구 증가율이 다른 지역보다 훨씬 높았다.

높은 인구 증가율은 긍정적인 측면과 부정적인 측면을 모두 가지고 있다. 경제 성장을 뒷받침하는 인적자원을 풍부하게 확보할 수 있다는 측면에서는 긍정적이지만, 이들에게 일정 수준의 교육과 의료, 주택과 일자리를 제공하기란 쉽지 않은 일이다. 정치적으로 안정되고 경제 정책이 제대로 이행된다면, 높은 인구 증가율은 '인구 보너스demographic bonus'[87]가 될 수 있다. 그러나 현실은 대부분 그렇

---

86 중동(Middle East)과 북아프리카(North Africa) 지역을 가리킨다.

지 못하다. 그나마 교육받은 인력들이 유럽과 북아메리카로 빠져나가는 '인재 유출brain drain' 현상이 일어나고 있다.

특히 젊은 층의 인구 증가에 따른 일자리 부족 문제는 중동 국가들이 시급히 해결해야 할 과제 중 하나다. 2011년 3월 반기문 UN 사무총장은 중동의 청년기를 '기다리는 시기waithood'라고 언급했다. 중동 청년들은 공공 분야에 빈 일자리가 생기기를 '그저' 기다리고 있다. 집을 장만하고 결혼해서 가족을 부양할 수 있을 만큼 돈을 벌게 되기를 하염없이 기다리고 있는 것이다.

인구를 알면 경제가 보인다

20세기 후반 40년간 중동지역의 인구는 급격히 증가했다. 1950~55년에는 인구 증가율 2.6퍼센트로 전 세계 지역 중 2위였고, 1970~80년에는 2.8퍼센트, 1980~92년에는 3.1퍼센트 증가했다. 1980년대에 세계 최고로 정점에 달했던 중동지역의 인구 증가율은 1990년대에 2.2퍼센트로 떨어졌고, 2000년대에는 2퍼센트대로 유지되고 있다.

중동지역의 인구 구조를 살펴보면, 젊은 층의 비중이 매우 높다. 24세 이하가 전체 인구의 55퍼센트이고, 30세 이하가 3분의 2를 차지한다. 이들이 조만간 결혼해 자녀를 낳을 테니, 20세 이하 젊은 층의 수는 당분간 계속 늘어날 것이다. 문제는 바로 여기에 있다. 경제

---

87 전체 인구에서 생산연령대의 비중이 높아 고도의 경제 성장이 가능한 상태를 의미한다.

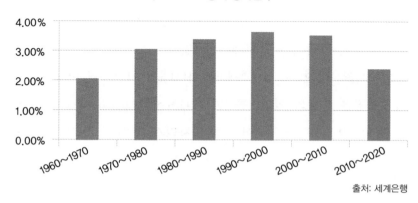

| MENA 노동력 증가율 |

출처: 세계은행

가 빨리 성장하지 않는 한, 인구가 늘어나면 학생 1인당 예산이 줄어들고, 교사 1인당 학생 수가 늘어나 교육의 질이 떨어질 수밖에 없다. 인구 증가가 노동 시장에 미치는 여파 또한 심각하다. 늘어난 노동력만큼 일자리가 증가하지 않기 때문이다.

위 표에서 볼 수 있듯이, MENA 지역의 노동력은 1960년대 이후 계속 증가해왔다. 2000년대 이후 증가율이 조금 감소하긴 했지만, 2020년까지도 세계 최고의 증가율을 보일 것으로 예상되고 있다. 1950~90년에는 10년마다 새로운 일자리 4,700만 개, 1990년대는 3,200만 개, 2000년대는 4,200만 개가 필요했던 셈이다. 2010~20년에는 3,900만 개의 새로운 일자리가 필요할 것으로 예상된다. 요즘 같이 불안정한 경제 상황에서 지금의 실업률이 더 증가하지 않고 유지된다 하더라도, 미국보다 대략 네 배의 일자리를 창출해야만 한다. 참으로 지난한 과제인 것이다.[89]

청년들은 왜 일자리를 얻지 못하는가

중동지역은 실업률이 세계에서 두 번째로 높은 9.7퍼센트다.[89] 특히 청년층의 실업률이 심각하다. 전체 실업률보다 2~3배나 높은 상황으로, 통계에 잡히는 공식 부문formal sector의 좋은 일자리를 찾으려면 학교를 졸업한 후 평균 2.3년을 기다려야 한다.

청년들은 공식 부문에서 괜찮은 일자리를 찾을 수 있는 기회가 줄어들자, 비공식 부문informal sector에서 일자리를 구하기 시작했다. 1970년대 중반에는 생애 첫 구직자의 80퍼센트가 공식 부문에 취업했는데, 2000년대 중반에는 그 수치가 30퍼센트로 뚝 떨어졌다.[90] GDP의 3분의 1을 차지하고 있는 비공식 경제가 고용의 3분의 2를 담당하고 있는 것이다. 이처럼 불안정하고 보수가 낮은 비공식 부문 취업은 청년층의 결혼과 출산 등 미래 계획에도 영향을 끼치고 있다.

청년 실업, 어디에서 해법을 찾을 것인가

청년들의 실업을 해소하기 위해서는 고용을 창출해야 한다. 고용 창출job creation의 첫 번째 방법으로 생각할 수 있는 것이 창업이다. 그런데 중동지역에서는 창업에 장애물이 많다. 관료들의 부정부패,

---

88 After the Spring, Homi Kharas, et.al. pp.86-87.

89 "Growth, Employment and Decent Work in the Arab Institution", ILO, 2009.

90 Ragui Assadd, Christine Binzel, and May Galladah, "Transitions to Employment and Marriage among Young Men in Egypt".

중동지역 여성의 노동 시장 참여율

인구 증가와 함께 노동력이 증가하는 또 하나의 원인은 여성의 노동시장 참여
에서 찾을 수 있다. 사회가 발전할수록 출생률이 낮아지면서 취업을 희망하는
여성이 늘어난다. 구직자 수는 인구 증가에도 영향을 받지만 여성의 사회 진출
이라는 사회적인 환경에도 영향을 받는 것이다. 하지만 중동 지역 여성의 노동
시장참여율은 아직 세계에서 가장 낮은 25퍼센트 수준에 머물러 있다.

복잡한 허가제도, 경직된 노동법, 높은 세금 등이 창업을 가로막고
있다. 게다가 대부분의 청년들이 도전적인 창업보다는 안정적인 공
식 부문 취업을 선호하고 있어서, 창업이 드문 형편이다.

창업이 활성화되기 위해서는 기업들이 손쉽게 금융지원을 받을
수 있어야 한다. 그런데 MENA 지역에서는 중소기업의 일부만이 금
융기관에서 대출을 받고 있다. 높은 실업률 때문에 무기력해진 청년
들이 좀 더 도전적으로 창업가 정신을 발휘하도록 장려하려면, 정부
가 신용정보시스템과 담보제도 등을 개선해 중소기업에 대한 금융
지원을 확대해야 한다. 아울러 도로, 전기, 통신 네트워크를 개선해
크고 작은 다양한 기업이 활동할 수 있는 환경을 만들어주어야 한다.

창업 다음으로는 민간 분야의 고용 증대를 통해 청년들의 실업 문
제를 해소할 수 있다. 공공 분야는 이미 기존 인력이 많아 신규 채
용을 많이 하지 못하는 상황이다. 결국 경쟁력 있는 민간 분야가 성

장과 고용의 엔진이 되어주어야 한다.

그런데 중동지역에서는 그동안 민간 분야가 제대로 발전하지 못했다. 몇몇 국영기업이나 정부 관련 공기업이 경쟁 없이 사업을 키우고, 대기업들이 정경유착을 통해 독점적인 지위를 누리는 반면, 민간 분야의 중소기업들은 위기에 처해 있다. 공식적인 금융지원을 받기 어려운 데다 숙련된 인력을 확보하지 못해 생산성이 떨어지면서, 소위 '사라진 중견기업missing middle'이 속출한 것이다.

사회 전체의 생산성을 증대시키기 위해서는 일단 정경유착의 고리를 끊어야 한다. 그래서 건실한 중견기업들이 공정한 법과 제도 아래 서로 경쟁하면서 상생할 수 있는 환경을 조성해야 한다. 그런 공정한 경쟁을 통해 기술과 시스템이 혁신되고, 그 과정에서 더 좋은 일자리가 더 많이 창출될 것이다.

마지막으로, 중동지역 청년층의 높은 실업률을 떨어뜨리려면 적극적인 노동 시장 정책이 필요하다. 취약한 청년층에게 훈련이나 임금 보조 등의 혜택을 제공하는 등, 청년들의 수요에 맞는 정책을 입안하고 시행해야 한다. 이러한 정책의 효과를 높이기 위해서는 목표를 구체적으로 설정하고 훈련 내용을 현실성 있게 계획해야 하는데, 이때 민관의 협력이 매우 중요하다.[91]

---

91 《Background Note for IMF Amman Conference》, 2014, pp.1-10.

4장. 지속가능한 중동 경제를 위해

포스트 오일 시대,
산업 다변화에서 길을 찾다

석유가 언제까지 중동 경제를 떠받쳐줄 것인가? 이에 대해서는 낙관적일 수만
은 없다. 이미 지나친 석유 의존이 불러오는 여러 문제들을 겪어왔기 때문이다.
중동 국가들은 지나친 석유 의존에서 벗어나, 포스트 오일 시대에도 지속가능
한 발전을 도모하기 위해 산업 다변화를 추진하고 있다. 산유국이나 비산유국
이나 마찬가지다. 아랍에미리트의 경우, '아부다비 경제비전 2030'[92]에 따라,
2008년 현재 국가 GDP의 60퍼센트 이상인 석유 부문의 비중을 40퍼센트 이
하로 낮추기 여러 가지 정책을 펴고 있다.

왜 산업 다변화인가

중동의 산유국들은 석유산업에 의존하고 있는 현재의 경제 구조
가 취약하다는 것을 직시하고 있다. 국제 정세에 매우 민감한 석유
가격의 변화에 따라 국가 경제가 좌우되기 때문이다. 또 석유 매장
량에는 한계가 있어 언젠가는 고갈될 것이며, 설사 고갈되지 않는다

---

92 아랍에미리트 아부다비 정부가 2008년 11월에 발표한 경제 발전 전략이다. 경제 특
성이 비슷한 노르웨이, 싱가포르 등의 정책을 벤치마킹해 작성했다.

하더라도 신재생 에너지나 셰일오일 등 새로운 에너지원이 등장해 석유를 대체할 수 있다. 그럴 경우 지속가능한 발전이 어렵다는 것을 인식하고 있는 것이다.

산유국들의 경우, 국가가 경영하는 석유 부문이 경제를 주도하고 있다. 국민들은 석유산업에서 나온 수익을 배분받고, 경제활동은 주로 외국에서 들어온 노동자migrant labors들이 담당한다. 때문에 생산기반productive assets이 취약할 수밖에 없다. 이러한 시스템으로는 지속적이고 충분한 소득을 창출해낼 수가 없고, 해마다 급증하는 청년들과 교육받은 지식인들에게 좋은 일자리를 제공할 수 없다.

그동안 '부유한 산유국'으로서 '검은 황금'의 선물을 누려왔지만, 이렇게 취약한 경제 구조를 계속 유지할 수 없음을 인식한 중동의 국가들, 특히 GCC 국가들은 석유가 생산되기 시작한 그때부터 꾸준히 산업 다변화를 도모해왔다.

다변화에는 두 가지가 있다. 하나는 석유산업을 수직적으로 다변화vertical diversification하는 것이고, 다른 하나는 석유산업 외에 제조업이나 서비스산업을 육성하는 등 수평적 다변화horizontal diversification를 꾀하는 것이다.

석유산업 내에서의 수직적 다변화는 기존의 탐사, 개발, 생산 분야 외에 정유, 석유화학 등 새로운 분야의 발전을 통해 성과를 낼 수 있다. 이런 분야는 대부분 자본집약적 산업으로 정부가 소유하고 있기 때문에, 다변화의 성과를 내기가 비교적 쉽다.

비석유산업 분야로의 수평적 다변화는 대체로 식품 가공, 건설 기자재, 시멘트, 철강 등 수입대체산업을 육성하는 쪽으로 시도되고 있다. 이러한 다변화가 당초 정부가 의도한 목표, 즉 '포스트 오일 시대에도 경쟁력을 가질 수 있는 산업 육성'이라는 목표에 더 가까운 다변화라고 할 수 있다. 그러나 이런 분야는 국가가 육성한다는 법령을 공포한다고 해서, 정부가 주도적으로 자본을 투입한다고 해서 육성되는 것이 아니다. 다양한 분야에서 열정을 가지고 위험을 감수하며 도전하는 기업가 정신이 요구되는데, 아직은 풍요로운 부를 누리고 있는 산유국들에서는 이런 기업가 정신을 갖기가 쉽지 않다.

민간 분야 참여가 산업 다변화의 해법이다

산업 다변화를 이루기 위해서는 우선적으로 공기업state-owned enterprises, SOEs이 다양한 분야에 투자해야 한다. 그런데 일반적으로 산유국의 공기업들은 인프라나 유틸리티 분야를 제외하고는 효율적이지 못하다는 평가를 받고 있다. 물론 GCC 국가의 일부 공기업은 제조업이나 서비스업에 투자해 성공을 거두고 있다. 하지만 산업 다변화 정책에는 재원뿐만 아니라 다양한 기술과 전문성이 필요하므로 민간기업의 참여가 필수적이다.

GCC 같은 산유국에서 민간 분야가 산업 다변화에 참여해야 하는 이유는 다음 두 가지다. 첫째, 산유국 정부는 그동안 자본집약적인 석유 부문에 집중하느라 생산적인 분야를 육성하지 못했다. 그래서 시설과 기술 등 전반적인 환경이 낙후되어 있기 때문에 민간 분야의 참여가 절실한 것이다.

둘째, 민간 분야가 참여할 경우 외국인 직접투자FDI가 늘어날 가능성이 높다. FDI는 대체로 민간기업에 유입되기 때문이다. FDI가 유치되면 자본뿐 아니라 선진 기술과 양질의 일자리, 새로운 경영 기법이 자연스럽게 도입된다.

GCC 국가들이 추진하는 다변화 정책의 특징

GCC 국가들도 저마다 다른 환경과 역사를 가지고 있기 때문에, 각국의 산업 다변화 정책 또한 각각 다르게 진행되고 있다. 다만 도로, 학교, 의료서비스 등 인프라에 대한 투자는 공통적으로 이루어지고 있다. 또한 산유국으로서 경쟁력을 갖고 있는 정유화학, 비료 등 석유 관련 자본집약적 산업에도 공통적으로 투자하고 있다.

그동안 GCC 국가들이 추진해온 산업 다변화 전략들을 살펴보면 몇 가지 특징을 발견할 수 있다.

첫째, 석유를 대체할 수 있는 수출산업 발굴에 집중하고 있다. 지속적으로 소득과 고용을 창출할 수 있는 산업을 개발, 육성하고자 하는 것이다. 대체 수출산업으로는 석유 하류 부문인 석유화학산업이 적극 육성되었다. 1970년대에 카타르석유화학회사QAPCO와 사우디아라비아기간산업공사SABIC가 설립되어, 1980년대부터 메탄올과 화학비료 등을 생산하기 시작했다. 이후 GCC 국가들은 모두 이 분야를 가장 비교 우위가 있는 전략산업으로 보고 집중적으로 투자해왔다. 그 결과 2000년대 들어와서 GCC의 석유화학산업은 세계 생산량의 16퍼센트를 담당하고 있다.

둘째, 국민경제의 대부분이 수입 상품과 수입 인력에 의존하고 있는 상황에서, 수입을 대체할 수 있는 산업을 육성하기 위해 노력하고 있다. 대체 수입산업으로는 철강, 알루미늄, 시멘트 등 건설자재 공급을 목적으로 한 금속산업과 비금속산업이 주로 육성되었다. 지역 내의 대대적인 건설붐에 따라 수요가 증가했기 때문이다. 1971년 바레인에, 1980년에는 두바이에 알루미늄 공장이 설립되었다. 시멘트와 철강 분야에서도 GCC 각국에 많은 업체가 설립되어 상당 부분의 수입 대체 및 고용 창출 효과를 거뒀다.

셋째, 서비스산업 육성에 힘을 쏟고 있다. 한동안 아랍에미리트, 카타르 등 소규모 산유국들의 집중적인 서비스산업 육성 전략이 주목을 받았다. 좁은 국토와 적은 인구로 제조업에서 규모의 경제를 실현하기 어려운 이들 국가는 일찍이 중개무역, 금융, 관광 등 서비스 분야에서 활로를 모색해왔다. 두바이 정부가 주도한 금융과 관광 중심의 서비스산업이 성공하면서, 탈석유화를 꿈꾸는 중동의 많은 국가가 '두바이식 서비스산업 육성 전략'을 채택했다.

그러나 2008년 세계 금융위기로 인한 두바이 사태 이후 상황이 달라졌다. 두바이처럼 투자금을 외부에서 유치해 개발하는 방식은 글로벌 금융환경의 변화에 직접 노출되어 리스크에 취약하다는 인식을 공유하게 된 것이다. 최근 GCC 국가들은 서구 자본이 아닌 오일머니를 활용하고, 걸프통화동맹협정이나 GCC 단일통화 논의 등 지역 내 협력을 통해 경제의 안정성을 높이는 데 집중하고 있다.

넷째, 위와 같은 전략들을 이행하는 과정에서 정부 주도의 한계를

극복하기 위해 민간 투자를 적극 유도하면서, 자국의 인력과 산업 양성에 힘을 쏟고 있다.[93]

아랍에미리트, 아부다비와 두바이의 다변화 정책

2010년에 발표된 '아랍에미리트 비전 2021'에 따르면, 아랍에미리트는 전 세계에서 기업활동을 하기 제일 좋은 곳으로 만든다는 목표 아래 산업 다변화를 추진하고 있다. 이것은 석유 부문의 비중을 줄이고 금융이나 항공 등 비석유 부문에서 새로운 고성장 산업을 육성하는 정도의 산업 다변화가 아니다. 아랍에미리트는 지식과 혁신에 기반한 경제 모델을 목표로 삼고 있다.

일곱 개의 에미리트[94] 중 아부다비가 가장 부유하고 강하다. 아랍에미리트 전체 석유 생산의 93퍼센트를 차지하고 있는 아부다비는 오랜 세월에 걸쳐 산업 다변화를 추진해왔다. 초기에는 알루미늄, 플라스틱, 비료 등 제조업에 집중했고, 최근에는 신재생 에너지, 항공, 금융, 문화, 관광 산업을 육성하고 있다.

아부다비는 시장 주도 경제를 추구하지만 공공기관이 주도하는 경제 체제다. 말하자면 '민영화 없는 다변화'를 추진하고 있다. 민간 분야의 역할은 아직 전통적인 분야, 즉 무역업이나 중소기업에 한정되어 있다.

---

93 "두바이사태 이후의 중동 경제", 삼성경제연구소, 2010. 4.
94 아랍에미리트연합은 아부다비, 두바이, 샤르자, 아즈만, 움알카이와인, 라스알카이마, 푸자이라 등 일곱 개의 에미리트(토후국)로 구성되었다.

아부다비와 함께 부유한 에미리트로 꼽히는 두바이는 중동지역에서 가장 열심히 다변화 정책을 추진하고 있다. 1990년대 이후 기업 친화적이고 외국인에게 개방된 환경을 조성하기 위해 정부 주도적으로 노력해왔다. 부동산붐에 따른 과잉투자로 2008년 세계 금융위기 시 직격탄을 맞았으나, 2012년 이후 점차 회복해가고 있다. 2013년에는 '2020 두바이 엑스포'도 유치했다.

두바이 모델에는 여러 요소가 결합되어 있다. 정부가 주도하는 발전 모델로 의사결정이 빠르다. 여기에 노동력을 제3국에서 수입해 탄력 있게 대응하면서, 산업화 단계를 거치지 않고 서비스산업을 중점적으로 육성했다. 또한 선제적으로 투자환경을 조성해 공급이 수요를 창출했으며, 국제적인 파트너와 협력해 서비스 제공 등도 국제화했다. 이런 두바이식 산업 다변화가 중동지역의 개발 모델이 될 수 있을지에 대해서는 여전히 논란 중이다.

GCC 국가들의 산업 다변화 정책 평가

천연자원이 풍부한 국가가 산업 다변화에 성공하기란 쉽지 않다. 사우디아라비아, 아랍에미리트, 브루나이, 나이지리아 등 17개 산유국 대상 조사에서, 대부분의 국가가 저유가 시절인 1985~2000년에는 다변화의 정도가 높았으나 고유가 시절인 2000~2010년에는 그 정도가 다시 낮아졌다. 트리니다드토바고의 경우, 수출에서 원유가 차지하는 비중이 1995~2000년에는 52퍼센트였는데, 고유가 시절인 2000~2005년에는 70퍼센트로 상승했다.[95]

석유 부문의 비중 줄이기에서는 어느 정도 성과를 내다

17개 산유국 중에서 인도네시아와 아랍에미리트가 다변화에 어느 정도 성공했다고 평가받고 있다. 아랍에미리트의 경우, 1990년대에 이미 석유가 고갈된 두바이를 중심으로 항공산업과 관광산업을 육성했으며, 2000년대 후반 아부다비 정부에서도 비석유 부문의 비중을 70퍼센트로 높이는 정책을 시도해 성과를 거뒀다.

1970년 이후 산업 다변화 정책을 추진한 GCC 국가들은 석유 부문의 비중을 꾸준히 줄여왔다. 이에 따라 비석유 부문의 수출 비중이 증가했고, 정부 수입에서 석유 부문이 차지하는 비중은 감소했다. 30년 전에는 산업 기반이 거의 없었던 이들 국가들이 지금은 정유, 비료, 알루미늄, 시멘트, 광섬유, 에어컨, 건설기자재 등을 생산하고 있다. 현재 해운과 항공, 금융, 부동산 등 서비스산업의 발전을 감안할 때 GCC 국가들의 다변화 정책은 어느 정도 성과가 있었다고 평가할 수 있다.

하지만 기본적으로 석유에 의존하는 경제라는 점에서는 아직 과제가 많다. 특히 2000년대 들어 유가가 상승하면서 석유 수출이 확대되어 석유 부문의 비중이 다시 커졌다.

구조적인 문제도 있다. 각국이 전략적으로 육성한 석유화학, 철강, 알루미늄, 시멘트 등의 핵심 제조업이 모두 자본집약적인 장치산업

---

95 Farrukh Iqbal, "'It's hard to diversify when you're swimming in oil'", Brookings, 2015. 3. 31.

이어서, 빠르게 증가하는 인구를 소화할 만큼 충분한 고용 창출 효과를 달성하기 어렵다는 것이다. 또한 GCC 국가들이 대부분 유사한 분야에 집중 투자한 상황이어서, 지역 내 투자 조정을 통한 규모의 효과를 실현하지 못한 채 생산 과잉 문제에 직면하고 있다. 석유화학과 알루미늄은 수출산업으로 자리를 잡아가고 있지만, 수출 시장 확보를 위해 지역 내 국가 간 경쟁을 해야 하는 상황이다.

산업 다변화 정책의 부작용

그동안 GCC 국가들에서는 외국인 투자와 결합한 민간투자가 크게 늘어났다. 정부는 특히 제조업 부문 투자에 많은 인센티브를 제공하고 있다. 하지만 이 지역의 민간기업인들은 전통적으로 무역과 금융 등에 종사해왔기 때문에, 경험이 없는 제조업에 투자하길 선호하지 않는다. 그래서 대부분 부동산 개발과 건설에 집중하고, 경영과 기술 습득에는 소극적인 경향을 보이고 있다.[96]

2000년대에는 부동산 분야에서 다변화에 따른 부작용이 나타나기도 했다. 각국에서 경쟁적으로 일어난 개발붐을 조정할 적절한 제동장치가 작동하지 않은 것이다. 두바이의 경우, 2002~2008년 부동산 가격이 네 배 이상 뛰었다. 하지만 2008년 세계 금융위기 여파로 42퍼센트 하락해, 2009년 두바이월드의 디폴트 선언으로 이어졌다.

---

96 "중동 GCC 산업 다각화 전략과 한국의 협력", 2012, KIET, pp.33-34.

시장의 확대로
기회를 만들다

세계 어떤 나라든 경제를 한 단계 도약시키기 위해서는 대내외적으로 시장을 확대해야 한다. 특히 높은 실업률과 지나친 석유 의존도로 고민하고 있는 중동지역 국가들로서는 시장의 확대가 시급한 과제다.

    양질의 일자리를 더 많이 만들어 실업 문제를 해소하고, 다양한 산업 분야에 외국인들의 투자를 유치해 세계적으로 경쟁력 있는 경제 구조를 구축하기 위해서는 민간 분야의 잠재력을 현실화시켜야 한다. 그런데 중동지역의 민간 분야는 현재 몇 가지 문제를 안고 있다. 우선, 민간 분야 역시 사회에 만연한 부패와 불평등의 당사자다. 경쟁이 공정하게 이루어지지 않다 보니, 신생 기업의 시장 진입이 어렵고, 기존의 비효율적인 기업이 계속 생존하고 있는 상황이다. 또한 '아랍의 봄'으로 관광, 건설, 소매업, 은행 등 민간 분야가 큰 타격을

    4장. 지속가능한 중동 경제를 위해

입었고, 무역과 자금 차입이 축소되었다. 게다가 고용과 경제 성장을 지속시키기 위해 필요한 농산물 가공이나 제조업 등 부가가치가 높은 기업이 많지 않다.

민간 분야 육성을 위해 알아야 할 것들

중동의 민간 분야는 대체로 소규모 생계형 기업과 중소기업으로 구성되어 있다. 그런데 민간 분야가 담당하는 비석유 부문 수출은 전 세계 무역량의 1퍼센트 이하다. 높은 관세율, 낮은 상품의 질, 열악한 교통 인프라, 복잡한 행정서비스가 그 원인으로 지목되고 있다.

중동지역 기업 환경의 가장 큰 특징은, 그동안의 정부 주도 경제가 남긴 복잡한 행정 통제다. 제출할 서류가 너무 많고, 거쳐야 할 단계가 너무 복잡하다. 정부기관의 불투명성과 부패도 기업활동을 방해한다.

또 다른 문제점은 은행의 중개 기능이 약하다는 것이다. 중소기업의 20퍼센트만이 은행으로부터 대출을 받을 수 있는 반면, 대기업들은 지나치게 많은 대출을 받고 있다. 아울러 파산 제도도 아직 시작단계다.

중동지역 국가들의 경제 구조는 다른 지역의 개도국과는 현저하게 다르다. 제조업이 전체 부가가치에서 차지하는 비중을 볼 때, 다른 지역의 중소득국은 28퍼센트인 데 비해 이집트, 모로코, 튀니지 등은 15~16퍼센트에 머물고 있다.[97] 이런 구조적인 문제는 중동 국가들이 산업화에 실패했음을 보여준다.

산업화 측면에서 비교해보는 중동 3국과 다른 지역의 개도국

중동 국가들은 산업의 세 가지 측면에서 다른 지역의 개도국들에 뒤져 있다. 1인당 제조업의 부가가치가 중동 평균은 381달러로, 개도국 평균인 413달러나 아시아 개도국 평균인 632달러에 크게 못 미친다. GDP에서 제조업이 차지하는 비중도 낮다. 아시아는 30퍼센트, 개도국은 22퍼센트인데, 중동은 12퍼센트에 불과하다. 제조업의 부가가치 측면 성장률도 개도국 평균은 1.1퍼센트, 아시아는 1.5퍼센트인데, 중동의 모로코·이집트·튀니지 세 나라는 마이너스다.[98]

민간 분야 육성을 위한 정책

민간 분야 육성을 위한 중동 국가들의 정책은 다양하다. 전방위에 걸쳐 정책적 조치를 취하고 있다. 규제 완화, 제도적인 장치 마련, 인프라 확장 등 투자환경을 개선하는 정책뿐 아니라, 수출을 진흥하고 역량을 배양하고 산업 클러스터를 지원하는 제반 이니셔티브도 검토하는 중이다.

각국의 상황에 맞는 산업화 정책과 민간 분야 육성

중동 국가들의 산업화는 각국의 역사와 환경에 따라 각각 도전을

---

97 비교된 중소득 국가는 브라질, 칠레, 중국, 말레이시아, 모리셔스, 태국, 터키로 이들의 GNI는 2010년 기준 3,975달러 이상이다.
98 "Selected Indicator of Industrial Development", 2005-2008, 자료 UNIDO, 산업 통계 데이터베이스, p.115.

받고 있다. 먼저, 이집트나 모로코처럼 노동력은 풍부하나 자원이 없는 나라의 경우에는 세계 시장의 생산 시스템에 편입되어야 한다. 풍부한 노동력을 활용할 수 있는 제조업, 농업, 고부가가치 서비스산업을 성장시키기 위해서는 수출 시장이 유일한 옵션이다. 이러한 경우, 아시아 시장을 겨냥하는 것이 좋다. 중국의 임금이 오르고, 아시아에서 수요가 증가하고 있는 추세를 기회로 삼을 수 있다.

둘째, 요르단이나 튀니지처럼 자원이 없는 중소득 국가가 세계 시장에서 경쟁하려면 제품의 부가가치를 높여서 수출을 늘려야 한다. 그러려면 국내 제조업에 기술을 이전해줄 수 있는 역량 있는 외국 기업을 유치해야 한다. 이 경우, 투자환경을 개선하는 이상의 노력이 필요하다. 외국인의 직접투자를 진흥하는 기관을 만드는 것도 하나의 방법이다. 한편으로 수출 진흥 정책을 펴서, 물류 인프라에 대한 투자를 확대하고, 경제특별구역을 만들어 상품·노동력·자본이 자유로이 이동하도록 해야 한다.

셋째, GCC 등 산유국들은 산업을 다변화해야 한다. 하지만 유가가 유동적이어서 다변화 정책을 안정적으로 추진하기가 쉽지 않다. 고유가 시기에는 굳이 다변화를 추진할 필요를 느끼지 못하고, 저유가 시기에는 재정 부족 등의 이유로 일관성 있게 다변화를 추진하지 못한다. 그래도 대부분의 산유국이 비석유 부문으로의 다변화 필요성을 절실하게 인식하고 있다. 이를 위해 이란, 쿠웨이트, 오만, 사우디아라비아는 민영화를 추진하고 있고, 알제리와 바레인, 오만, 쿠웨이트, 사우디아라비아는 투자 및 노동법을 현대화했다.

한편, 산유국들은 숙련된 노동력이 적은데, 경쟁력과 생산성을 높이기 위해서는 노동력의 숙련도를 높이는 것이 급선무다. 장기적으로는 교육을 개혁하고, 단기적으로는 현장교육과 적절한 인센티브를 제공하는 것이 바람직하다. 또한 중소기업들이 대기업과 연계해 기술을 지원받고, 금융기관으로부터 손쉽게 대출을 받을 수 있도록 제도적 장치를 마련해야 한다.

공공 분야와 민간 분야의 대화를 통한 개혁

중동지역 민간 분야의 가장 큰 문제는 소규모이고 비공식적이며 대체로 비효율적이라는 점이다. 이를 개선하기 위해서는 두 방향에서 개혁이 진행되어야 한다. 먼저 정부는 민간 분야를 통제하지 말고, 민간 분야는 생산성을 높이는 데 집중해야 한다. 그동안 외국 기업이 쉽게 투자할 수 있도록 규제를 완화하고, 오래되고 중복된 규제는 철폐하는 쪽으로 개혁이 추진되어왔다. 하지만 대부분의 경우 성과는 일시적이고 시간이 지나면 다시 제자리로 돌아가 버리곤 했다. 개혁을 할 경우 일반 국민의 생활은 나아지지만, 엘리트들의 권력은 줄어들기 때문에 개혁이 일관성 있게 지속적으로 추진되지 못하고 있다.

정부는 대화를 통해서 노동 정책, 서비스 제공, 규제 문제, 정실주의 등에 대해 토론하면서 바람직한 정책을 입안해야 한다. 지속적이고 상호 책임에 기초한 개혁을 위해 민간 분야, 시민사회와 신뢰 관계를 구축해야 한다. 공공과 민간 분야의 대화가 국가 경쟁력을 높이는 중요한 방법이다.

한편, 기업이 경쟁력을 갖추는 과정에서 정부에 더 많은 요구를 하게 된다. 경쟁력을 갖는다는 것은 성장하는 단계에서 부딪히는 각종 문제에 대한 기술적·정책적·제도적·금융적 해결을 모색하는 것이다. 아시아 신흥국가들이 발전하는 과정에서 공공과 민간의 파트너십에 의해 종종 문제를 해결해왔다. 중동의 국가들도 이러한 시스템을 구비해야 한다.

좋은 규제와 경쟁을 통한 광범위한 개혁

전 세계적으로 민간 분야를 개혁하는 방법의 하나는 아래에서 위로의 광범위한 개혁이며, 다른 하나는 전략적인 선택을 통한 개혁이다. 광범위한 개혁을 위해서는 한물간 행정 통제보다는 현대적인 규제 수단을 사용해 시장을 효율적으로 작동시켜야 한다. 행정 통제가 시장의 빠른 변화를 따라갈 수 없기 때문이다. 행정 통제 등의 규제가 많은 경우 의도한 이익을 가져오지 못하고 비용만 지불하게 만든다.

그러나 단순하게 모든 규제를 철폐하는 것도 답은 아니다. 적절한 규제를 통해 민간 분야가 명확하게 정해진 공공의 규범을 준수하도록 유도해야 한다. 좋은 규제는 안전한 환경과 공정한 경쟁을 통해 공익을 보호하고 나아가 좋은 기업이 번창할 수 있도록 해준다.

전략적인 선택과 집중을 통한 개혁

산업 다변화를 추진하는 중동의 많은 나라가 세계 유수의 컨설팅

중동 경제 3.0

회사에 용역을 주어 어떤 분야와 산업을 육성하는 게 좋을지 자문을 구한다. 동아시아의 한국이나 싱가포르가 어떤 산업 정책을 통해 성공했는지 참고하려는 것이다. 그러나 이런 접근은 대체로 성과를 내지 못했다. 정부가 가장 좋은 모델을 선정했더라도 이를 추진하고 이행하고 평가하는 능력이 부족했기 때문이다.

만약 선택과 집중을 한다면 어떤 분야가 유망할까? 정보통신, 관광, 물류, 교육 분야가 거론되고 있다. 그런데 이런 전략적인 선택을 통한 개혁은 정부가 이행 정도를 철저하게 평가해서 성과가 없을 경우 더 이상 추진하지 말아야 한다. 아울러 해당 민간 분야와 끊임없이 대화해서 개혁 과정에서 발생하는 장애 요인을 제거하는 데 우선적으로 노력해야 한다.

사람에게 투자하라

민간 분야를 발전시키기 위해서는 제대로 교육된 인적자원이 있어야 한다. 인적자원 개발과 민간 분야 육성 그리고 일자리 창출은 톱니바퀴처럼 서로 밀접하게 연결되어 있다.

중동지역의 국가들은 지난 40년 동안 공공교육에 동아시아나 중남미보다 더 많이 투자했다.[99] 그러나 학생들의 낮은 학업 성취도나 졸업생의 높은 실업률로 볼 때, 투자 효과는 크지 않아 보인다.

---

99 "The Road Not Travelled: Education Reform in the Middle East and North Africa", 2008, 세계은행, p.11.

4장. 지속가능한 중동 경제를 위해

2007년 국제 수학·과학 성취도 시험에 참여한 14개 중동 국가 학생들 모두 평균 이하의 성적을 받았다.[100]

중동 정부들은 또한 학교 교육을 확대하기 위해 졸업생들이 국가 기관이나 공공기관에서 일할 수 있도록 문호를 개방했다. 이집트와 모로코의 경우, 고등학교 졸업자에게 공공 분야 취업을 보장했다. 이 정책은 효과가 있어, 1980년 이후 중동 국가의 평균 취학 연수 증가 속도가 세계 어느 지역보다 높다.

그러나 이런 식으로 교육의 공급만 확대하는 정책에는 한계가 있었다. 정부는 좋은 고등학교나 대학을 나온 학생들만 고용하게 되고, 이에 따라 교육기관들은 양적인 테스트를 통해 학생을 평가하는 커리큘럼으로 가르치게 되었다. 졸업장을 중시하는 사회 분위기와 학생 인구 증가로 인해, 공무원이 되기 위해서는 최소한 대학 졸업장이 있어야 한다. 그 결과, 대학 입학률이 치솟았다. 이집트의 대학생 비율은 터키의 두 배다. 1인당 국민소득은 터키가 이집트의 세 배인데 말이다.

대학 교육 또한 많은 투자에도 불구하고, 21세기에 필요한 기술과 지식을 제공하는 데 실패했다. 양적으로는 확대되었으나, 질적으로는 낙후된 상황이다. 세계의 500대 대학에 여섯 개 대학만 포함되어 있다. 과학기술 저널출판은 전 세계에서 가장 낮은 수준이다.[101]

---

100 Alan Richards et. al, "Political Economy of the Middle East", p.61.

101 "World Development Indicators", 2008.

중동지역 대학 교육의 또 다른 문제점은, 기업에서 필요로 하는 지식과 기술을 제대로 가르치지 못한다는 데 있다. 세계은행이 조사한 바에 따르면, 기업들이 채용의 가장 큰 장애로 꼽은 것이 '인력의 기술 부족'이었다.(레바논 38%, 이집트 31%, 요르단 33%) 세계경제포럼 WEF도 중동에서 기업이 활동하기 어려운 이유로 교육받은 노동력이 부족하다는 점을 지적했다.

4장. 지속가능한 중동 경제를 위해

다이어트가 필요한
공공 분야

중동 국가는 대부분 큰 정부를 가지고 있다. 경제도 대체로 정부 위주로 운용된다. 지난 수십 년간 여러 차례 경제 위기와 그에 따른 구조조정을 거쳤지만, 공공 분야의 비중은 여전히 크다. 국민들도 국가가 경제 행위를 주도하는 것(state intervention)에 대해 상당한 정도로 합의가 이루어져 있다. 경제 발전을 위해 경제적·행정적·군사적 힘이 한곳에 집중되는 것에 대해서도 대부분 수용한다. 국가가 국민의 기본 생계와 복지를 책임지는 이슬람 경제의 전통이 강하게 남아 있기 때문이다.[102]

공공 분야 개혁의 필요성

중동 경제에서 공공 분야의 비중이 큰 또 다른 이유는 역사에서 찾을 수 있다. 유럽 열강의 오랜 식민지배로 인한 후진성을 고스란히 물려받은 것이다. 20세기 중반 독립했으나 미숙련 인력이 생산하는 농업 중심의 낙후된 경제만 남아 있었다. 이후에도 석유산업에 의존하면서 제조업이나 서비스업 발전에 필요한 숙련된 인력을 양성

---

102 Alan Richards, et. al, "A Political Economy of the Middle East", p.180.

하지 못했다. 최근에는 세계화로 인해 중동 경제도 세계 경제에 통합되었으나, 경쟁력이 낮아 성과를 내지 못하고 있다. 이런 상황을 타개하기 위해 많은 노력이 필요했고, 결국 국가 주도의 경제가 자리를 잡게 된 것이다.

중동의 국가지도자들은 자원의 낭비를 막기 위해서 국가의 개입이 필요하다고 생각했다. 중동에서는 일반적으로 민간 분야가 재원을 동원하고 계획하는 것을 신뢰하지 못한다. 민간 분야가 수요와 공급의 원칙에 의해 자원을 분배하는 것은 낭비이며, 저개발의 함정에서 빠져나올 수 없다는 인식이 일반화되어 있다.

그들이 경제의 효율성 못지않게 중요하게 생각한 것이 평등이다. 국가 내 빈부격차가 심한 것은 오랜 식민지배에 따른 결과지만, 민간에 맡겨두면 불평등이 더 악화된다고 생각했다. 공공 분야를 평가하는 첫 번째 기준은 이윤을 내는 것이 아니다. 이윤보다는 일자리 창출, 생필품 공급, 벽지와 가난한 지역의 경제 활성화, 전략물자와 군사물자의 자급 등이 주요 기준이다. 이러한 공공 분야는 당연히 독점적 지위를 누렸다.

어느 나라든 공공 분야가 잘 작동하려면, 입안자들이 경제 변수들의 복잡한 상호작용을 잘 예측해서 기획하고, 매니저들은 효율을 추구하며, 공무원들이 제대로 역할을 수행해야 한다. 그러나 중동지역에서는 대체로 이런 요건들이 충족되지 못했다. 규제를 빙자한 '절차 지연red tape'이나 관료들의 부패가 만연해, 공공 분야의 효율성은 계속 하락하고 있다.

4장. 지속가능한 중동 경제를 위해

중동 국가들은 일반적으로 국가가 경제에 과도하게 개입해 제대로 운영되지 못했다는 평가를 받고 있다. 석유와 은행 부문을 제외하고는 성과가 없었다. 이윤 창출은 차치하고라도, 다른 산업에 싼 재료를 공급한다든지, 취약계층에게 일자리를 보급하는 등의 부차적인 목적을 달성하기 위해 비용을 최소화하는 데도 신경을 쓰지 않았다.

그러나 정부나 기득권층은 공공 분야의 비효율성으로 인한 국가 경제의 피해보다, 공공 분야를 개혁하는 과정에서 통제 수단을 빼앗길지도 모른다는 불안감을 더 크게 느끼고 있다. 그래서 공공 분야의 개혁이 쉽지 않은 것이다.

중동 경제가 효과적인 체제로 전환하기 위해서 공공 분야 개혁은 필수적이다. 이를 위해서는 우선 어려운 경제 전환 과정을 잘 관리할 수 있는 재정과 규제 수단이 필요하다. 아울러 정부와 공공기관의 효율성과 투명성을 제고하기 위해 관료들의 부정부패를 방지하는 자정 노력이 요구된다.

재정 개혁을 통한 변화의 시작

최근 유가 하락으로 중동 산유국의 재정 수지가 상당히 악화되었다. 재정적으로 여유가 있었던 GCC 국가와 알제리도 2016년 적자가 GDP의 약 13퍼센트에 달할 것으로 전망된다. 중기적으로도 7퍼센트대를 유지할 것으로 보인다. 이에 따라 중동 국가들은 재정 적자를 줄이기 위해 예산을 줄이고 증세 등을 통해 재원을 발굴하는 등

재정 개혁에 돌입했다.

정부가 날로 늘어가는 국민들의 요구를 다 충족시키려고 하면 어쩔 수 없이 재정 적자가 늘어나게 된다. 하지만 중장기적으로 부채를 관리하기 위해서는 이러한 유혹에서 벗어나야 한다. 외자를 도입할 경우에도 상업 차관보다는 공적개발원조ODA를 받아 활용하는 것이 바람직하다. 또한 공공 투자에서 빈곤층과 청년들에게 이익이 되는 투자를 하고, 공공 인프라 투자를 확대해 경제를 활성화시키는 방향으로 재정 정책을 추진하는 것이 좋다.

재정 개혁에서 빼놓을 수 없는 것이 보조금 개혁이다. 중동지역에서 보조금은 생필품부터 전기, 수도, 휘발유까지 광범위하게 지급되고 있다. 가히 국가 재정 적자의 주범이라고 할 수 있다. GCC를 포함한 중동 국가들은 국민의 반발을 최소화하면서 보조금을 줄이는 방법을 강구하고 있다.

인력 및 임금 개혁을 통한 공공 분야의 효율성 제고

중동 국가들은 다른 개도국들에 비해 공공 분야에 많은 인력을 고용하고 있다. 1990년대에는 GDP 대비 공무원과 공공기관 근로자의 임금이 11.3퍼센트나 되었다. 몇몇 산유국에서는 재정적으로 지속 불가능한 수준까지 치닫고 있는 실정이다. 지난 수십 년간의 개혁 노력에도 불구하고, 몇 나라만이 공공 분야 임금비용을 줄였을 뿐, 많은 나라에서는 오히려 늘어났다. 이처럼 공공 분야 종사자에게 많은 예산이 지출되기 때문에 다른 분야에 투자할 재원이 줄어들고, 잠재적으로는 민간 분야의 투자와 소비를 밀어내고 있다.

또 다른 문제는 공공 분야의 비효율성이다. 필요 이상의 많은 인원이 일하고 있다. 1990년대 초의 조사에 따르면, 공공 분야에서 일하고 있으나 제대로 활용되지 않는 인력이 알제리 17퍼센트, 이집트 21퍼센트였다. 다른 산유국에서는 비율이 더 높았다. 공공 분야 종사자 수를 줄이고, 이들의 임금비용을 축소하는 정책을 마련해, 양질의 노동인력이 민간 분야에서 일하도록 만드는 것이 급선무다.

---

103 After the Spring, Homi Kharas, et.al. p.180.

공공 분야의 채용을 동결하거나 급여를 삭감하는 것도 방법이다. 몇몇 중동 국가의 경우, 공공 분야 종사자 연령이 50세 이상인 비율이 10~15퍼센트로, 향후 10년 내 인력 감축 잠재력이 크다고 볼 수 있다. 이런 자연 감소분과 함께 채용동결 조치를 병행하면 효과를 볼 수 있을 것이다. 기존 종사자의 급여를 줄이는 것은 정치적으로 쉽지 않은 일이지만, 신규 취업자의 경우 기본 급여를 축소하고 성과와 연계시키는 등의 방법으로 공공 분야의 임금비용을 줄일 수 있다.

보조금은
만병통치약이 아니다

세계의 어떤 나라든, 정부는 사회 안정을 위해 국민들이 기본적으로 사용하는
전기, 물, 에너지 및 생필품의 가격을 저렴하게 유지할 필요가 있다. 이를 위해
흔히 사용되는 것이 보조금 지급이다. 특히 사회안전망이 충분하게 마련되지
않은 중동지역에서, 보조금은 '사회적 보호(social protection)' 역할을 하고 있다.
산유국의 경우, 보조금을 지급함으로써 석유 수입을 국민들에게 재분배하는 효
과를 내기도 한다. 또한 민간 분야 특정 산업의 발전과 고용 창출을 위해 생산
자에게 보조금을 지급하는 경우도 있다. 한편, 비효율적인 운영으로 인해 발생
한 국영기업의 손실을 보전해주기 위해 보조금을 지급하기도 한다. 또 기업활
동을 장려하기 위해 시장 가격보다 낮게 에너지를 제공하는 경우도 있다. 이런
보조금은 시장경제를 왜곡하기 때문에, 최근 전 세계적으로 에너지 보조금을
개혁하자는 움직임이 일어나고 있다.[104]

중동지역에서 제공되는 보조금의 종류

중동 정세는 불안정하며 유동적이다. '아랍의 봄' 여파로 외국인
투자는 감소했고, 관광산업도 침체되었다. 하지만 국민들의 요구와
압력은 점점 늘어나고 있다. 이러한 상황에서 각국의 정부는 식품이
나 연료에 보조금을 제공해 국민들의 경제적 요구와 불만을 해소하

---

104 2010년 서울에서 개최된 G20 정상회의 주요 의제 중 하나가 '에너지 보조금 축소'였
다. 이 이슈는 일정한 성과를 거뒀으나 초기에는 사우디아라비아 등 산유국들이 반대했다.

중동 경제 3.0

려 한다. 문제는 막대한 보조금으로 인해 국가의 재정적자가 심화되어, 막상 필요한 분야에 투자할 예산이 줄어든다는 점이다.

2011년에 전 세계적으로 약 4,920억 달러의 보조금이 지급되었는데, 이 중 48퍼센트인 2,370억 달러가 MENA 국민에게 지급되었다. 정부 재정 수입의 22퍼센트, 국가 GDP의 8.6퍼센트에 해당하는 금액이다.[105] 보조금의 절반인 1,200억 달러는 석유 제품과 관련된 것이고, 26퍼센트인 620억 달러는 전기, 23퍼센트인 550억 달러는 가스와 관련해 제공되었다. 식품 보조금은 216억 달러에 불과했다. 이 외에도 물, 금융상품, 의료, 주택 및 다양한 상품과 서비스에 보조금이 지급되었다.

에너지 및 전기 보조금

대다수 중동 국가의 에너지 가격은 국제 가격보다 낮다. 가솔린과 디젤은 EU 국가의 최저가보다 저렴할 정도다. 각국이 에너지에 제공하는 보조금의 수준은 다양하다. 당연히 산유국이 에너지 보조금을 많이 지급한다. 전기에 대해서는 모든 중동 국가가 보조금을 제공하고 있다. MENA 국가의 절반이 GDP의 2퍼센트 이상을 전기 보조금으로 지급할 정도로 규모가 크다. 다만 지급 방법이 복잡하고 데이터가 부족해서 그 규모를 정확하게 파악하기는 어렵다.

---

105 "Subsidy Reform in the Middle East and North Africa", IMF, 2014 July, p.1.

4장. 지속가능한 중동 경제를 위해

식품 보조금

MENA 국가의 75퍼센트가 식품 보조금을 지급하고 있지만, 전기나 연료에 대한 보조금에 비해 규모가 작다. 이라크는 국민들에게 주식인 쌀, 식용유, 밀가루, 우유 등을 지급하고 있는데, 2012년에는 50억 달러 규모로 GDP의 2퍼센트를 상회했다.[106]

왜 보조금이 문제인가

중동지역에서 일반화된 가격 보조금은, 국가가 국민에게 기본적인 필수품을 제공해야 한다는, 오랫동안 전해오는 사회계약social contract의 한 부분이다. 그러나 사회안전망으로서 가격 보조금은 목표나 비용 대비 비효율적이라는 평가를 받고 있다.

빈곤층에게 혜택이 돌아가지 않는다

연구 결과에 따르면, 가격 보조금 혜택이 대다수 취약계층에게는 거의 돌아가지 않는다고 한다. 수혜의 대부분은 중산층과 고소득층에게 고스란히 제공된다. 예를 들어 에너지 보조금의 경우, 고소득층일수록 전기 등 에너지를 많이 사용한다. 연료 보조금도 차량을 많이 보유한 고소득층이 혜택을 많이 본다. 차량 사용에 제공되는 가솔린과 디젤 보조금의 경우, 이란의 하위 소득자 40퍼센트는 보조금의 20퍼센트, 예멘은 10퍼센트, 이집트는 5퍼센트 이하를 받고 있는

---

106 "Subsidy Reform in the Middle East and North Africa", IMF, 2014 July, p.11.

이집트의 가솔린 보조금 지급 실태

이집트의 가솔린 보조금 상황을 좀 더 자세히 살펴보자. 최하위 계층 20퍼센트는 가솔린 보조금의 1퍼센트를 받았고, 그 위 하위층 20퍼센트는 2퍼센트, 중간계층 20퍼센트는 4퍼센트, 그 위 고소득층 20퍼센트는 7퍼센트, 그리고 최상위층 20퍼센트가 전체 보조금의 86퍼센트를 받았다.

실정이다.[107]

식품 보조금은 품목에 따라 계층별 보조금 수령 비율이 다르긴 하지만, 가솔린 보조금에 비해서는 저소득층에 혜택이 돌아가는 비중이 높다. 그러나 식품 보조금도 대부분 가난하지 않은 계층에 제공된다. 이집트의 경우, 빵 보조금의 50퍼센트가 상위층 40퍼센트에게 돌아간다.

국가 재정에 큰 부담을 준다

과다한 보조금 지급은 다른 분야의 예산을 제약한다. 의료, 교육, 투자 등 생산적인 분야에 예산을 사용할 수 없게 되는 것이다. 산유국들의 경우, 세전 보조금 총액이 교육과 보건 예산 총액을 초과한다. 이집트, 요르단, 레바논의 세전 보조금 총액은 의료와 교육 예산

---

107 "Subsidy Reform in the Middle East and North Africa", IMF, 2014 July, p.13.

을 합한 것보다 더 많다.

경제와 환경을 왜곡시킨다

지난 10년 동안 다른 지역은 에너지집약도energy intensity[108]가 감소했는데, MENA 지역은 오히려 증가했다. 특히 중동 산유국은 크게 늘어났다. 산업 다변화를 도모하면서 석유화학이나 비료 등 에너지집약산업을 육성한 것이 에너지집약도를 높인 것으로 보인다. 하지만 무엇보다 막대한 에너지 보조금이 과다소비를 조장했을 것이다. 마찬가지로 식품 보조금은 농산물과 가공품의 낭비를 부추기고 있다.[109]

보조금은 또한 부정적인 환경의 외부효과environmental externality를 발생시키고 있다. 보조금으로 인해 에너지 가격이 저렴해지기 때문에 석유 제품, 석탄, 천연가스를 더 많이 소비하게 된다. 그리고 굳이 에너지 효율성을 높이기 위해 투자할 필요도 느끼지 못한다. 에너지 과소비는 공해, 교통체증과 함께 지구온난화를 불러온다. MENA 지역은 OECD 국가에 이어 두 번째로 1인당 이산화탄소 배출량이 많다.[110]

---

[108] GDP 1,000달러를 생산하기 위해 투입하는 에너지양을 말한다.
[109] "Subsidy Reform in the Middle East and North Africa", IMF, 2014 July, p.22.
[110] "World Development Indicators Databases", World Bank, p.26.

중동 경제 3.0

보조금, 더 유용하게 개혁할 수 있다

보조금을 줄이거나 없애면 물가가 올라 사회적·정치적으로 문제가 발생할 수 있다. 또한 보조금 축소나 폐지로 인해 손해를 보는 그룹이 저항할 것이므로, 이를 감안해 개혁을 추진해야 한다. 모든 나라에 공통적으로 적용할 수 있는 보조금 개혁 방안은 없다. 각국의 상황에 맞는 방안을 강구해야 한다.

정책결정자들이 보조금을 개혁할 때 가난한 그룹에 미칠 영향만 고려하기 쉽다. 하지만 그들뿐 아니라 중산층, 노동자 계층, 그리고 다른 그룹에 미칠 영향도 함께 파악해야 한다. 아울러 급진적으로 개혁할지, 점진적으로 개선해나갈지도 검토하는 것이 좋다. 줄여야 할 보조금의 규모가 클 경우에는 거시경제에 미칠 영향도 파악해야 한다. 주변국의 보조금 지급 상황도 파악해서, 밀수나 국경 간 거래로 인해 받게 될 영향까지 면밀하게 검토하는 것이 바람직하다.

점진적이고 광범위한 개혁으로 성공 확률 높이기

지난 수십 년간의 사례로 볼 때, 보조금 개혁은 현실을 잘 진단해 점진적으로 추진하되, 충분한 시간을 갖고 이행할 때 성공 확률이 높았다. 1983년 튀니지에서는 식품 보조금을 철폐하면서, 하루 전에 발표했다. 갑작스러운 발표에 가격이 배로 치솟자 폭동이 일어났고, 정부는 결국 한 달 만에 취소했다.

가격도 초기에는 점진적으로 인상하는 것이 효과적이다. 보조금을 점진적으로 줄여나가야 수혜자도 적응할 시간을 갖고, 정부도 국

4장. 지속가능한 중동 경제를 위해

민들의 손실을 완화시켜주는 조치를 효과적으로 시행할 수 있다.

개혁의 폭과 관련해서는, 다양한 연료와 식품 분야를 대상으로 하는 광범위한 개혁이나 구조조정 프로그램이 성공할 가능성이 크다.

효과적인 홍보와 투명한 협의로 공감대 형성하기

보조금을 개혁하기 위해서는 정부의 강한 의지와 리더십, 그리고 효과적인 홍보가 필수적이다. 공해 발생, 재원의 잘못된 분배, 비효율성 등 보조금의 문제점을 국민들에게 홍보하면서, 보조금 개혁의 필요성과 장점을 설명해야 한다. 또한 빈곤층에게 보조금 대신 지원하는 제도를 알리고, 개혁을 과감하게 추진하고 있는 다른 나라의 사례를 보여줌으로써 국민의 공감을 얻는 것이 바람직하다.

아울러 보조금과 관련된 이해관계자와 긴밀히 협의해 컨센서스를 만들어야 한다. 의회와도 협력하고, 보조금 개혁으로 이익이나 손해를 보는 다양한 그룹의 협조를 구하는 과정도 필요하다. 보조금 개혁으로 손해를 보는 그룹은 전국적인 규모지만, 이익을 보는 집단은 대개 제한되어 있다.

보조금 개혁으로 인한 충격을 완화할 조치 도입하기

보조금 개혁으로 빈곤층이나 취약계층이 받는 타격을 완화할 수 있는 조치를 도입해야 한다. 이는 빈곤층뿐 아니라 사회 전반의 지지를 끌어내는 데 매우 중요한 요소다. 보상 조치는 단기적으로 가장 타격을 많이 받는 빈곤층을 주 대상으로 한다. 장기적으로는 보조금을 대신하거나 능가할 사회안전망을 제공해야 한다.

아울러 개혁 후에도 후속 조치가 이루어져야 한다. 보조금 개혁은 복잡하고 장기적인 과제이기 때문에, 지속적인 홍보와 주기적인 모니터링이 요구된다.

보조금 개혁의 사례 살펴보기

최근 몇 년 동안 MENA 지역의 보조금 개혁은 두 가지 이유에서 시작되었다. 먼저, 재정적자 때문이다. 석유 수입국의 경우, 석유 등 국제 원자재 가격의 인상, 보조금 지급 증가, '아랍의 봄' 이후 증가한 국민의 요구에 부응하기 위한 정부 지출의 증가로 인해 재정 적자가 불어난 것이다. 둘째, 정부나 국민 모두 보조금의 문제를 심각하게 인식하고 있었기 때문이다.

2011년 이후 MENA 국가들은 우선 에너지 보조금을 줄이기 시작했다. 석유 수입국이 석유 수출국보다 좀 더 적극적으로 개혁을 추진했다. 나라마다 사정이 조금씩 다르긴 했지만, 개혁의 주요 대상은 연료와 전기에 대한 보조금이었다. 개혁을 위한 준비의 정도, 개혁의 범위, 속도는 나라마다 달랐다. 가격 인상의 충격을 줄이기 위한 완화 조치는 주로 현금 지원 프로그램을 도입하거나 확대하는 방향으로 진행되었다.[111]

---

111 "Subsidy Reform in the Middle East and North Africa", IMF, 2014 July, p.48, IMF Staff reports for Article 4 consultations.

4장. 지속가능한 중동 경제를 위해

이집트는 보조금이 빈곤층보다 부유층에 더 많이 제공되는 대표적인 나라다. 2008년에 빈곤층 40퍼센트가 가솔린 보조금 3퍼센트를 받았다. 보조금 개혁이 절실한 나라인 것이다. 이집트 정부는 2014년부터 보조금 삭감 정책을 추진했다. 같은 해 7월 가스 및 수도요금을 인상한 데 이어, 차량용 유류에 대한 보조금을 삭감해 연료 가격이 40~175퍼센트까지 치솟았다.[112] LNG의 경우 기존의 0.4£E[113]에서 1.1£E로 175퍼센트 인상했고, 디젤은 1.1£E에서 1.8£E로 64퍼센트 인상했다. 가솔린은 종류에 따라 7~78퍼센트까지 인상했다.

인상의 배경은 정부의 재정 적자 줄이기였다. 이집트 정부는 약 2,200억 달러에 달하는 공공 부채와 연 340억 달러(GDP의 10퍼센트)의 재정 적자를 줄이기 위해, 매년 정부 예산의 20퍼센트를 차지하는 에너지 보조금을 점차 삭감해나가, 3~5년 후에는 완전히 철폐할 예정이다.

지금까지 중산층 이상에게 많은 혜택이 돌아갔던 보조금을 개혁하는 것은 바람직한 방향이었으나, 정부가 사전에 충분히 홍보해 국민의 이해를 구하고 이해당사자들과 협의하는 과정 없이 진행되어 반대 여론도 비등했다.[114] 하지만 보조금의 규모가 매우 커서 재정

---

112 《알 아흐람》(이집트 일간지).

113 £E: 이집트 파운드, 1£E=약 62원.

114 이집트 대통령은 발표 이틀 후 기자간담회를 가졌고, 발표 3일 후 TV 연설을 통해 보조금 개혁 정책의 필요성을 국민들에게 설명했다.

에 어려움이 있고, IMF 등 국제기구들도 보조금 개혁을 권고하고 있어, 이집트 정부는 앞으로도 계속 개혁을 추진해나갈 것으로 보인다. 2014년에 추진된 보조금 삭감 규모는 전체의 30퍼센트에 해당하는 400억£E(우리 돈으로 약 2조 5,000억 원)였다.

4장. 지속가능한 중동 경제를 위해

로빈슨 크루소 경제에서
벗어나기

지금은 세계화 시대다. 다양한 교통수단과 초고속 인터넷 등 과학기술의 발달로, 전 세계가 하나의 네트워크로 묶여 동시간대에 살고 있다. 이런 세상에서, 국가 경제가 지속적으로 발전하기 위해서는 세계 경제에 잘 통합되어야 한다. 중동 경제가 발전하지 못한 요인은 여러 가지가 있지만, 세계 경제에 통합된 정도가 낮은 것도 하나의 이유라고 할 수 있다.

2차 세계대전 후 빈곤국에서 벗어나 중진국으로 발전한 나라들은 모두 세계 경제에 통합되어 그 이점을 잘 활용한 나라들이다. 세계 경제와 결합되면, 국내 경제가 개방되어 민간 분야의 효율성이 높아진다. 아울러 외국 자본과 기술이 유입되어, 국내 기업의 규모와 수준이 향상될 기회가 생긴다. 또한 생산 제품을 수출할 시장이 확대되어 시장 접근성도 커진다. 지역의 경제 통합체와 세계 무역 체제에 편입함으로써 이런 여러 가지 혜택을 누릴 수 있다.

고립에서 탈피하기 위한 중동의 지역 통합

먼저 지역 내 통합 정도를 살펴보자. 중동 국가 간에는 지역적 통합 수준이 낮다. 중동 국가들의 상품 수출의 9퍼센트, 비석유상품 수출의 25퍼센트만이 역내에서 교역된다. 남아시아를 제외하고는 전 세계 지역들 중에서 제일 낮은 수치다.

2000년부터 중동 국가 간 특혜관세가 시행되면서 역내 교역량이 증가하기 시작했다. 또한 GCC 국가들이 관세동맹을 체결하기 위해 협상을 해나가고 있다. 마그레브[115] 지역의 여러 가지 협정이나 범아랍자유무역협정The Greater Arab Free Trade Area, GAFTA의 추진은 지지부진했다.

중동지역에 확산되고 있는 많은 지역협정이 지역의 통합에 순기능을 하기 위해서는 중복되거나 상충하는 규정과 행정 절차들을 정리해야 한다. 그렇게 해서 지역협정 간 분야별·상품별 상이한 적용 범위와 자유화 일정, 원산지 규정 등을 통일시켜나가는 것이 바람직하다. 합의한 것이 재대로 이행되는지 감시하는 모니터링 체계도 갖춰나가야 한다. 아울러 지역협정의 여러 가지 이점을 상쇄하는 비관세 장벽의 제거도 필수적이다.

아직 제대로 통합되지 않은 상품이나 서비스 분야와는 달리, 중동지역의 노동시장은 세계에서 가장 잘 통합되어 있다. 지역 내에서

---

115 아랍어로 '해가 지는 지역' 또는 '서쪽'이란 뜻으로, 대체로 오늘날 리비아, 튀니지, 알제리, 모로코 등 아프리카 북서부 일대를 총칭한다.

4장. 지속가능한 중동 경제를 위해

인력은 대체로 노동력이 풍부한 이집트, 요르단, 모로코 등에서 인력이 부족한 GCC 국가로 이동한다. 1970년대 오일붐 시대에 북아프리카에서 GCC 국가로 노동력이 폭발적으로 이동했으나, 1980년대 유가가 하락하면서 중동지역 노동자들은 새로운 경쟁에 직면했다. GCC 국가들이 고임금 직종에는 자국민을 채용하기 시작한 것이다. 저임금 직종에서도 대거 유입된 남아시아 노동자들과 경쟁해야 했다. GCC 국가들은 단신으로 와서 일하고, 계약 기간이 끝나면 돌아가는 아시아 노동자를 선호한다.

국제사회의 중동 지원

국제사회는 1990년대 동유럽 국가가 공산주의에서 자유민주주의, 시장경제로 전환할 수 있도록 지원을 해주었듯이, 중동지역에 대해서도 경제적인 전환을 이룰 수 있도록 지원해왔다. 그러나 중동 국가들은 IMF 등의 국제금융기구나 미국 등 원조 국가들을 의심의 눈초리로 보는 경향이 있다. 지난 수십 년 동안 선진국이나 국제기구의 중동 원조가 사회적인 평등이나 부패 방지, 시민사회 육성이나 언론의 자유 신장 등에는 크게 관심을 기울이지 않았다고 평가하는 것이다.

중동 국가들의 이런 부정적인 경험과 인식 때문에, 개혁의 방향이나 내용에 대해서 국제사회와 쉽게 합의하지 못하고 있다. 중동 사람들은 국제금융기구도 미국의 이익을 대변하는 것으로 인식하고 있어 협력에 소극적이었다.

정의와 공정성에 기초한 세계화를 기대한다

세계 통합과 관련해 중동 학자들은 통합(integration)과 자유화(liberalization)의 개념이 이슬람 경제학에도 잘 나타나 있다고 강조한다. 이슬람 전성시대에 정의(justice)와 공정성(fairness)을 바탕에 두고 다른 경제권과 교역해 통합을 이뤄왔다는 것이다. 그러나 최근의 세계화는 이런 공정성이 아니라 자기이익(self-interest)에 기초한 협상에 의해 작동된다고 비판한다. 세계화가 좀 더 공정하게 진행되어야 함을 강조하는 것이다.[116]

국제사회가 중동의 경제적 전환을 지원하기 위해서는, 먼저 재정적자에 시달리는 이들 국가에 재정 지원을 하면서 외국의 투자가 유입되도록 해야 한다. 아울러 중동 국가들의 정책을 객관적으로 분석하고 평가해야 한다. 구체제가 붕괴되고 새로운 체제가 들어선다고 해서 개혁이 이루어지지는 않는다. 오히려 '아랍의 봄'에서 보았듯이, 전환 과정에서 발생한 혼란이 얼마나 지속될지 알 수 없다.

국제사회가 지원할 경우 중동 국가들은 고성장, 생활수준 향상, 일자리 창출에 도움을 받아 거시경제를 안정적으로 운용할 수 있다. 차관이나 무상 원조 등 금융 지원을 받으면 정부로서는 재정적

---

116 M. Umer Chapra, "Islamic Economic Thought and the New Global Economy", pp.1-14.

4장. 지속가능한 중동 경제를 위해

인 여유가 생겨 성장을 촉진하는 지출을 할 수 있고, 추가로 민간 금융 조달을 촉진할 수도 있다.

한편, 2011년부터 우리나라는 GCC와 FTA 체결 협상을 시작했으나 자동차, 원유 등 일부 품목에 입장 차이가 커 협상이 중단된 상태다. 양측의 산업 구조가 상호보완적인 점, 최근 보호주의 발호 움직임 등을 감안하여 GCC와의 협상을 조속히 재개하는 것이 긴요하다.

GCC로서도 세계 경제에 보다 더 통합될 수 있으니 서로 원원하게 될 것이다.

제약회사의 중동 진출

제약산업 분야에서도 중동은 떠오르는 시장이다. 한국보건진흥원 자료에 따르면, 2020년 세계 의약품 시장에서 사우디아라비아는 3계단, 이집트는 9계단 상승해 각각 17위와 20위에 위치할 것으로 전망된다. 이란의 의약품 시장도 앞으로 6년간 13.7퍼센트의 성장률이 예상된다.

우리나라 제약회사들도 미국과 유럽 진출에 치중하던 과거와는 달리 중동으로 눈을 돌리고 있다. 중동지역 내 의약품 소비는 가파르게 증가하고 있으며 수입 의존도도 갈수록 높아지고 있는데 반해, 관련 인프라는 부족하기 때문에 기회의 땅으로 주목받고 있다.

우리나라는 정부 차원에서 중동 진출을 돕고 있다. 2016년에는 이란과 제약산업 간 교류 협력 증대를 위한 MOU를 체결했다. 이란을 필두로 국내 기업의 중동 제약 시장 진출이 한층 더 활발해질 것으로 예상된다.

댄시스와의 계약 체결로 중동 진출의 교두보를 확보하다

국내 제약사들의 중동 진출 속도도 매년 빨라지고 있다. 대웅제약은 요르단 및 이라크의 현지 유통업체인 이븐씨나 드럭스토어와 5년간 290억 원 규모의 수출 계약을 체결했다. 또한 아랍에미리트 제약사 댄시스와 5년간 700만 달러(약 78억 500만 원)의 공급 계약을 체결했다. 중동지역에 판매망을 보유한 댄시스와의 계약 체결은 중동 8개 국가 및 북아프리카 등으로 진출할 수 있는 교두보를 확보한 것과 같다. 종근당은 2015년 사우디의 마사르 메디컬과 네 개 품목에 한해 52억 원 규모의 수출 계약을 성사시켰다. 보령제약도 2015년에 사우디 SPC와 항암제 기술 이전 및 수출 계약을 체결했다.

그밖에 서울제약을 비롯한 중소 제약사들도 발 빠르게 움직이고 있다. 서울제약은 최근 이란 제약사인 니칸 파마사와 세 개 품목에 대해 5년간 313만 달러(약 34억 8,995만 원) 규모의 수출 계약을 체결했다.

한국 의약품에 대한 인지도를 높이고 인허가 장벽을 넘어라

중동의 제약 시장은 매년 성장하고 있지만, 상대적으로 정보가 부족해서 진출이 쉽지는 않다. 그래서 정부 차원에서 국내 제약사들이 활발하게 의약품을 수출할 수 있도록 다양한 지원 사업을 벌이고 있다. 현재 한국보건산업진흥원과 함께 해외 제약 전문가 양성 및 중동 보건의료협력사절단 등의 사업을 진행 중이다. 또한 제약 전문가 컨설팅을 통해 해당 업체의 비용 절감과 글로벌 시장에서 통용되는 문서 작성, 해외 네트워크 구축 등에도 도움을 주고 있다.

이러한 지원에도 불구하고 중동 시장 개척이 쉽지 않은 이유는 인허가 장벽이 높다는 데 있다. 제약 제품 수출을 위해서는 임상을 통해 해당 국가의 식약처로부터 판매 허가를 받아내야 한다. 그러나 중동은 관련 제품의 허가, 임상 절차 선례와 정보가 적어서 국내 제약사들의 진출이 쉽지는 않다.

또 다른 장애물로는 한국 의약품에 대한 인지도가 아직은 낮다는 데 있다. 하지만 다양한 기업의 제품들이 수출되고 있으며, 2010년 이후로는 국내 의료기관의 중동 진출이 활발히 이루어지고 있어 제약 제품 역시 인지도가 높아질 것으로 기대하고 있다.

일례로 쿠웨이트의 경우 1~2년 전만 해도 한국산 의약품에 대한 인지도가 높지 않았다. 하지만 최근에는 한국의 뛰어난 외과, 성형외과, 치과, 관절 치료나 당뇨 치료 등의 기술이 알려지면서 인지도가 높아지고 있다. 그 외에 아랍에미리트와 사우디아라비아 등은 국내 의료 인력 제공 및 의료 관광 확대로 인해 우리나라의 제약 제품에 대한 인지도가 점차 높아지고 있어 향후 수출에 대한 기대감을 높이고 있다.

아부다비 혁신의 상징인 마스다르 시티를 방문한 필자, 2013년 11월.

중동 경제의 성장 모델,
아랍에미리트

중동의 강소국 아랍에미리트. 국가는 작지만 중동지역에서 가장 개방적이고 적극적인 경제개발로 세계인의 주목을 받고 있다. 유목인 베두인의 전통과 초고층 빌딩으로 이루어진 스카이라인이 공존하는 역동의 나라. 아랍에미리트는 2000년대 이후 활발하게 산업 다변화를 추구해왔다.

아랍에미리트의 일곱 개 에미리트(토후국) 중, 대규모 외국 자본을 유입해 건설과 서비스산업에 집중 투자한 두바이가 먼저 성과를 냈지만. 2008년 세계 경제 위기로 디폴트를 선언했다. 이후 외국 자본이 아닌 오일머니를 활용해 금융. 문화. 교육. 관광 허브를 지향한 아부다비가 중동 경제의 새로운 성장 모델로 주목받고 있다.

최근 아랍에미리트는 혁신을 통한 산업의 고도화. 신재생 에너지 활용 강화를 통한 저탄소 녹색성장 추진. 이슬람 경제의 허브화 등 새로운 전략과 패러다임을 가지고 지속가능한 발전을 도모하고 있다

새로운 신데렐라,
아랍에미리트

중동의 국가들은 최근 적극적으로 경제 개발을 추진하고 있다. 그렇다면 이들은 어떤 경제 발전 모델을 지향하고 있을까? 답하기 쉽지 않다. 나라마다 발전 단계가 다르고, 저마다 고유한 역사와 환경에 따라 상이한 산업 구조를 가지고 있기 때문이다. 다만 2000년대 이후 활발하게 산업 다변화를 추진한 아랍에미리트(특히 두바이와 아부다비)의 예를 살펴봄으로써, 각 나라에 맞는 경제 발전 모델을 모색하는 데 하나의 아이디어를 얻을 수 있을 것이다.

두바이식 성장모델의 빛과 그림자

IMF는 중동 국가를 석유 수출국과 석유 수입국으로 구분한다.[117] 석유 생산 여부가 그 나라의 경제 구조와 국민소득을 결정하는 중요한 요소이기 때문이다. 산업 다변화를 추구하는 이유와 목표, 지향하는 성장 모델도 석유 생산 여부에 따라 달라진다. 석유 수출국은

---

[117] OECD와 WB도 자원 보유를 기준으로 중동 국가들을 분류한다. 자원과 인적 자원이 있는 나라, 자원은 있으나 인적 자원이 없는 나라, 자원이 없는 나라 등 대체로 세 그룹으로 분류하고 있다.

석유 이후의 시대를 대비하기 위해, 석유 수입국은 1차 산업 중심의 산업 구조에서 탈피해 2차, 3차 산업을 육성하기 위해 산업 다변화를 추진하고 있다.

아랍에미리트의 토후국 두바이는 2011년까지 석유 의존 경제 구조에서 완전히 탈피하는 것을 목표로 삼았다. 관광, 무역, 금융 허브 건설에 초점을 맞추고 외자를 도입하여 도로, 항만, 공항 등 인프라 투자를 확대하는, 이른바 '두바이식 성장 모델'을 추진해 성과를 거뒀다.

두바이의 성공을 지켜본 주변 국가들이 너도나도 두바이식 성장 모델을 모방했다. 그러나 두바이는 2008년 세계 금융위기 이후 디폴트default[118]를 선언했다. 세계 금융위기로 외국 자본 유입이 감소되어, 부동산 가격이 폭락하고 건설 프로젝트가 취소되는 등 위기를 맞이한 것이다. 이 일은 차입한 대규모 외국 자본을 기반으로 건설 및 서비스산업에 집중한 두바이식 성장 전략의 문제점을 노출시켰다.

두바이 사태 이후 산업 다변화 방법으로 두바이식 성장 모델을 채택했거나 검토하던 국가들은 고민에 빠졌다. 두바이처럼 외국 특히 선진국의 자본을 유치해 개발하는 방식은, 글로벌 금융의 변동성에 직접 노출되어 리스크에 취약할 수밖에 없음을 인식하게 된 것이다. 이에 자원에 의존하지 않는 성장 모델로 각광받던 '두바이식 서

---

118 민간기업이 공채나 사채, 은행 융자 등을 받았는데 이자나 원리금을 계약대로 상환할 수 없는 상황, 또는 정부가 외국에서 빌려온 차관을 정해진 기간 안에 갚지 못하는 경우를 말한다.(출처: 시사경제용어사전)

5장. 중동 경제의 성장 모델, 아랍에미리트

비스산업 육성 전략'의 타당성에 대한 재검토가 시작되었다.

아부다비 에미리트의 유연한 성장 모델

2008년 세계 금융위기 이후에도 중동 산유국들은 탈석유화, 산업다변화라는 기본과제를 해결하기 위해 노력해왔다. 가속화되는 세계 경제 환경 변화에 유연하게 대응하면서 산업 다변화라는 과제를 달성하기 위해서는, 우선 장기적인 성장 계획과 각국에 가장 적합한 성장 전략을 세워야 했다.

중동 국가들의 기본적인 성장 전략은 석유산업의 고부가가치화, 교육·문화·관광 등 서비스산업 및 친환경산업 육성, 경제 기반을 조성하기 위한 인프라 건설로 요약할 수 있다. 여기에 필요한 투자금은 외국 자본보다는 오일머니를 활용하고, 지역 내 협력을 통해 경제 안정을 추구하는 방향으로 나아가고 있다. 두바이 사태를 목격하면서 외국 자본 차입에 기초한 성장의 위험성을 인식한 것이다.

이처럼 새로운 방향에서, 최근 중동 경제의 발전 모델로 두각을 나타내고 있는 곳은 아랍에미리트의 또 다른 토후국 아부다비다. 아랍에미리트 석유의 93퍼센트를 생산하는 아부다비는 오일머니를 활용해 금융, 문화, 교육, 관광 등 서비스산업에 집중 투자하고 있다.[119]

아부다비의 중점 과제 역시 산업 다변화다. 이를 달성하기 위해서 석유산업의 고부가가치화, 제조업 육성, 관광·물류·교육·문화 허브

---

119 "두바이 사태 이후의 중동 경제", 삼성경제연구소, 2010. 4.

중동 경제 3.0

화, 혁신과 ICT를 통한 산업의 고도화, 이슬람 경제의 허브화, 신재생 에너지 활용 강화를 통한 저탄소 녹색성장 추진 등 새로운 전략과 패러다임을 가지고 지속 가능한 발전을 도모하고 있다.

아부다비식 성장 모델의 장점은 유연성에 있다. 우선, 자국과 외국 전문가들의 자문을 받아서 현실적인 성장 목표를 설정하고 이행해 나간다. 이때 아직 스스로 전문성을 갖추지 못한 분야는 자국의 풍부한 자본을 바탕으로 정부 간 협력이나 외국 기업과의 파트너십을 통해 사업을 추진하고 있어 부족함은 메우고 좋은 점은 받아들이는 효과가 있다.

아랍에미리트의 지속가능한
경제 발전 전략

어떤 나라든, 어느 산업이든 반짝 성장에 그치지 않고 지속적으로 발전하기 위해서는 혁신innovation이 필수적이다.[120] 탈석유화와 산업 다변화를 도모하고 있는 중동지역에서 지금 가장 필요한 게 바로 이 혁신이다. 그런데 지금까지 중동에서는 이렇다 할 혁신이 이루어지지 못했다.

특허 신청 건수만 봐도 중동의 혁신 수준이 얼마나 미약한지 알 수 있다. 중동 국가 전체가 1997~2010년 13년간 신청한 특허 건수는 3,224건이다. 일본의 경우 2008년 한 해에 신청한 특허 건수가 233,000건인데 말이다.[121] 연구개발(R&D) 지출도 매우 적다. UNESCO 통계에 따르면, 전 세계 GDP의 5.9퍼센트를 담당하고 있

---

120 미국의 경영학자 피터 드러커는 혁신을 "새로운 차원의 성과를 내기 위해 변화를 가져오는 능력"이라고 정의했다.
121 Arthur D. Little, "Innovation for Economic Diversification", 2011, pp.49-51.

는 중동 국가들의 연구개발 지출은 전 세계의 1퍼센트 이하다. 정부뿐 아니라 민간기업도 연구개발에 별다른 투자를 하지 않는다.

한편, 이런 연구개발비 등의 경제적인 지원보다도, 중동 경제의 혁신에 가장 필요한 것은 사상의 자유와 연구를 장려하는 사회적인 분위기와 환경이다. 아직도 많은 과학적인 연구가 이슬람교와 충돌하고 있다는 평가가 있다.[122]

UAE, 세계에서 가장 혁신적인 나라를 꿈꾸다

최근 중동 국가들도 혁신의 중요성을 인식하기 시작했다. 특히 아랍에미리트는 현재 혁신을 국가 주요 정책으로 추진하고 있다. 2014년 '국가혁신전략National Innovation Strategy'을 발표하면서, 국가 창설 50주년이 되는 2021년까지 세계에서 가장 혁신적인 국가 중 하나로 발전하겠다는 목표를 세웠다. 아울러 2021년까지 화성에 우주선을 보내겠다고 공언했다. 모든 정부기관과 공공기관이 예산의 1퍼센트를 연구와 혁신에 투입하도록 하는 등 전 정부적으로 노력하고 있다. 민간 분야에서도 혁신이 이루어질 수 있도록 혁신센터를 설치해 신기술 도입 등을 장려한다. 또한 개인 차원에서도 고도의 혁신기술을 갖출 수 있도록 과학, 기술, 엔지니어링, 수학 등의 교육을 제공한다.

경제적으로는 신재생 에너지, 무인 드론을 포함한 교통 분야, 교

---

122 Starving Science, 《Economist》, 2016. 6. 14.

5장. 중동 경제의 성장 모델, 아랍에미리트

육, 보건, 수자원, 기술, 인공위성을 포함한 우주기술 등 일곱 개 혁신 분야에서 24개 혁신 사업을 선정해 집중적으로 투자하고 있다. 보건 분야에서는 의료정보기술, 바이오인포메틱스, 대중보건, 비전염성질병, 바이오기술, 지노믹스genomics가 포함되었다. 교통 분야에서는 교통물류 분석 및 안전, 항공기 제조·보수·테스트, 무인 상업드론, 자율주행차량 등이 선정되었다.

아랍에미리트 정부는 무엇보다 혁신할 수 있는 환경 조성에 힘을 쏟고 있다. 혁신을 지원하는 법과 제도와 기관을 만들고, 외국의 전문가들이 장기 체류할 수 있는 시스템도 마련했다. 아직은 숙련된 기술자나 전문가가 적기 때문에, 다국적 기업과 제휴하거나 외국 전문가를 초청해 혁신에 참여시키고 있다. '혁신'이라는 목표를 달성하기 위해 외국 회사에 외주도 주고 외국의 인재도 활용한다.

이런 노력에 힘입어 10년 전에는 하나뿐이었던 벤처 캐피털 회사가 10여 개로 늘어났다. 보잉사와 에어버스의 중요한 부품도 아랍에미리트에서 생산되고 있다.

아랍에미리트의 혁신 노력은 국제적으로도 인정을 받고 있다. 스위스 국제경영개발대학원IMD이 발표한 세계 경쟁력 순위에서 2014년에는 8위, 2015년에는 12위를 기록했다. 한국은 2014년 26위, 2015년 25위였다.

아랍에미리트 정부는 자국의 혁신 노력을 세계에 널리 알리고, 세계적인 석학들의 의견을 듣기 위해 매년 초 '세계정부정상회의World Government Summit'를 두바이에서 개최하고 있다. 2016년 이 회의의

주제는 '미래정부의 모습'이었다. WB, OECD, GCC, 아랍연맹, 세계
경제포럼, 각국 정부 및 민간의 지도자들이 참석해, 제4차 산업혁명
이라 불리는 새로운 과학기술의 발전이 가져올 변화에 대응하려면
정부가 어떤 준비를 갖춰야 하는지 논의했다. 결론적으로, 미래정부
는 혁신을 강화해야 한다는 데 인식을 같이했다. 정부조직을 혁신의
플랫폼으로 개편해야 한다는 것이다. 또한 미래에는 자본주의가 인
재주의talentism로 바뀔 것이므로, 정부는 인적자원 개발에 집중적으
로 투자해야 한다는 점을 강조했다.

아랍에미리트 정부는 이런 추세에 대응해, 내각부를 미래내각부
로 개편해 미래를 대비하는 기획 업무를 담당하게 했다. 또 청소년
담당 국무장관직을 신설해 22세의 여성을 임명하고, 교육의 질을 높
이기 위해 '교육 및 인적자원 고등위원회'를 신설했다. 아울러 대부
분의 정부 서비스를 민간에 이양하는 계획을 '세계정부정상회의' 기
간 중에 발표하여 홍보 효과를 높였다.

에너지 다변화와 신재생 에너지의 메카, 마스다르 시티

아랍에미리트는 석유 부존, 생산, 수출 면에서 공히 세계 10위 안
에 드는 산유국이지만 에너지원을 다변화하기 위해 노력하고 있다.
석유나 가스가 단기간에는 고갈되지 않더라도 매장량에는 한계가
있으며, 또 언제 신재생 에너지나 대체 에너지가 등장해 석유를 대
체할지 알 수 없기 때문이다.

안정적인 전력 공급을 위해 4기의 원자력발전소를 건설 중이며,

5장. 중동 경제의 성장 모델, 아랍에미리트

한국이 주빈국으로 참여한 2015년 세계정부정상회의

'세계정부정상회의'는 2015년 한국을 주빈국(Guest Country) 격으로 초청했다. 개막식 전체 세션에서 황우여 당시 교육부장관이 '한국의 발전과 교육'을 주제로 기조연설을 했고, 반기문 당시 UN 사무총장과 삼성전자 사장도 기조연설을 했다. 필자는 2015년은 물론이고 아랍에미리트 대사로 근무하던 3년간 매년 이 회의에 초청을 받아 참석했는데, 회의 주제나 초청인사, 회의 진행 등 여러 면에서 아랍에미리트 정부의 혁신 노력을 읽을 수 있었다.

신재생 에너지산업에도 적극적으로 투자하고 있다. 독일과 경쟁해 국제재생에너지기구International Renewal Energy Agency, IRENA를 아부다비에 유치했는데, 이로써 신재생 에너지 관련 논의의 메카가 되었다. 또한 세계 최초로 탄소제로를 지향하는 신도시 마스다르 시티Masdar City를 아부다비 외곽에 건설해, 신재생에너지에 대한 아랍에미리트의 열의를 세계에 보여주었다.

2006년에 시작된 마스다르 시티 건설 프로젝트는 2025년 최종 완공을 목표로 하고 있다. 총 180억 달러를 투입해 6제곱킬로미터 규모로 건설되는 이 도시는 모든 에너지를 태양열과 지열 등 신재생 에너지로 충당하게 된다. 일반 자동차는 진입조차 할 수 없으며, 전기차 등 친환경 대중교통수단만 운행된다. 아랍에미리트 정부는 여기에 국제적인 신재생 에너지 연구소와 기업을 유치하고 있다. IRENA, 마스다르 대학원, 제너럴일렉트릭(중동 본부), 지멘스, 미스비

한국 학생의 입학을 희망하는 마스다르 대학원

마스다르 대학원에 한국 유학생이 매년 두 명 정도 입학한다. 아랍에미리트 정부에서는 한국의 재능 있는 학생들이 많이 입학하기를 희망하지만, 한국 내에 홍보가 잘 되어 있지 않은 것이 조금 아쉽다. 상대적으로 중국 학생들이 많이 지원하고 있다. 이 대학원은 학비가 전액 무료이며, 생활비로 월 200만 원과 매년 본국 방문 항공료 등을 지원한다. 졸업 후에는 주요 에너지 관련 다국적 기업 등에서 일할 수 있으므로, 많은 한국 학생이 관심을 가지고 지원을 고려하는 것도 좋겠다.

시중공업(전기차 시험소), 슈나이더일렉트릭, 록히드마틴(혁신 및 보안 센터) 등이 이미 입주했다.

저탄소 녹색성장 전략, NGGS

아랍에미리트 정부는 포스트 오일, 즉 석유 이후 시대에도 지속 가능한 발전을 위해 '아부다비 경제비전 2030'과 '아랍에미리트 비전 2021' 등 여러 가지 경제개발계획을 추진하고 있다. 그 구체적인 방안으로 제시된 것이, 2013년 1월 '세계미래에너지정상회의World Future Energy Summit'[123]에서 발표된 '국가녹색성장전략National Green

---

[123] 아랍에미리트 정부가 개최하는 에너지 관련 국제회의. 선진국과 개도국의 정부 고위 인사, 연구소, NGO, 신재생 에너지 기업 등이 참여하며, 한국도 장차관급 고위인사가 참여하고 있다.

Growth Strategy, NGGS'이다. 각종 경제 개발 계획이 비전만 제시하고 마는 한계를 극복하고, 지속가능한 경제적·사회적·환경적 발전의 동력으로써 새로운 패러다임인 녹색성장 사업을 제시한 것이다.

NGGS는 약 2년간의 준비를 거쳐 2015년 3월 각의의 승인을 받았다. 이 전략은 아랍에미리트 총리실이 글로벌녹생성장기구Global Green Growth Institute, GGGI[124] 아부다비 사무소의 지원을 받아 주도했고, 외교부와 환경수자원부 등이 범부처적으로 참여해 수립했다.

NGGS의 주요 내용

NGGS는 아랍에미리트의 경제를 녹색경제로 전환하기 위해 폐기물, 에너지, 산업, 물·전력, 교통, 건물 등 여섯 개 분야를 선정했다. 이들 분야에서 5개 추진 목표(①경쟁적인 지식경제, ②사회 발전과 삶의 질 향상, ③지속가능한 환경과 가치 있는 자연자원, ④청정에너지와 기후변화, ⑤녹색생활과 자원의 지속적인 이용)와 12개 프로그램(①국가 녹색혁신 연구 개발 프로그램, ②녹색 다변화 프로그램, ③지역 개발 및 공공 인프라 프로그램, ④국가 녹색인력 및 재능 개발 프로그램, ⑤충격 복원 프로그램, ⑥환경상품 및 서비스 프로그램, ⑦통합 국가 전력, ⑧수자원 전망, ⑨국가 신재생 프로그램, ⑩국가 녹색성장 데이터 시스템, ⑪수자원 프로그램, ⑫녹색교통 프로그램), 그리고 55개 사업을 추진한다는 내용이다.

---

124 한국이 주도적으로 설립한 국제기구로, 아부다비에 중동아프리카 사무소가 있다. 개도국의 녹색성장을 지원하는 것이 주목적이다.

이 전략을 계획대로 추진하면, 사회 발전 측면에서는 2030년까지 16만 개의 일자리가 창출되고, 환경 측면에서는 이산화탄소 배출이 68기가톤 감소하고 쓰레기가 220만 톤 줄어든다고 한다.[125]

총리실이 전체적인 이행을 감독하며 전략 과제를 부여한다. 환경수자원부가 주무부처이며, 외교부는 청정에너지 투자, 기후변화협약 및 GGGI와의 협력을 담당한다. 이 외에도 국가최고위원회, 에너지부, 경제부, 교통부, 공공사업부 등이 참여한다. 아부다비와 두바이를 포함한 일곱 개 에미리트 전체가 동참하는 국가 어젠다로, 에너지와 환경 및 건설 관련 국영기업들도 모두 참여하고 있다.

NGGS의 추진 시스템

녹색성장을 추진하기란 쉽지 않다. 엄청난 재원이 필요하고, 이슈가 여러 분야에 걸쳐 있으며, 연방정부와 지방정부 간의 조율이 필요하고, 공공 분야와 민간 분야의 긴밀한 협력이 전제되어야 하며, 시기적으로도 단·중·장기 실행계획이 톱니바퀴처럼 맞물려 돌아가야 하기 때문이다. 그래서 실무를 담당하는 사무국의 기능을 강화할 필요가 있다. 그러나 무엇보다 중요한 것은 최고지도자를 비롯한 정부 고위층의 확고한 의지와 강한 리더십이다. 또 다양한 분야의 사업을 추진하려면 역량 있고 믿을 수 있는 외부 파트너를 잘 선정

---

125 "UAE National Green Growth Strategy", 2013. 1.
126 한국 기업들이 파트너로 참여할 가능성도 있다. NGGS는 한국의 녹색성장 계획을 많이 참고했기 때문에 한국 정부나 기업과의 협력 여지가 높다.

NGGS의 6개 주요 사업 분야

1. 폐기물 분야

- 폐기물 감축 및 재활용 목표 설정
- 분리수거 의무화 및 재활용 설비의 확충
- 폐기물을 활용한 발전 등 에너지 생산 시설
- 음식물, 타이어, 건설 폐기물 등의 자원화 사업

2. 에너지 분야

- 신재생 에너지 잠재 생산량 측정과 생산 목표 설정
- 신재생 에너지별 설비사업 추진
- 태양에너지 사용 확대를 위한 가정 및 건물 분야 사업 추진
- 원전을 포함한 에너지 믹스 목표 확정
- 바이오에너지 기술 개발 및 설비 시설

3. 산업 분야

- 제조 과정에서 에너지, 물, 전력 등에 관한 효율화 목표 설정
- 에너지 효율화 기술 개발 및 장비 설치 의무화
- 녹색기술을 개발하는 중소기업 지원 확대
- 석유화학 분야 기술 개발
- 각 에미리트별 특성화 사업 추진

4. 물·전력 분야

- 사용량 의무보고를 위한 스마트 미터링 및 측정 장비 설치 의무화
- 폐수 정화 시설
- 지하수 개발 및 정수 시설
- 보조금 제도 개혁 및 녹색기술 개발 펀드 조성

5. 교통 분야

- 철도를 포함한 녹색교통 마스터플랜 수립
- 전철과 버스를 포함한 그린교통 시설
- 연비 및 온실가스 배출량 측정 및 표시제도
- 클린 디젤 차량 확대 및 인센티브 시스템
- 스마트 도로 구축 사업

6. 건물 분야

- 녹색빌딩 시스템과 연계해 빌딩 관리 시스템 설비 확대
- 친환경 녹색도시 건설을 위한 녹색교통 등 시설 일부 의무화
- LED 등 에너지 효율화 설비의 설치 의무화
- 친환경 녹색소재 사용 의무화
- 스마트 미터링 설비 확대 및 의무화

하는 것도 중요하다.

NGGS를 추진함에 있어 최우선 과제는, 녹색 기준과 코드를 만들어서 현재 각 에미리트 간에 서로 다르게 적용되고 있는 기준을 통일시키는 것이다. 녹색 생산물은 물론이고 녹색 일자리와 기술에 대해서도 통일된 기준이 필요하다. 또한 온실가스 배출 목록과 데이터, 물과 전력의 효율성 목표, 연비 및 녹색자동차 기준 등도 통일시켜나가야 한다.

다음 단계로는 현재 진행되고 있는 에너지 다변화, 신재생 에너지 확대, 에너지 효율성 증대 등의 사업을 확대하고 가속화해야 한다.

이를 위해 스마트한 규제를 통한 물 소비 감소와 녹색교통 시스템 강화, 녹색사업을 추진 중인 중소기업 지원, 녹색차에 대한 재정 지원 등의 조치를 취하고 있다.

NGGS에 대한 국제적인 평가

GGGI의 적극적인 지원을 통해 구체적인 계획을 수립한 NGGS는 '저탄소 녹색성장'을 지향하는 세계적인 추세에 부합한다는 면에서 높은 평가를 받고 있다. 또한 중동과 아프리카 지역에 녹색성장 개념을 확산시킨다는 점에서도 매우 긍정적이다. 아랍에미리트는 이미 GGGI, 세계은행과 손잡고 모로코와 요르단의 녹색성장 계획을 수립해주는 등 MENA 지역의 녹색성장에 기여하고 있다.

두바이를 이슬람 경제의 허브로!

2013년 1월, 아랍에미리트 부통령이자 두바이에메리트 통치자인 셰이크 무함마드Sheikh Mohammed bin Rashid al Maktoum는 두바이를 '전 세계 이슬람 경제의 수도Capital of Islamic Economy'로 만들겠다면서, 이를 지원하기 위해 두바이이슬람경제개발센터Dubai Islamic Economic Development Center, DIEDC를 설립했다. 이 센터는 관련 이슬람법과 규제 등을 연구하고 있다. 중점 연구 분야는 이슬람 금융, 할랄산업Halal Industry,[127] 가족관광, 디지털 경제, 이슬람 예술과 디자인, 이슬람 지식경제, 이슬람 기준과 인증 등 일곱 가지다.

이슬람 경제의 규모는 2013년 현재 6조 7,000억 달러 규모다. 17억 무슬림 인구는 세계 인구 증가율에 비해 두 배나 빨리 증가하고 있는데, 62퍼센트가 30세 이하다. 이처럼 급속히 증가하는 젊은 층 위주의 무슬림 인구는 음식, 금융, 패션, 화장품, 의료 등 여러 분야에서 '이슬람의 가치에 부합하는 소비행위Islamic sensitivities in the marketplace'를 하고 있다.[128]

이슬람 금융의 엔진

2015년 기준, 이슬람 금융(은행, 보험, 채권, 펀드 등)의 자산은 1조 8,800억 달러지만, 잠재적인 자산은 전 세계의 3.2퍼센트인 4조 2,000억 달러로 추정된다. 아랍에미리트는 두바이에 세계적인 규모의 이슬람금융센터를 설립해, 이슬람 금융의 엔진 역할을 하고자 한다. 이슬람 금융이 중동을 넘어 전 세계적으로 발전하는 데 국제적인 가교가 되는 것을 목표로, 규제 프레임을 제정하고 있다.

신성장 동력으로 할랄산업 육성

무슬림은 2013년 기준, 식품과 음료수에 1조 3,000억 달러를 소비했다. 2019년에는 2조 5,000억 달러로, 전 세계 소비의 21퍼센트를 차지할 것으로 추정된다. 2013년에 약품은 720억 달러(전 세계의

---

127 이슬람교도인 무슬림이 소비해도 되는 것으로 이슬람 율법에 허용된 것을 총칭한다. 채소와 곡류, 어류 및 해산물, 닭고기와 소고기 등의 식료품뿐 아니라 관광과 제조업 등도 포함된다. 술과 돼지고기 등 무슬림에게 금지된 음식은 '하람(haram)'이라고 한다.
128 "Dubai-The Capital of the Islamic Economy", DIEDC, pp.12-15.

5장. 중동 경제의 성장 모델, 아랍에미리트

6.6%), 화장품은 460억 달러(전 세계의 6.8%) 소비했는데, 2019년에는 각각 1,030억 달러, 730억 달러로 크게 증가할 것으로 예상된다.

아랍에미리트는 탈석유 시대에 대비한 신성장 동력으로 할랄산업을 육성하겠다고 표명했다. 할랄산업을 전 세계적으로 성장시키려면 공공 분야와 민간 분야의 이해관계자가 협력해 할랄 인증 기준을 국제적으로 통일해야 하는데, 이 작업이 GCC와 이슬람협력기구 Organization of Islamic Cooperation, OIC[129]에서 추진되고 있다.

할랄관광과 의료관광의 허브

2013년 무슬림의 관광비용은 1,400억 달러(전 세계의 11.6%)였지만, 2019년에는 2,380억 달러로 대폭 상승할 것으로 추산된다. 두바이를 의료관광 허브로 만들기 위해 국내외 투자를 유치하는 한편, 가족 친화적인 고급 리조트를 건설하고 있다. 또 할랄관광 가이드와 인증 기준을 정립해 할랄관광을 안정적으로 발전시킬 계획이다.

디지털 경제, 예술 등 다양한 분야에도 투자

또한 두바이를 디지털 경제의 선두주자로 만들기 위해 디지털 창업을 장려하고 있다. 민간 분야를 지원해 샤리아Shariah에 부합하는 콘텐츠를 만들고, 적절한 규제 프레임도 제정할 예정이다. 한편, 이슬람 예술과 디자인을 선도하기 위해 패션 인큐베이션 플랫폼에 필요

---

129 이슬람 57개국이 회원으로 가입해 있다.

한 환경을 조성하고, 예술작품 매매 플랫폼 개발을 지원하고 있다.

이 외의 다른 분야에서도 다양한 이니셔티브를 추진 중이다. 글로벌 이슬람 플랫폼도 만들어서 이슬람 경제의 디지털 근거로 삼고, 글로벌 이슬람 경제 보고서도 작성한다. 이슬람 금융과 은행 업무를 위한 두바이 교육센터도 설립했다. 이렇듯 다양한 노력을 통해서 여러 가지 성과가 나타나고 있다.

웰빙문화와 함께 할랄식품이 뜨고 있다

최근 한국 경제는 미국의 강화된 보호무역주의와 사드 사태로 인해 G2(미국·중국) 리스크가 커지는 상황이다. 이런 상황에서 매력적인 대안으로 떠오른 중동 시장, 그중에서도 식품 업계의 돌파구로 할랄시장이 주목받고 있다.

전 세계인의 주목을 받는 할랄식품

현재 무슬림 인구는 약 18억 명에 이르는데, 2030년에는 22억 명으로 예상된다. 게다가 중동 내부에서 할랄식품을 자체 조달하기엔 턱없이 부족해 상당 부분을 수입에 의존하고 있어, 전 세계 식품업계로서는 탐이 나는 시장이다. 최근에는 할랄식품이 위생적이고 안전한 식품이라는 인식이 늘어나면서 웰빙을 추구하는 미국과 유럽의 트렌드와 맞물려 소비가 더욱 늘고 있다.

할랄식품이 전 세계 식품 시장에서 차지하는 비중은 약 20퍼센트로, 그 규모가 상당하다. 미국의 유기농 식품 매장 중 하나인 홀푸드마켓에서 판매되는 할랄식품은 2011년부터 현재까지 매년 두 자릿수 판매를 기록했고, 이 외에도 대형마트에서 할랄식품이 인기리에 판매되고 있다.

할랄식품 전문매장이 인기를 끌며 퍼지기 시작한 시초로 '할랄 가이즈'를 꼽을 수 있는데, 할랄 가이즈는 미국 맨해튼에서 푸드트럭으로 처음 시작했다. 이 음식점은 할랄식품을 미국뿐 아니라 전 세계로 널리 알린 대표적인 케이스로, 얼마 전 이태원에도 오픈해 좋은 반응을 얻고 있다. 현재 미국, 필리핀, 말레이시아 등에서 200여 개 체인을 두고 있다.

할랄식품 시장에 진입한 우리나라 기업들

우리나라는 2015년 3월 아랍에미리트와 '할랄식품 및 농업 협력에 대한 양해각서'를 체결했고, 이후 국내 식품 업체들이 이슬람 시장에 진출하기 시작했다. 시장 진출 동향에 대해서는 6장에서 자세히 다룰 것이므로 여기서는 중동에 진출해 성과를 내고 있는 주요 사례를 중심으로 살펴보기로 하자.

'할랄'은 이슬람법에 따라 '신이 먹을 수 있도록 허용한 음식'이란 뜻으로 무슬림들이 음식을 섭취하는 기준이자 규율이다. 완성된 제품뿐만 아니라 원재료, 처리와 가공 방법, 유통까지 전 과정이 이슬람 율법에 어긋나지 않아야 하며, 이를 증명하는 인증 과정을 거쳐야 한다. 이처럼 까다로운 과정을 거쳐 공신력 있는 할랄 인증기관의 인증을 받은 후에야 이슬람 지역에서 판매할 수 있다.

국내 기업 중 할랄식품 시장에 발빠르게 뛰어든 기업은 풀무원이

5장. 중동 경제의 성장 모델, 아랍에미리트

다. 2013년, 할랄식품에 뛰어든 풀무원은 현지 공략을 위해 철저한 검수 작업을 거쳤는데, 모든 원재료의 수급, 생산, 운송 과정마다 돼지고기 DNA 검사를 실시했다. 그리고 이슬람 율법에서 금하는 개와 고양이가 생산 공장에 접근할 수 없도록 원천 봉쇄해 제품 오염 가능성을 최소화했다. 까다로운 절차 끝에 풀무원의 생라면 브랜드 '자연은 맛있다'가 할랄 인증을 받았고, 말레이시아를 중심으로 이슬람 지역에 수출되고 있다.

농심은 할랄식품 수출을 위해 별도의 할랄 생산라인을 만들었다. 그리고 기존 신라면에 함유된 육류 성분 대신 콩 단백질을 첨가한 노미트No Meat 스프로 만든 '할랄 신라면' 14종을 개발했다. 현재 사우디아라비아, 카타르, 인도네시아, 아랍에미리트 등 아홉 개 나라에 수출하고 있다.

CJ 제일제당은 할랄 인증을 받은 햇반, 김치, 조미김 등 세 개 품목 총 46개 제품을 개발했는데 현재 말레이시아, 싱가포르 지역 무슬림의 입맛을 사로잡기 위해 나서고 있다. 또 이들은 식품뿐 아니라 음료 제품에서도 할랄 인증을 취득해 새로운 시장 창출에 앞장서고 있다. 한국이슬람중앙회로부터 할랄 인증을 받은 요거트 파우더 '메티에'가 대표적인데, 요거트를 무척 좋아하는 무슬림의 입맛에 성공적으로 맞춰진 식품이다.

이 외에도 여러 기업들이 진출해 있다. 오리온 초코파이는 마시멜로 안에 돼지에서 추출된 젤라틴을 해조류에서 추출한 젤라틴으로 대체해 할랄 인증을 받았는데, 달달한 후식을 좋아하는 중동의 아랍인들에게 잘 팔리고 있다. 웅진식품은 2016년 수출 전용 알로에 주스 제품 '닥터 알로에 오리지널'과 '닥터 알로에 41%' 2종이 할랄 인증을 받았고, 롯데칠성음료도 알로에 주스 제품에 할랄 인증을 받았다. 남양유업은 우유 기업 중 국내 최초로 할랄 인증을 받아서 현재 유제품 관련 사업을 확장 투자 중이다.

그들의 문화와 가치를 이해하는 전략으로 Win-Win 구조를 만들어라

먼저 식품 대기업들의 경우 일단 해외 시장에서 검증된 제품군들을 위주로 하여 할랄 인증을 받고 시장의 동향을 보면서 신제품을 출시하려는 전략을 짜고 있다. 한편 우리 외식 기업의 경우 161개 외식 점포가 이슬람 국가에 진출하고 있는데, 이는 해외에 진출한 우리 외식 기업의 4.3퍼센트에 불과하므로 그만큼 더 많은 노력이 필요하다.

할랄식품 시장에 진출하기 위해서는 웰빙음식으로 인식되는 김치와 간장, 고추장 등의 소스, 그리고 김 등을 우선 출시해 한국 제품의 경쟁력 확인이 필요하다. 전라남도의 한 굴비 가공 기업은 이슬람 국가에서 새로운 시장을 개척하기 위해 국내 최초로 할랄 인증을 받았다. 우리나라의 대표적인 김치 업체들 역시 발효 시 생기는 알코올을 없애고 매운맛을 덜어낸 김치를 만들어 수출하면서 한식 세계화에 앞장서고 있다.

또 할랄식품을 무슬림만 찾는 것은 아니므로 일반 소비자, 채식주의자 등 다양한 소비층을 겨냥한 제품의 출시와 마케팅 전략도 세울 필요가 있다. 이 외에도 국내 할랄 인증기관의 미흡한 역량을 향상시키고, 세계 할랄 시장에서 우리 식품의 인지도를 높이는 홍보활동도 병행해나가야 한다.

그러나 무엇보다 중요한 것은 무슬림에게 할랄은 그들의 삶 속에 녹아든 하나의 문화이자 정신이라는 점이다. 단순히 돈이나 비즈니스적인 이해관계, 시장 창출의 관점으로만 접근한다면 낭패를 볼 수 있다. 그들의 종교와 문화를 이해하고 그 가치를 존중하는 태도로 시장에 접근하는 것을 우선으로 해야 한다. 이처럼 상호 존중의 태도가 바탕이 된다면 무슬림과 우리의 교역, 경제 협력은 상생의 길로 갈 수 있을 것이다.

ECONOMY OF THE
MIDDLE
EAST

아랍에미리트가 무상 제공한 7,000평 대지에 2015년 1월 신축한 한국대사관.
우리의 전통 '함' 모양이다.

한국-아랍에미리트 간 비즈니스 모델에서 중동 진출 전략을 찾다

아랍에미리트는 중동에 있는 국가들 중 영토의 크기로만 보면 작은 국가다. 하지만 일곱 개 토후국으로 이뤄진 이 연방국은 석유 매장량 세계 6위, 가스 매장량은 세계 7위를 기록할 만큼 자원이 풍부하며, 현대적 도시로 급부상한 아부다비와 두바이가 있는 곳이기도 하다. 무엇보다 아랍에미리트는 중동에서 사우디아라비아에 이어 두 번째로 큰 우리나라의 교역국가다. 두 나라는 건설, 의료, 에너지, 농식품, 문화산업 등 다양한 분야에서 교역이 이뤄지고 있다. 그리고 이러한 성공 사례는 다른 GCC 국가들과 중동 국가로 시장을 확대하는 데 견인차 역할을 할 것이다.

지금 우리나라는 청년 실업이 심각한 상황이며, 기업은 새로운 사업의 기회를 찾기가 쉽지 않다. 그러니 기회가 메마른 우물 안에서 움츠린 채 절망하고 있을 이유가 없다. 일자리가 있고 사업의 기회가 살아 숨 쉬는 중동으로, 해외로 눈을 돌려보자. 이제는 고부가가치 서비스산업과 전문인력이 진출할 때다.

한국의 비즈니스,
아랍에미리트와의 교역을 통해
기회를 모색하다

아랍에미리트는 중동에 있는 국가들 중 영토의 크기로만 보면 작은 국가다. 하지만 일곱 개의 토후국으로 이뤄진 이곳은 석유매장량 세계 6위, 가스매장량은 세계 7위를 기록할 만큼 자원이 풍부하며, 현대적 도시로 급부상한 아부다비와 두바이가 있는 곳이기도 하다.

중동에는 천연자원으로 벌어들인 돈을 사치스럽게 쓰며 미래를 건설하지 못한 국가가 있는가 하면, 개혁을 단행해 새로운 역사를 쓴 국가도 있다. 중동이 그저 메마르고 황량한 사막이 아니라 새로운 꿈을 펼칠 수 있는 기회의 땅임을 인식하고 혁신적인 국가 생존 전략을 세운 것이다. 그중 대표적인 곳이 바로 아랍에미리트다.

한국과 아랍에미리트 교역의 현재를 탐색하다

아랍에미리트는 중동에서 사우디아라비아에 이어 두 번째로 큰 우리나라의 교역국가다. 2016년 교역 규모는 128억 달러로 우리의 수출액은 59억 달러, 수입액은 69억 달러였다. 2015년의 경우 한국-아랍에미리트 간 교역액은 한국-프랑스 교역액의 1.7배이며, 수출액은 2.4배에 달한다. 우리나라는 아랍에미리트의 여덟 번째 교역 대상국인데, 원전 건설과 2020년에 열릴 두바이 엑스포로 양국의 교역량은 더욱 증가할 것으로 보인다. 2017년 3월, 우리나라는 아랍에미리트와의 '수출입안전관리 우수공인업체 상호인정약정' 체결을 가시화하기도 했다.

최근 10년간 아랍에미리트와 우리는 활발한 경제 협력과 문화 교류를 하면서 교역 규모가 50퍼센트 이상 증가했는데, 이 흐름은 최근 들어 다소 주춤하고 있다. 양국의 교역액이 최고조에 달했던 시기는 2014년도로 우리의 수출액이 72억 달러, 수입액이 162억 달러로 총 234억 달러의 교역액을 기록했다. 그러나 이후 2년간은 이 수치가 감소하는 추세다. 2014년에 이어 지난 2년간의 수출입 동향을 살펴보면, 2015년 기준으로 우리의 대아랍에미리트 수출액은 61억 달러였고, 대아랍에미리트 수입액은 86억 달러였다. 2016년에는 수출액과 수입액이 모두 줄어서 수출액 59억 달러, 수입액 69억 달러로 감소했다.

이처럼 아랍에미리트와의 교역액이 줄어든 데는 여러 이유가 있지만, 2016년 유가가 하락하면서 아랍에미리트의 경기가 위축된 것이 가장 큰 요인이다. 또 아랍에미리트의 재수출 시장인 인근 국가의 시장 여건 악화, 일본·유럽·중국 기업의 진출 강화 등의 이유로 수출은 감소했다. 그러나 2016년 연말부터 조금씩 회복하기 시작하는 추세이며 연이은 수출액 감소에서 다소 벗어날 가망이 보이고 있다.

유가 하락과 그 외 다른 이유로 아랍에미리트와의 교역액이 어떻게 달라졌는지는 아래 표를 참조하면 한눈에 쉽게 알 수 있다.

| 최근 10년간 한국−아랍에미리트 교역 통계 |

(단위: 100만 달러, 퍼센트)

연도	수출		수입		교역량	수지
	금액	증감률	금액	증감률		
2016	5,869	−3.4	6,941	−19.4	12,811	−1,072
2015	6,077	−15.7	8,615	−46.8	14,691	−2,538
2014	7,212	25.7	16,194	−10.6	23,406	−8,983
2013	5,738	−16.4	18,123	19.9	23,861	−12,385
2012	6,862	−5.6	15,116	2.4	21,977	−8,254
2011	7,268	32.5	14,759	21.3	22,027	−7,492
2010	5,487	10.2	12,170	30.7	17,657	−6,683
2009	4,978	−13.4	9,310	−51.6	14,288	−4,332
2008	5,749	55.2	19,249	52.1	24,997	−13,500
2007	3,705	27.9	12,656	−2.1	16,360	−8,951

자료: 무역협회

주요 수출입 품목은 무엇인가

2016년, 우리의 주된 수출 품목은 선박해양 구조물 및 부품, 핸드폰 등 전자제품, 기호식품, 자동차 부품, 자동차, 공기조절기 및 냉난방기 등이었다. 자동차, 철강제품, 전자제품 등 대기업 주력 품목의 수출이 전년에 이어 계속 감소한 반면 기호식품 등 중소기업 제품 수출 비중은 증가 추세다. 특히 유가와 연동되는 석유화학제품, 경기 불황에 따른 자동차, 영상기기 등의 감소가 두드러진다.[130]

우리나라는 아랍에미리트에서 주로 원유, LPG, 석유제품을 수입했는데, 그 가격이 하락하면서 2016년에는 대 아랍에미리트 수입 금액이 전년 대비 19.4퍼센트 감소했다. 반면 수출에 있어서는 기회 요인이 늘 것으로 예상된다. 아랍에미리트가 제조업을 육성하면서 생산설비, 부품 등 기초산업 기계와 원자재에 대한 수요가 지속적으로 증가하고 있기 때문이다. 게다가 우리 제품은 유럽산에 비해 저렴하고 품질이 우수해 선호도가 높아 경쟁력이 있다.

그러나 긍정적인 요인만 있는 것은 아니다. 유가가 하락하고 지정학적인 위험이 커지면서 아랍에미리트의 수요가 감소하고 있다. 또한 최근 아랍에미리트 표준측량청Emirates Authority for Standardization & Metrology, ESMA이 연방정부 차원에서 규제를 일원화하면서 우리 기업의 진입 장벽이 높아진 것도 감수해야 할 문제다. 산업 표준이나 품질 인증 면에서 앞서 있는 아랍에미리트의 규제가 인근 GCC나 MENA로 영향을 미친다면, 우리 기업의 수출에는 어려움이 따를 수밖에 없다.

이런 상황에서 중국과 일본은 성장세에 있다. 중국의 경우 2004년에는 아랍에미리트와의 교역 규모가 81억 달러였으나, 2014년에는 545억 달러로 10년간 7배나 증가해, 그해 미국을 제치고 아랍에미리트 수출국 중 1등이 되었다. 일본도 엔저 현상에 힘입어 2013년도의 85억 달러에서 2014년에는 95억 달러로 수출액이 늘어나면서 2008년 금융위기 이전의 상태로 수출 규모를 회복해가고 있다.

---

130 코트라 두바이 홈페이지 국가 정보란.

| 대 아랍에미리트 주요 수출 품목별 실적 |

(단위: 100만 달러, 퍼센트)

2015년				2016년(~11월)			
순위	품목명	수출액	증감률	순위	품목명	수출액	증감률
1	자동차	476	-45	1	선박해양 구조물 및 부품	665	493
2	무선통신기기	322	-39	2	기호식품	364	29
3	자동차 부품	367	-11	3	자동차부품	357	-3
4	영상기기	290	-38	4	자동차	309	-35
5	공기조절기 및 냉난방기	349	-2	5	공기조절기 및 냉난방기	275	-21

자료: 무역협회

우리나라는 지난 수년간 유가 하락으로 인해 수입액은 급감한 반면, 수출은 60~70억 달러의 박스권에 머물러 있는 실정이다. 중국이나 일본과 달리 우리가 답보 상태에 놓은 것은 주요 수출 품목이 자동차, 핸드폰, 에어컨 등 대기업의 일부 품목에 한정되어 있는 데다, 2013년 이후 건설 업체의 수주 급감으로 건설 기자재 수출이 동반 감소했기 때문이다. 우리나라 상품이 품질이나 가격 경쟁력 면에서 유럽·미국 업체와 중국 사이에서 어중간하게 끼어 있는 것도 문제다. 고품질의 비싼 제품도 아니고 저렴한 보급형도 아니기에 샌드위치화되어 있는 것이다.

이러한 답보 상태에서 벗어나기 위해서는 변화가 필요하다. 수출 품목의 다변화, 중소기업 수출의 확대, 그리고 경쟁력 확보를 통해 돌파구를 마련할 수 있을 것이다.

중동 경제 3.0

건설 한류의
실체는 무엇인가

중동은 건설사들의 텃밭이며, 특히 우리나라 건설회사들은 1970년대 중동 건설 붐을 타고 열사의 나라로 진출했다. 그곳에서 건설 프로젝트를 수주해 고용을 창출하고, 외화를 벌어들였다. 하지만 최근에는 건설 시장의 환경 변화와 우리 건설사의 경쟁력 문제로 예전과 같은 건설 붐이 쉽게 찾아올 것 같지는 않다. 이러한 사실은 우리 건설사들이 2013~2014년 중동에서 대규모 적자를 낸데서 알 수 있다. 그럼에도 건설 한류는 멈추지 않았으며 지금, 제2의 도약을 꿈꾸고 있다.

중동 건설, 지금 어떤 상태인가

해외 건설은 우리 경제에서 큰 비중을 차지하는데, 국민총소득에서 차지하는 비중이 2006년도의 2퍼센트(164억 달러)에서 2013년에는 5퍼센트(652억 달러)로 증가했다. 수주액이 증가함에 따라 외화 가득율도 높아지고 해외 현장의 고용인원도 2016년 상반기 기준 2만 명에 달해 고용 창출 효과가 크다.

우리나라의 해외 수주 현황

우리 건설사의 해외 진출이 시작된 것은 1965년 태국이 그 시초다. 그 후로 꾸준한 해외 진출을 시도한 결과, 2017년 현재 총 1,083개사가 1만 602건을 시공했고, 총액은 무려 7,510억 달러에 달한다. 중동 건설이 호황이던 1980년대 초에는 매년 100억 달러 이상을 수주하여 미국에 이어 해외 건설 수주 2위국으로 부상했었으니 그 규모를 짐작하고도 남는다.

저유가로 인해 1980년대 이후 우리나라의 해외 건설은 잠시 주춤하다가 2000년 후반 이후 국내 시장 규모가 감소하자 다시 해외로 눈을 돌리기 시작했다. 유가가 반등하기 시작한 2000년대 중반부터 중동을 중심으로 수주가 증가했으며, 2010년부터 5년간 연평균 650억 달러를 수주하였고, 2014년의 해외 시장 점유율은 7.8퍼센트를 기록했다.[131]

그러나 계속된 저유가 영향으로 2015년부터 수주 물량이 감소하기 시작하여, 2016년에는 282억 달러까지 떨어졌다. 10년 만에 맞은 최악의 실적이다. 2007년 이후 400억 달러 이하로 내려간 적이 없었는데, 2016년에는 200억 달러 대로 내려앉은 것이다. 수주 물량의 차이로도 알 수 있듯이 최근 몇 년 사이 감소폭이 늘어나면서 업계는 그 심각성을 생생히 체감하고 있다.

우리나라의 해외 건설 수주가 하락한 첫 번째 이유는 저유가로

---

131 미국 ENR, 매출액 기준.

| 해외 건설 수주 현황 |

(단위: 억 달러, 퍼센트)

연도	2009	2010	2011	2012	2013	2014	2015	2016
수주액	491	716	591	649	652	660	461	282
중동 수주비중	73	66	50	57	40	48	36	38

출처: 해외건설협회

인한 중동의 발주 물량 감소다. 산유국이 많은 중동에 의존하고 있는 우리로서는 가장 큰 타격을 입을 수밖에 없다. 저유가가 시작된 2014년 후반기부터 중동의 발주량이 급격히 줄어듦에 따라 수주 실적도 급감했다.

두 번째는 건설사들이 호황인 국내 부동산 시장을 놔두고 굳이 리스크가 큰 해외 사업에 적극적이지 않기 때문이다. 아울러 단가를 낮추는 등의 방법으로 수주를 확대하기보다는 수익성을 고려하여 숨고르기를 하는 중이라는 시각도 있다. 그간 우리 기업은 무리한 저가 수주나 클레임 등으로 손실을 본 측면이 있다. 이 때문에 선별적으로 입찰에 참여하다 보니 수주 실적이 감소했다는 분석이 대체적이다.

아랍에미리트 내 수주 현황

아랍에미리트에 처음 진출한 곳은 신한건설인데, 1974년에 진출한 이후 2016년 말 현재 총 183개사가 295건, 705억 달러를 수주했다. 누계 기준으로 사우디아라비아에 이어 세계 2위이며, 우리 해외 총

| 아랍에미리트 수주 현황 |

(단위: 건, 억 달러)

연도	2009	2010	2011	2012	2013	2014	2015	누계
건수	30	31	15	15	12	14	13	285
금액	159	256	21	30	18	37	4	688
순위	1	1	9	6	14	6	–	2

전 세계에서의 순위 기준

수주의 9.4퍼센트로 중동 수주의 17퍼센트를 차지한다.

아랍에미리트는 2007년, 2009년, 2010년에는 우리에게 제1위 해외 건설 수주시장이었으나 최근에는 수주 규모가 감소했다. 왜냐하면 저유가 때문에 플랜트 발주가 감소하고 있고, 저가 수주로 인한 손실을 경험한 우리 건설회사들이 입찰 참여에 신중을 기하고 있기 때문이다.

그러나 수주가 감소하는 추세임에도 2016년에 17억 달러를 수주함으로써 수주국 순위 5위에 이름을 올렸다. 예전의 규모는 아닐지라도 여전히 주요 수주 시장으로 자리매김하고 있는 것이다. 현재 20건, 398억 달러 규모의 공사가 진행 중이며, 4,000여 명의 우리 인력이 일하고 있다.

수주액이 감소한 건 아랍에미리트만이 아니다. 최근 인프라 발주가 늘어난 쿠웨이트나 카타르를 제외한 전 중동 건설에서 수주가 급감했다.

우리나라 건설회사가 해외 건설에서 처한 어려움

우리나라가 최근 해외 건설 수주 시장에서 활기를 띠지 못하는데는 기술 경쟁력, 가격 경쟁력, 금융 경쟁력이 낮은 데도 그 이유가 있다. 기술 경쟁력 분야에서도 제작, 시공, 조달 쪽은 경쟁력이 있으나, 부가가치가 높고 경쟁이 적은 기본 설계, 라이선스 기술, 시운전, 유지관리 등이 취약하다. 이러한 현상은 비단 건설 분야에만 한정된게 아니다. 단시간에 급속한 경제 발전을 하며 나타나는 우리 경제의 단면이다.

급속한 성장을 위해 시간이 많이 걸리는 기초기술이나 원천기술을 연구하지 않고 빌려 쓰다 보니, 우리만의 기술력을 보유하거나 노하우를 축적하는 데 소홀한 것이다. 이는 건설뿐 아니라, 조선업, 반도체 분야, 해상 플랜트 등 우리나라의 거의 모든 주력 산업 분야에도 해당된다. 원천기술이 없는 산업은 사상누각이다. 단기간에 급속한 경제 개발을 했으나, 그에 따르는 폐해나 약점을 보완하는 노력을 집중적으로 하지 못했다.

그렇다면 우리가 처한 문제를 어떤 방법으로 해결하고 보완할 수 있을까? 먼저 가격 경쟁력과 기술 경쟁력을 키워야 한다. 건설인력의 비용이 선진국 수준으로 높아져, 가격 경쟁력이 약화되고 있는 것도 해외 진출을 막는 요인이다. 기술 경쟁력이 높지 않는 상황에서 가격 경쟁력까지 약하다 보니 수주에 어려움이 있다. 거기다 후발 주자인 중국, 인도, 터키 등이 저임금을 무기로 바짝 뒤쫓고 있어 우리로서는 부담이 크다. 그러니 가격 경쟁력과 기술 경쟁력을 강화하는 건 절대적인 과제라 할 수 있다.

한데 중요한 것은 가격 경쟁력이 기술 경쟁력과 별개의 문제가 아니란 점이다. 우리 기업이 수십억 달러 공사를 한다고 해도, 모든 인력을 한국인으로 채우지는 않는다. 실제로 수십여 명의 관리 인력 외에, 현장 노동자 수천 명은 외국 인력을 고용해 공사를 하게 된다. 문제는 이들 인력의 숙련도와 기술력이다. 중국 기업은 최근 늘어난 공사 경험을 바탕으로 저렴하고 우수한 자국 노동력을 보유하고 있고, 인도는 우수한 엔지니어와 기능공을 다수 보유하고 있다. 즉 낮은 인건비로도 우수한 설계와 시공이 가능하다.

중국과 인도 노동자의 숙련도를 우리 기업이 채용한 저임금의 외국인 인력이 당해내지 못하면 큰 문제다. 가격 경쟁력뿐 아니라 기술 경쟁력에서도 뒤처지며 이중고를 겪고 있는 셈이다. 문제 해결을 위해 다양한 대안이 필요하지만 지금 시급한 것은, 우리의 현장 관리 인력이 외국인 인력을 효율적으로 지도하면서 프로젝트를 수행할 수 있도록 언어, 기술, 문화적인 측면에서 역량을 키우는 것이다.

둘째, 금융 경쟁력을 높여야 한다. 중국은 정부 차원에서 개도국을 지원하는 정책금융, 상업금융, ODAofficial development assistance, 공적개발원조 등에 힘입어 기업들이 파이낸싱하기가 쉽다. 일본 기업들도 풍부한 자금과 JICA(일본국제협력단)의 ODA 자금을 수주하는 데 활용하고 있다.

이에 비해 우리 금융기관은 자본 동원능력이 약하다. 우리 정부가 2013년 건설업체 지원 강화를 위해 수출입 은행 등의 정책금융을 통한 건설업체 지원 방안을 마련했으나, 금액의 규모가 작아 실제 기업들에 도움이 되려면 증액이 필요하다. 아울러 정부도 중대형 EDCFeconomic developement cooperation fund, 대외경제협력기금 재원공사를 발굴하는 한편, 우리 기업은 중국과 일본 은행 등과 협조하여 금융지원co-financing을 받는 것도 추진할 만하다.

셋째, 프로젝트 관리의 효율성을 높여야 한다. 필자가 아랍에미리트에서 공관장 근무를 시작하던 2013년에 우리 기업들이 100억 달러 이상의 공사를 하고 있었는데, 우리 건설회사들에게 법률서비스를 제공하고 있는 변호사는 다섯 손가락을 꼽을 정도였다. 서구 건설회사의 경우, 100억 달러 규모의 프로젝트에는 최소한 열 명 이상의 변호사가 조력하는 것에 비하면 상당히 열악한 상황이다.

해외에서 사업을 하기 위해서는 법률 자문의 도움을 받아 초기 계약서, 설계 변경 시 문서, 그리고 크고 작은 클레임에 대비한 문서 작성 등을 잘 대비해둬야 한다. 중동에선 특히 그렇다. 물론 본사 법무팀이 있으나, 그들은 대체로 현지 건설 시장과 법규에 대한 이해도가 높지 못해, 별도로 상주하는 변호사가 필요하다.

현장에서 보면, 약간의 법률 비용을 아끼려다 훨씬 큰 손해를 감내해야 하는 경우가 적지 않다. 최근에는 아랍에미리트에 상주하는 한국인 변호사가 20여 명으로 늘어서 우리 기업들과 교민들에게 좀 더 원활한 법률서비스를 제공하고 있다.

마지막으로 전략의 문제다. 우리 기업은 단기 실적주의에 더해 다수의 경쟁 업체들이 입찰에 참여하는 과당경쟁 때문에 불가피하게

중동에 진출한 기업들의 금융 지원, 어디까지 와 있나

"일본 정부는 2012년 말 '델리-뭄바이 산업벨트' 사업에 45억 달러의 개발 자금을 투자하기로 인도 정부와 협약을 맺었다. 대신 이곳에서 나오는 물 처리시설, 발전소 등 19개 인프라 공사(사업비 1조 2,000억 엔)는 모두 일본 건설사가 맡기로 합의했다. 중국도 마찬가지다. 2012년 '중국-아프리카 협력 정상회의'에서 200억 달러 규모의 차관 지원 계획을 발표한 이후 아프리카의 공항, 철도, 도로, 병원 등 인프라 공사를 싹쓸이하고 있다."[132]

10억 달러 이상의 큰 공사는 금융 조달이 중요하다. 그러나 국내에서는 건설사와 엔지니어링 업체들이 우리 금융기관의 지원 없이 각자의 자금력과 네트워크로 서구, 일본과 중국 건설사와 맞서고 있는 상황이다. "건설사에서는 국내 민간 금융사들이 해외 건설에 대해 잘 알지 못해, 수익성이 높은 대형 프로젝트 파이낸싱 수주는 꿈도 못 꾼다고 언급하고 있다."[133]

《조선일보》 2013년 7월 3일자 기사에는 "2013년 영국의 세계적인 금융전문지인 《더 뱅커(The Banker)》에 따르면, 세계 1,000대 은행 중에 국내 은행은 9개인 반면, 중국 은행은 104개, 일본 은행 100개나 된다. 인도(32개), 대만(28개), 말레이시아(13개) 등도 두 자릿수를 차지하고 있다. 우리는 태국(9개), 베트남(8개), 필리핀(7개) 등과 비슷한 수준이다. 참으로 부끄러운 숫자다."라고 언급했다. 우리나라 은행의 규모 확대, 해외 금융 비중의 확대, 해외 건설에 대한 정보와 관련 인력 양성이 절실하다.

수주 단가를 낮춘다. 이러한 저가 수주와 과당경쟁은 건설현장 차원에서 해결될 문제가 아니라 본사 차원에서 진지하게 논의되어야 한다. 담합을 말하는 게 아니다. 우리 기업들끼리 제살 깎아먹는 식의 과당경쟁을 할 경우 어떤 결과가 닥칠지는 모두가 아는 사실이니 고민이 필요하다는 의미다.

당장 눈앞의 이익을 취하기 위해 저가 수주만을 고집할 경우 공사가 완공되는 3~4년 뒤 나타나는 막대한 손실은 감당하기 어렵다. 그러니 단가를 낮추는 일차원적인 방법만 쓸 것이 아니라 우리 기업들끼리, 또는 외국 기업과의 컨소시엄을 통해 수주의 확률을 높이는 등의 자구책이 필요하다. 이런 관점에서 본다면 2017년 2월 우리 기업 컨소시엄이 3.5조 원의 터키 다다넬스 해협 현수교 프로젝트의 우선협상 대상자로 선정된 것은 고무적인 일이다.

---

132 《한국경제신문》, 2013. 7. 3.
133 《한국경제신문》, 2013. 7. 3.

6장. 한국-아랍에미리트 간 비즈니스 모델에서 중동 진출 전략을 찾다

에너지 협력은
어떤 기회를 창출하는가

아랍에미리트 국부의 주요 원천은 석유, 가스 등 에너지 자원이다. 비에너지 분야의 사업 활성화를 위해 노력을 시도하고 있지만 여전히 에너지 분야의 비중이 높은 것은 어쩔 수 없는 현실이다. 그리고 천연에너지 자원이 거의 없는 우리나라의 경우 신사업 활로 모색을 위해, 아랍에미리트와 같은 에너지 부국과 시너지를 내는 사업 협력을 하는 것이 매우 중요하다.

석유 분야의 협력, 그 현주소

석유나 가스 등의 천연자원을 보유하지 못한 우리나라는 이 에너지 자원들을 대부분 수입하는데, 아랍에미리트에서는 석유를 많이 수입하고 있다. 2013년에 125억 달러, 2014년에는 116억 달러, 2015년에는 유가하락으로 56억 달러를 수입했다. 이처럼 우리가 대규모 석유 수입을 하고 있기 때문에 아랍에미리트와는 전략적 동반자 관계를 기반으로 우리의 에너지 안보를 제고하는 여러 가지 사업을 하고 있다. 에너지 안보란, 필요한 에너지를 적절한 가격과 시기에 희망하는 물량만큼 도입하는 것이다. 에너지 안보를 달성하려면 해외 생산 유전이나 가스전의 채굴권을 확보하여, 에너지 자주율을 높이는 것이 필요하다.

이와 관련해 두 나라는 긴밀히 협력해왔고, 석유 개발 분야에서 협력을 약속하는 양해각서를 체결했다. 이미 탐사하여 매장량이 확인되었으나, 개발하지 않은 세 개 지역(육상광구 Area1, 2 등 두 개의 지역과 해상광구 Area3 한 지역)을 양국이 공동으로 개발하기로 했다. 또 하나 눈여겨볼 것은 매장량 200억 배럴, 일산 150만 배럴의 아부다비 육상유전이 2014년말부로 40년 채굴권이 만기되었는데, 아부다비 정부에서 우리 측에게 육상유전 채굴권에 입찰할 기회를 제공했다는 점이다.

현재 미개발 세 개 지역은 2012년 3월 한국 컨소시엄(한국석유공사와 GS에너지)과 아부다비석유공사ADNOC 간에 참여계약을 체결했고, 관례대로 ADNOC이 60퍼센트, 한국 컨소시엄이 40퍼센트의 지분을 가졌다. 이 계약의 핵심은 ADNOC이 소유한 세 개의 육·해상 광구(Area1, 2, 3)를 40년간 공동생산하는 것이다. 2013년에 양측은 공동운영회사를 설립했고, 2014년 10월에는 세 개 지역 중 Area1에서 일산 1.8만 배럴의 생산성을 확인했다. 앞으로 세 개 지역 미개발 유전 모두를 개발할 경우 일산 4.3만 배럴까지 될 것으로 예상된다. 이는 2016년 말부터 생산하기 시작했다.

아부다비 육상유전의 경우, 지난 40년간 252억 배럴을 생산해냈다. 여기에는 주로 메이저 기업들이 참여해왔는데, 셸Shell, BP, 엑슨

모빌ExxonMobil, 토탈Total이 각 9.5퍼센트, 포르투갈의 파텍스Partex가 2퍼센트의 지분을 갖고 있었다. 그러나 2014년 말 조광권이 만료되고 갱신 시점이 되면서 아부다비석유공사ADNOC는 기존에 참여한 기업 외에 한국, 일본, 중국 등 7개사를 입찰에 추가 초청해 참여의 기회를 넓혔다.

2015년 5월 한국 컨소시엄은 향후 40년간 아부다비 육상광구 유전의 지분 3퍼센트를 갖는 계약에 참여하며 안정적인 수익을 낼 수 있게 됐다. 지분만큼 생산한 원유에 대한 처분권을 갖기 때문에 석유를 국내에 직도입하는 것이 가능해진다는 의미다. 여기서 생산되는 머번유Murban Crude는 국제 시장에서 두바이유보다 높은 가격에 거래되는 우수한 유종이다. 업계에서는 이 계약으로 인한 매출 규모가 매년 수천억 원대에 달할 것으로 내다보고 있다. 이 계약을 통해 확보한 조광권은 우리나라가 그간 해외 유전 개발에서 확보한 조광권 중 최대 규모다.

이러한 성과는 2011년도에 아부다비 육상유전 운영에 한국 기업이 참여할 수 있도록 양해각서를 체결한 한 후 GS에너지, 석유공사, 관계부처와 공관 등 유관 기관이 적극적으로 활동한 결과다.

서울에서 고위 대표단이 방문할 경우 아랍에미리트 에너지장관, ADNOC 사장 등에게 양국 간의 특별한 협력관계를 언급하면서 지원을 요청하곤 했다. 아울러 그간 한국이 아랍에미리트 원유를 지속적으로 도입했으며 한국에 원유를 공동 비축하는 등 상호 호혜적인 협력 사업을 적극적으로 추진해온 덕분이라 할 수 있다. 또한 한류 붐, 원자력 발전소를 건설하며 한국에 대한 평가가 높아진 점도 양국의 활발한 에너지 협력에 도움이 됐다.

아랍에미리트와의 협력의 주춧돌, 원전 건설 및 운영

2008년, 아랍에미리트 정부(아부다비 에미리트 정부)는 급증하는 전력 수요에 대한 공급원을 다변화하기 위해 원자력발전소를 건설하기로 결정했다. 1400MW 원전 4기를 2008년 12월 공개 입찰하여 1년간 입찰이 진행되었다. 2009년 5월 한국전력, 아레바, 히타치-GE 컨소시엄 3개사가 입찰 자격을 획득했고, 2009년 8월에는 3개사에 대한 정밀 실사가 있었다.

이런 까다로운 과정을 거쳐 2009년 12월에 드디어 한국전력이 최종 사업자로 선정되는 쾌거를 이루었다. 원전 입찰을 시작한 지 불과 1년 만에 사업자를 선정했는데, 이처럼 신속하게 진행된 건 상당히 이례적인 일이다. 여기에는 무엇보다 원전을 조기에 건설하겠다는 아랍에미리트 정부의 강한 의지가 담겨 있음을 알 수 있다.

원전 수주를 둘러싸고 한국전력은 그간 세계 원전 시장을 독점해 온 프랑스의 아레바, 일본의 히타치 등과 경쟁했다. 사실 이전까지 해외에 원전을 단 1기도 수출한 적 없는 한국전력이 어떻게 아랍에미리트 원전을 수주하게 되었을까?

먼저 우리 기업들이 보유한 가격 및 기술력 덕분이다. 우리는 지난 30여 년간 원전 24기를 건설하고 운영하면서 경쟁력을 확보했는데, 아랍에미리트 정부가 이를 높이 평가했다. 미국은 1979년 TMIThree

Miles Island 원전 사고 이후 건설을 중단했고, 유럽도 최근 원전을 많이 건설하지 못한 반면, 우리는 1980년대 이후 매년 1기씩 건설해왔다.

그뿐 아니라 우리의 원전 이용률capacity factor도 다른 나라들을 앞선다. 2011년 기준 원전 이용률이 90.7퍼센트로 세계 평균 79퍼센트보다 높고, 주요 경쟁국인 일본과 프랑스보다 높다. 분야별로 기술 자립 계획을 세우고 추진하면서 가격 경쟁력을 확보해둔 덕분에, 건설 단가가 경쟁사보다 25~50퍼센트 싼 것도 도움이 되었다. 아울러 설계 표준화나 최신 시공기술을 활용하기 때문에 건설기간이 다른 나라보다 짧은 장점을 갖고 있다. 설계에서 기기 제작, 건설, 연료, 운영, 보수 유지까지 원전의 전 단계nuclear life cycle에 걸친 공급 체인을 보유한 것도 장점이다.[134]

두 나라의 긴밀한 우호 협력 관계 역시 수주에 크게 기여했다. 아랍에미리트 바라카 원전은 4기 건설에 180억 달러가 소요되는 대규모 프로젝트로 정부 간 총력전 양상을 띠고 있었기 때문에 각국 정부도 적극적인 지원을 아끼지 않았다. 우리 정부는 수주를 적극적으로 지원했으며, 그간 추진해온 산업 협력 등 양국 간 협력사업도 수주에 도움이 되었다.

---

134 설계는 한전기술, 기기 제작은 두산중공업, 핵연료는 한전원자력연료, 운영은 한국 수력원자력, 유지·보수는 한전 KPS가 담당한다.

다양한 어려움이 존재하는 원전 건설 과정

바라카 원전은 2012년 11월에 1호기 콘크리트 타설식을 시작했다. 타설식에서 완공까지 58개월 정도가 소요되므로, 1호기는 2017년 5월에 준공된 후, 매년 한 기가 완성되어 마지막 4호기는 2020년 완공을 목표로 공사가 진행 중이다. 원전은 아부다비 서쪽 270킬로미터 바닷가인 바라카(아랍어로 '축복'이라는 뜻)에 위치해 있다.

2017년 현재, 4호기가 동시에 건설되고 있다. 1호기의 경우 건설 공사는 완료되어 시운전 중이다. 2, 3, 4호기는 2014년에 건설 허가를 받아 공사 중인데, 1호기 건설 경험이 있어 예상보다 빨리 진행되고 있다. 바라카 원전 건설을 위해 우리 인력 2,500여 명, 파키스탄, 필리핀 등에서 2만 명 이상이 참여하고 있다.

아랍에미리트의 관련 기관으로는 원전 건설과 운영을 담당하고 있는 에미리트원자력공사Emirate Nuclear Energy Corporation, ENEC, 원전 도입을 계획하고 ENEC을 관리하고 있는 아부다비집행위원회Executive Committee, 그리고 원전 건설 및 운영과 관련한 인허가를 담당하는 연방원자력규제청Federal Agency for Nuclear Regulation, FANR이 있다. 한국전력은 발주처인 ENEC, FANR과 협의하면서 공사를 진행하는 중이다.

공사는 잘 진행되고 있지만, 초기에는 어려움이 적지 않았다. 우선 한국전력이 해외에 원전을 건설한 경험이 없어 시행착오가 있었다. 아무래도 처음 하는 일이다 보니 예상치 못한 일들이 더러 발생한 것이다. 모든 문서를 영어로 작성해 ENEC과 협의를 하는 일, 1년

■ 에미리트원자력공사 사장 일행 초청 관저 만찬 전 환담, 2014년 9월.

중 8개월이 45도 더위가 지속되는 사막이라는 환경, 2만 명이 넘는 외국인 노동자들을 관리하며 일정에 맞춰 공사를 해나가는 것 모두가 쉬운 일이 아니다.

초기에 발목을 잡았던 문제들은 주로 허가나 결정이 지연되는 것이었다. ENEC도 원전을 처음 건설하는 것이라 모든 것을 신중하게 결정하는 분위기였다. 더 큰 문제는 이렇게 지체된 시간을 메꾸기 위해 야간작업 등으로 일정을 맞추기 위한 노력이 필요했다. 여러모로 쉽지 않은 상황이었다.

여기다가 한국에서 원전 부품 부정 납품사건까지 발생해 한국전력으로서는 이중고를 겪어야 했다.[135] 위조 부품이 아랍에미리트에 납품되진 않았지만, 관련된 위조 부품이 만들어지고 한국 내에서 납품됐다는 자체가 우리의 원자력산업에 대한 신뢰도를 실추시켰다. 비즈니스 관계에서 이런 신뢰 하락은 매우 심각한 문제다. 이로 인해 바라카 원전의 참고 모델인 신고리 3호기 건설이 예정대로 진행되지 못했는데, 이 또한 바라카 원전 건설 지연에 영향을 주었다.

바라카 원전 수주가 안겨준 여러 가지 의미

바라카 원전 수주는 우리에게 여러 가지 의미를 준다. 우선 우리가 최초로 해외에 원전을 수출한 케이스라는 점에서 주목할 필요가

---

135 2013년, 원전 부품 비리사건은 국내 원자력 발전소의 부품 납품 과정에서 기준에 미달하는 부품의 시험 성적서가 위조되어 수년 이상 한수원에 납품되어 오다 적발된 사건이다.

있다. 바라카 원전 준공이 성공한다면, 국제적 위상이 높아져 제2, 제3원전 수주에도 도움이 될 수 있다. 또 해외 수주에 매진하고 있는 러시아, 프랑스, 일본 등과의 경쟁에서 좋은 무기가 될 수 있다.

아울러 바라카 원전을 잘 건설하여 운영하게 되면, 아랍에미리트와의 협력은 긴밀해질 것이고 제3국의 원전 수주에 두 나라가 공동으로 참여하는 것도 가능해진다. 아랍에미리트의 재원과 우리의 원전 건설 경험이 결합된 윈윈 효과를 노려볼 만하다.

1차 중동 붐의 대표적 사례가 1976년 사우디아라비아 주베일 항 공사였다면, 현재 진행되고 있는 아랍에미리트 원전 건설은 고부가가치 산업을 수출한 2차 중동 붐의 대표주자다. 원전 건설을 기반으로 우리의 원전 운영·보수 인력 수백 명이 바라카 원전 운영과 보수를 담당할 것이다. 현재 다양한 전문인력이 아랍에미리트로 진출하고 있는데, 원전 분야에서는 우리가 미국이나 서구를 제치고 아랍에미리트에서 주류로 활동하고 있다.

이렇게 한 분야에서 성공적으로 자리를 잡으면 그만큼 비즈니스적인 신뢰도가 쌓이게 되고, 이는 다른 산업군의 진출에도 도움이 된다. 탄탄하게 자리 잡은 원자력 분야에서의 협력을 발판으로 1차적으로는 원자력과 관련 있는 분야로 협력을 확대해나갈 필요가 있다. 원자력 방호 및 안전, 원자력 의료, 원자력 관련 교육 등 많은 분야를 개척할 수 있을 것이다. 원전 수주가 성공의 견인차 역할을 잘해 내준다면, 향후 우리 청년과 전문인력들이 엔지니어링, 기술서비스, 고부가가치 서비스 분야 등에서 해외에 진출하는 발판이 될 수 있다.

중동 경제 3.0

바라카 원자력 발전소 수주는 여러 가지 긍정적 영향을 미쳤다. 먼저 아랍에미리트 내에서 우리의 위상을 높였고, 한국을 높은 기술 수준을 가진 선진국으로 확실히 각인시켰다. 최근 한류의 유행으로 아랍에미리트 국민이 한국에 대해서 잘 알게 되고 선호도가 올라갔다면, 원전 수주 건은 아랍에미리트 상층부 식자층에서 한국과 한국의 기술을 높이 평가하게 만든 계기가 되었다.[136] 그렇기 때문에 막바지 단계에 있는 1호기 건설을 잘 마무리하는 것이 매우 중요하다. 시작이 창대하다 해도 끝맺음이 아름답지 않으면, 제대로 된 인정을 받을 수 없기 때문이다.

이것은 시작일 뿐이다. 이제 남은 과제는 제2의 바라카 원전을 다른 나라에 건설하는 일이다. 현재 베트남, 이집트, 사우디아라비아, 체크 등이 원전 도입을 검토하고 있거나 추진 중이다. 그러나 우리는 2009년 바라카 원전 4기 수출 이후 아직까지 새로운 수출 실적을 내지 못하고 있다.

수출을 위해서는 선결 과제가 있다.

먼저, 경쟁국인 프랑스, 러시아, 중국, 일본 등의 거센 수주 공세가 넘어야 할 장벽이다. 러시아는 파격적인 재원 조달과 최신 노형인 VVER-1200 노형으로 적극적인 공세를 펴고 있으며, 중국도 영국

---

136 일례를 들면, 라마단 기간 중에 개최되는 이프타르(Iftar, 무슬림의 최대 축하절인 라마단 중 해가 떠 있을 때는 단식을 하나, 해가 지면 음식을 풍성하게 차려 친지나 이웃, 가난한 사람을 초청해 저녁식사를 함께하는 행사)에 가면 필자는 미국, 영국 등과 늘 헤드 테이블에 앉곤 했다.

성과 확대를 위한 노력

원전사업은 기술 이전과 인력 교류 분야에서 협력을 가속화하고 있다. 아랍에미리트 측은 원전 건설이나 운영이 처음이라 무엇보다 전문인력 양성에 관심을 기울인다. 카이스트(KAIST)에서 아랍에미리트 운영 인력을 양성하는 프로그램을 만든 한편, 아부다비에 소재한 칼리파 대학에서 우리 인력이 아랍에미리트 학생들을 지도하고 있다.

또 한국수력원자력에서 아랍에미리트 원전 운영 인력을 육성시키고 있다. 2013년 2월부터 2015년 8월까지 에미리트원자력공사 직원 270여 명을 교육을 시켰고, 2012년 3월부터 2016년 8월까지 원자력 발전학위 과정을 별도로 운영하여 매년 60명씩 총 180명을 교육시켰다.

아랍에미리트에 원전이 건설되면서 우리의 원자력 전문인력이 진출하는 사례도 늘어나고 있다. ENEC는 신규 인력을 우리나라 대학 원자력 관련학과 졸업생 중에서 일부 채용하기 시작했다. 뿐만 아니라 경력직 전문인력 채용도 확대하고 있다. 한국전력이나 한국수력원자력 등을 퇴직한 인력, 그리고 경력직도 ENEC에 근무하는 숫자가 늘어나고 있다. 현재 100여 명의 우리 전문가가 근무를 하고 있는데, 원전이 본격적으로 가동되면 그 수는 더 늘어날 것이다.

신규 원전 Hinkley Point C에 자본 참여를 확정하는 한편, 터키 제 3원전 등의 시장에 진입하기 위해 활발히 움직이고 있다.

따라서 바라카 원전을 적기에 준공하여 믿음직스러운 파트너라는 위상을 확보하고, 발주국 정부 및 글로컬glocal한 업체와 긴밀한 협력체계를 구축하는 게 필요하다. 매력적인 비즈니스 파트너가 되려면 신뢰할 수 있고, 결과물이 좋으며, 지속적으로 함께 일하고 싶어야 한다. 또 자체 금융 경쟁력을 확보하는 노력과 함께 아랍에미리트와 같이 재원이 풍부한 나라와 공동으로 수주하는 방안을 세우는 것도 필요하다.

아울러 국내 원전 부품 납품 등의 비리가 발목을 잡으면서 한국 원자력에 대한 이미지가 크게 훼손됐는데, 다시는 이런 문제가 발생하지 않도록 철저한 조치를 하는 것도 중요하다.

할랄식품,
왜 전 세계의 관심을 받는가

할랄(Halal)은 아랍어로 '이슬람법에 따라 허용한 것'이란 의미다. 음식과 음료수뿐 아니라 의약품, 화장품, 관광 등 여러 분야가 포함된다. 이와 반대로 허용되지 않는 것은 '하람'이라 부른다. 무슬림들은 이슬람 율법을 준수하기 때문에 할랄 인증이 없는 식품이나 제품을 구매하지 않는다.

전 세계의 관심을 받는 할랄 시장

중동을 포함하여 전 세계 무슬림 소비자들에게 제품을 팔기 위해서는 판매국의 할랄 인증을 받는 것이 필수다. 그러나 그 기준이 매우 까다롭고, 인증을 받기까지 기간도 오래 걸린다.

전 세계에 할랄 인증기관은 300여 개가 있으며, 그 기준은 조금씩 다르다. 인증기관마다 이슬람법에 대한 해석의 차이가 있다 보니 인증 요건이 달라지는 것이다. 최근 이슬람 국가들은 할랄 인증 체계를 갖추어 가면서 인증을 강화하는 추세다. 인도네시아는 인증기관을 민간 종교단체MUI에서 정부기관BPJPH으로 변경해, 2019년까지 모든 제품에 대해 할랄 인증을 요구할 계획이다.

한편 국가별로 다양한 인증 요건 등을 해소하기 위해 글로벌 차원에서 할랄 인증 표준화 작업도 진행되고 있다. 이슬람협력기구OIC 및 걸프협력위원회GCC가 할랄 인증 표준화를 위해 협의하고 있다.

세계 할랄 시장의 규모는 2013년 기준으로 전 세계 식품 시장의 18퍼센트에 해당하는 1조 2,920억 달러였다. 이 흐름으로 추산하면 2019년에는 21퍼센트를 차지하여 2조 5,370억 달러로 전망된다.[137] 무슬림[138] 인구가 2014년 17억 명에서 2030년에는 22억 명으로 증가될 것으로 보이는데, 할랄식품 시장이 성장하는 주요인은 바로 인구 증가다.

최근에는 할랄식품이 위생적이고 안전한 식품이라는 인식이 늘어나면서 웰빙을 추구하는 미국과 유럽에서도 할랄식품의 소비가 늘고 있다. 2013년 기준으로 미국이 128억 달러, 프랑스 119억 달러, 독일 99억 달러 규모다. 지역별로는 중동의 4,060억 달러, 북아프리카의 3,220억 달러로 큰 시장이며, 국가로는 인도네시아가 1,970억 달러로 가장 크다. 이처럼 할랄식품은 무슬림뿐 아니라 전 세계적으로 인기를 끌고 있기에, 성장 가능성이 큰 매우 매력적인 분야다.

할랄식품 시장은 종교적 교리를 기반으로 하기에 정서적 동질감

---

137 톰슨 로히터 추산.
138 이슬람교를 믿는 사람들.

이 강하고, 라이프 스타일과 소비 형태가 유사하여 큰 시장을 형성한다. 중동 무슬림 국가는 농산물과 식품을 대부분 수입에 의존하고 있어, 할랄식품 수출국 입장에서 볼 때는 블루오션이다. 호주, 미국, 브라질 등이 쇠고기, 양고기, 닭고기 할랄 시장을 장악하고 있고, 독일, 네덜란드, 프랑스 등 유럽 국가도 할랄식품 수출국가다.

스위스 네슬레의 경우, 1980년대부터 할랄식품을 개발하여 전 세계에 85개 공장을 운영하면서 154개 제품에 대해 할랄 인증을 받았다. 네슬레 말레이시아의 경우 할랄 제품이 40여 종인데, 전체 매출액의 25퍼센트를 차지할 정도로 규모가 크다.

할랄식품 공급 업체를 보면 기독교 국가인 서구의 다국적 식품 기업이 시장의 80퍼센트 이상을 장악하고 있다. 우리나라에서도 할랄식품을 수출하기 위해 익산에 할랄 단지를 만들려는 시도가 있었으나, 안타깝게도 기독교 단체들의 반대로 좌초되었다. 이는 브라질이 가톨릭 국가임에도 2014년에 할랄 인증을 받은 고기 23만 톤을 아랍에미리트에 수출한 것과 비교된다.

사실 할랄 시장은 굉장한 잠재력이 살아 숨 쉬고 있으며, 해외 비즈니스의 새로운 활로를 모색해야 하는 우리나라에게도 매력적인 시장이다. 이런 흐름과 역행해 무슬림에 대한 편견과 일반화의 오류가 할랄식품을 거부하고, 더 많은 비즈니스의 기회를 가로막고 있는 것은 아닌지 고민이 필요한 시점이다.

할랄 인증기관

전 세계에 할랄 인증기관은 300여 개가 있다. 인증기관이 이슬람법(샤리아)을 어떻게 해석하느냐에 따라 인증 요건이 서로 다르다. 할랄 인증은 국제표준기구(International Organization for Standardization, ISO), 식품안전관리인증기준(Hazard Analysis and Critical Control Points, HACCP) 등 국제적 품질 기준을 요구한다. 아랍에미리트는 식품설비 및 생산업자위생기준(UAE.S/GSO 21), 그리고 품질 기준(UAE.S/GSO 9) 등을 할랄제도 운영 기준에 포함하고 있고, 말레이시아는 할랄 인증 식품이 품질관리기준(Good Manufacturing Practice, GMP)과 식품안전관리인증기준(HACCP)에 부합하도록 권장하고 있다.

할랄 시장, 우리나라는 아직 갈 길이 멀다

우리나라는 2014년에 농식품 6.8억 달러를 이슬람협력기구OIC 57개국에 수출했는데, 이는 우리나라 전체 농식품 수출의 14퍼센트 수준이다. 무슬림 국가에 대한 농식품 수출액은 증가하고 있으나, 전체 농식품 수출에서 차지하는 비중은 2010년도의 16퍼센트에서 2014년에는 14퍼센트로 오히려 감소했다.

2014년도 기준으로 주요 수출 대상국은 아랍에미리트, 인도네시아, 말레이시아, 이란, 사우디아라비아 순서다. 그중에 아랍에미리트에 3억 달러, 인도네시아에 1.9억 달러, 말레이시아에 1.8억 달러를 수출했다. 주요 수출 품목은 담배, 커피, 과자, 라면 등 가공식품이 주류이며 신선 농산물은 채소, 감, 딸기, 버섯 등이다. 한편 우리 외식 기업의 경우 161개 외식 점포가 이슬람 국가에 진출하고 있는데, 이는 해외에 진출한 우리 외식 기업의 4.3퍼센트에 불과하다.

중동 국가들은 소비되는 농축산물의 대부분을 수입한다. 자연 특성상 자체적인 생산량이 거의 없기 때문이다. 이슬람협력기구OIC 국가들이 2013년에 수입한 축산물 150억 달러 중 85퍼센트 이상이 비무슬림 국가에서 수입한 것이다. 이것만 봐도 할랄 시장의 규모를 짐작할 수 있다.

우리의 식품과 농산물이 할랄 시장에서 성공하느냐 여부는 할랄 인증 획득에 달려 있다. 무슬림은 비할랄(하람) 식품은 구매하지 않으므로, 할랄 인증 여부가 무슬림 소비자의 선택 기준이다. 2014년에 국내 무슬림중앙회Korean Muslim Federation, KMF에서 할랄 인증을 받은 인삼 제품의 말레이시아 수출이 2013년 대비 210퍼센트나 증가한 것만 봐도 알 수 있다.

우리나라는 여전히 잠재력이 넘치는 할랄식품 시장에 적극적인 진입을 하지 못하고 있는 실정이다. 농심(신라면), 롯데칠성음료(껌, 밀키스), 대상FNF(김치), 티젠(녹차), 매일유업(우유), 오리온(초코파이) 등 제한된 품목만 수출되고 있다.

한국-아랍에미리트 간 할랄식품 분야 협력

아랍에미리트 식품 시장은 GCC 국가 중 사우디아라비아 다음으로 크며, 2013년 시장 규모는 약 21.3억 달러였다. 이 중 전체의 80퍼센트 이상인 17.5억 달러를 수입하고 있으며, 주요 수입 품목은 콩

할랄식품을 제조하는 주요 다국적기업

할랄식품을 제조하는 주요 다국적기업에는 스위스의 네슬레(커피, 음료, 과자), 미국의 샤프론 로드(케밥, 치킨 너겟), 영국의 타히라(육류, 야채, 생선), 프랑스의 이슬라 데리스(햄, 소시지, 면류) 등이 있다. 개도국 중에는 인도의 알라나손스(커피, 시리얼, 육류), 아랍에미리트의 알이스라미(치킨, 케밥)가 두각을 나타내고 있다. 국가별로는 아시아에서 말레이시아가 최대 수출국이다. 2013년에 98억 달러를 수출하였으며, 태국과 인도네시아가 새로운 수출국으로 부상하고 있다.

류, 밀, 인스턴트식품이다. 톰슨 로히터의 추산에 따르면 아랍에미리트의 식품 소비량은 2011년부터 2017년 사이 연평균 4.3퍼센트 증가할 것으로 보인다. 수입의 비율이나, 규모, 성장세 어느 쪽으로 보나 아랍에미리트는 식품산업 수출국에게는 탐나는 시장이다.

그렇다면 지금 한국의 식품 시장 진출은 어떤 상황일까? 먼저 2015년 3월 한국-아랍에미리트 정상회담에서 양국은 '할랄식품 및 농업협력에 대한 양해각서'를 체결했다. 이것을 기초로 양국은 할랄식품 시장 동향, 할랄식품 개발에 대한 정보를 교환하고, 할랄식품 분야의 교류를 늘리기로 합의했다. 아울러 할랄식품 인증에 대해 협력하는 한편, 우리나라가 할랄식품 단지를 조성하는 데 필요한 정보와 기술을 공유하기로 했다.

이러한 양해각서를 체결한 주목적은 아랍에미리트가 우리의 할랄식품 인증과 관련한 여러 가지 정보를 제공해주는 것이었다. 아랍에미리트도 향후 자신들의 주도로 전 세계 할랄 인증을 표준화하기 위해 새로이 진입하는 한국과 긴밀한 협력 관계를 유지하는 것이 이익이 되기에 매우 적극적이다. 이는 양국의 우호관계가 영향을 미친 덕분이며, 이후 교류와 협력은 더욱 활성화되었다.

양국 간 양해각서 체결 후 우리 농식품부와 아랍에미리트 표준측량청Emirates Authority for Standardization and Metrology, ESMA 간 협력 창구가 2015년 4월에 만들어졌다. 우리 기업의 할랄 인증에 대한 이해도를 높이기 위해 2015년 9월 서울에서 할랄포럼이 개최되었으며, 아랍에미리트 표준측량청장을 비롯한 전문가들과 필자가 초청받았다.[139] 아랍에미리트 대표단은 우리 기업이 할랄 인증을 신청하면 신속한 심사를 통해 인증해주기로 합의했고, 한 달 후인 10월 아랍에미리트 심사단이 한국을 방문해 우리 기업체를 심사했다.

이처럼 양국의 신속한 협력을 통해 2015년 11월 말에 두바이에서 우리나라 6개 기업의 26개 품목이 아랍에미리트 표준측량청의 인증을 받았다. 2015년 3월에 합의한 후 8개월 만인 11월에 우리 기업이 할랄 인증을 받은 것은 중동 국가의 일처리 속도를 감안할 때 아주 빠른 속도로 진행된 것이다. 필자는 할랄 인증을 담당한 알 마에니 ESMA 청장을 여러 차례 만나 협의하면서 동 청장이 양국 간 할랄 협력을 진전시켰다고 사의를 표했다.

---

139 이 세미나는 당초 6월에 개최키로 하였으나, 국내에서 발생한 메르스 사태로 9월로 연기되었다.

중동 경제 3.0

■ 아랍에미리트 소재 대사관 중 최우수 공관으로 선정되어 압둘라 외교부장관으로부터
상패를 받는 필자, 2015년 7월.

할랄 시장 진출은 우리 농촌에게 또 하나의 기회다

농업은 우리나라 산업의 주요한 부분이었으나 1970년대 이후 산업화, 도시화가 가속되면서 농촌의 인구가 감소하고 국가 경제에서 차지하는 비중도 줄어들었다. 그뿐 아니라 국제 환경의 변화 때문에 농산물 시장이 개방되고, 우리 농촌은 수입 농산물의 피해를 보면서 여러모로 어려움을 겪어왔다. 그런 이유 때문에 최근 자유무역협정FTA을 체결하는 과정에서 농산물 분야는 가장 민감했다.

우리 농촌이 지속적으로 발전하기 위해서는 새로운 활로를 모색해야만 할 시점에 와 있으며, 고부가가치의 농산물을 생산해 수출하는 적극적인 농정을 펼칠 필요가 있다. 할랄 시장을 개척하는 것이 그중 하나다. 할랄 인증을 받기만 한다면, 무려 2조 달러 규모의 할랄식품 시장에 진출할 수 있다.

할랄 시장 진출은 우리 농촌의 소득 증대에도 기여하고 농촌의 지속가능한 발전에도 도움이 된다. 농림축산식품부는 2014년 농산물 수출 61.8억 달러에서 2017년에는 100억 달러로 증가시킨다는 목표 하에, 할랄 시장에 대한 수출 목표액도 2014년의 8.6억 달러에서 2017년에는 15억 달러로 늘인다는 계획을 세웠다.

이처럼 신시장 개척으로 우리 농촌이 부활하는 하나의 대안이 될 수 있음에도 할랄식품의 산업 여건은 여전히 열악하다. 할랄식품 수출을 확대하기 위해서는 우선적으로 할랄식품산업을 발전시키기 위한 인프라를 만들어야 한다. 인프라는 우선 할랄식품에 대한 정보를 축적하는 것을 들 수 있다.

우리 식품기업들이 할랄 시장에 진출할 때 가장 어려운 점이 정보의 부족이라고 말한다. 데이터베이스가 부족한 상태로 사업에 진출할 수는 없을 뿐 아니라, 아무리 좋은 정보가 있다 해도 그것을 효율적으로 활용할 수 없으면 무용지물이다. 그러니 할랄식품에 대한 정보를 조사하고, 국내에 산발적으로 흩어진 데이터베이스를 통합, 관리하는 정보 허브를 만들어야 한다. 이런 정보를 수요자들에게 제공할 수 있게 온오프라인 전담 창구를 만드는 한편, 할랄 수출 매뉴얼도 만들어 제공할 필요가 있다.

다음으로 필요한 것은 할랄식품을 공급할 수 있는 생산 기반을 조성하는 일이다. 할랄 육류를 조달하려면 먼저 국내에 할랄 전용 도축장, 도계장을 만들어야 한다. 호주의 경우 수출 가능한 육류를 도축하는 131개 도축장 중 70개소가 할랄 전용 도축장이며, 아랍에미리트를 포함한 이슬람 국가에 소, 양고기를 많이 수출하고 있다. 하지만 도축장이나 도계장만으로는 부족하다. 여기서 제대로 된 절차에 따라 일할 수 있는 해외 무슬림 도축인을 영입해야 하는데, 그들이 국내에 들어와 일할 수 있는 여건을 만드는 것도 중요하다.

할랄식품 분야로 진출해 성과를 얻으려면 그만큼 투자를 해야 하는데, 무엇보다 전문인력을 양성하는 게 시급하다. 또 무슬림들이 좋아할 만한 할랄식품을 개발하는 데 투자를 확대해야 한다. 예를 들면 우리 전통식품인 김치나 장류를 그대로 수출해선 안 된다. 김치가 발효될 때 발생하는 알코올을 감소시키는 등의 방법을 강구해 할랄식품화하는 기술 연구가 필수적으로 따라야 한다.

그런데 식품 업체들은 대체로 소규모이거나 영세한 경우가 많다. 그러니 이런 기술 개발의 부담을 개별 기업이 다 지도록 하지 않고, 정부가 투자하여 부담을 완화시켜주는 방법이 반드시 따라야 한다. 그리고 장단기 계획을 세워 입체적으로 접근하는 것도 필요한데, 단기적으로는 성과를 조기에 낼 수 있는 식품을 연구하되, 중장기적으로 할랄식품 기초기술을 연구하는 것이 바람직하다.

이 외에도 국내 할랄 인증기관의 미흡한 역량을 향상시켜야 한다. 세계 할랄 시장에서 우리 식품의 인지도를 높이는 홍보활동도 병행해나가야 한다. 국내 할랄식품 유통을 활성화하고, 한국에 여행하러 온 무슬림 관광객과 치료를 받기 위해 온 환자를 위한 할랄식 공급을 위한 식당도 늘어나야 한다.

그러나 무엇보다도 중요한 것은 할랄식품을 정확히 이해하는 것이다. 돼지고기 성분 포함 금지 등의 할랄 식품은 이슬람이 발생했던 아라비아 사막이라는 고온다습한 환경에서도 음식을 먹고 탈 없이 생존하기 위해 따르는 음식문화의 한 방편이다. 무슬림에 대한 편견과 일반화의 오류가 할랄식품을 거부하고, 우리 농촌이 발전할 수 있는 더 많은 비즈니스의 기회를 가로막고 있는 것은 아닌지 고민이 필요한 시점이다.

의료보건서비스는
어떻게 협력하는가

세계 의료서비스 시장은 매년 8퍼센트씩 성장하는 유망한 시장이다. 특히 CIS, 중동, 동남아지역이 새로운 의료서비스 시장으로 떠오르고 있다. 미국, 오스트리아, 싱가포르 등 의료 선진국은 이미 신흥국 시장을 선점하였고, 일본, 캐나다, 영국 등도 진출을 준비 중이라 경쟁이 치열하다.

모두가 탐내는 신흥국 의료 시장 진출

오스트리아, 싱가포르 등은 민간 주도로 CIS, 중동, 중국에 대규모로 진출했다. 오스트리아 바메드VAMED는 70개국에서 600개 이상의 프로젝트를 진행하고 있고, 싱가포르의 파크웨이홀딩스Parkway Holdings는 6개국 17개 병원에 진출했다. 미국도 예외는 아니어서 신흥국 시장에 진출할 기회를 놓치지 않았다. 미국은 아랍에미리트에서 클리블랜드 병원, 존스 홉킨스 병원 등 다섯 개의 아랍에미리트 공공병원을 위탁운영하고 있다.

한편, 영국, 캐나다, 일본 등은 정부가 적극적으로 민관 협력 체계를 만들어 신흥 시장에 진출하는 패턴이다. 일본의 경우 2009년에 경제산업성의 지원으로 민관의료합동기구인 MEJMedical Exellence Japan를 설립했다. 주로 해외 환자를 유치하는 일을 하다가, 2013년부터는 의료기관의 해외 진출도 지원하고 있다. MEJ는 의료기기 회사와 병원이 결합된 형태로 의료인 교류 및 해외 의료기관과 네트워크 구축, 해외 환자 유치, 일본 의료서비스 통합 시스템의 세계화 등을 목표로 한다. 일본은 막대한 규모의 공적원조ODA를 활용하여 아시아 시장을 공략하고 있고, 현지 의료인에게 일본 의료 시스템과 장비에 익숙해지도록 연수 기회를 제공하고 있다.

우리나라 의료의 해외 진출

우리는 산업화 추진 과정에서 건설을 비롯해 다양한 분야에서 해외로 진출했다. 1970년대에는 수출 입국이 경제 정책의 핵심이었고, 중동에서 건설 붐도 있었기에 활발하게 진출할 수 있었다. 이후 여러 분야에서 해외 진출이 이루어졌으나 부가가치가 높은 서비스 분야의 진출은 미미했다. 의료서비스 분야도 최근에서야 해외 진출이 시작됐으니 말이다.

대부분의 국가 발전 과정을 보면 초기에는 제조업 위주로 성장하다가 시간이 지나면서 고부가가치의 서비스산업을 육성하고, 해외에 진출하여 부를 창출한다. 그러나 우리는 수출 중심 국가임에도 불구하고 최근까지 고부가 서비스산업인 의료서비스나 법률서비스산업이 해외로 진출하지 않았다. 이유는 여러 가지가 있을 것이다. 하지만 국내에서 부를 창출할 수 있다는 데 안주하여 해외로 진출할 필요성을 느끼지 못한 데도 원인이 있다.

고부가가치 서비스를 수출하지 않고, 선진국이 되기는 어렵다. 법률, 의료, 회계, 특허, 방송, 문화 등의 분야에서 우리가 갖고 있는 경험과 노하우를 국내에서 썩힐 이유가 없다. 기술력을 해외에 수출하고, 더불어 재능 있는 인재도 동반 진출한다면 이는 새로운 일자리 창출과 비즈니스 기회를 원하는 이들에게 아주 멋진 기회가 될 수 있다.

최근 들어 상대적으로 낮은 의료수가 등 여러 면에서 의료 환경이 악화되자 비로소 해외 진출을 희망하는 의료인이나 의료기관이 생기기 시작했다. 또한 성형외과나 피부과 등 우리의 의료 수준이 높은 개별 분야에서 진출하려는 시도가 많아졌다. 미국이나 영국처럼 일찍 해외에 많은 병원을 개원하여 의료 시장을 선점하지 못한 것은 여전히 아쉬움으로 남는다. 하지만 늦었다고 포기할 일은 아니다. 지금부터라도 미래를 내다보며 현실적인 준비를 해서 중국, 아랍에미리트 등 개도국 또는 의료 취약 국가 시장에 진출하는 전략을 취할 수 있다.

우리 의료기관의 해외 진출은 2010년 이후 활발해졌다. 2014년 말 기준으로 19개국에 125건의 의료기관 프로젝트가 진행 중이다. 피부과, 성형외과, 치과, 척추, 한방 등을 중심으로 중국과 미국 등에 다수 진출해 있다. 최근에는 베트남, 몽골, 카자흐스탄, 러시아 등 신흥국 쪽으로의 진출이 눈에 띈다. 특히 아랍에미리트, 사우디아라비아 등 중동지역에서는 정부 간 협력G2G을 기반으로 한 진출이 매우 활발한데, 2010년 이후 5년 사이 115퍼센트로 괄목할 만한 성장을 했다.[140]

우리 정부는 의료 선진화와 해외 진출을 촉진하기 위해 보건외교를 추진하고 있다. 그리고 보건외교를 위해 세 가지에 힘쓰고 있는데 해외 진출 확대, 선진 제도와 기술의 벤치마킹, 잠재시장 개척이 그것이다. 이를 추진하기 위한 해외 거점 공관도 지정했고, 거점 공관을 통해 의료서비스의 해외 진출을 위한 현지 인프라도 구축했다.

2016년 현재, 해외 의료 진출 거점 국가로는 중국, 싱가포르, 인도네시아 등 아시아 국가와 아랍에미리트, 사우디아라비아 등 중동 국가, 멕시코 등 15개 국가가 지정되었다. 수요를 넓히기 위해 전략 국가에서 거둔 모범 사례를 다른 나라로 확산시키는 방법을 사용하고 있다. 선진기술의 벤치마킹 대상국은 미국, 영국, 독일 등이다. 의료 서비스 개선을 위해 이들의 선진 정책과 기술을 수집하는 것은 도움이 된다.

아울러 잠재시장 개척을 위해 유상원조 재원인 EDCFeconomic developement cooperation fund 등을 활용해 우리 의료기관의 해외 진출 및 연관 산업 수출을 도모하고 있다.

---

140 "한국 의료 시스템의 해외 진출 형태", 2015년 보건산업진흥원 자료.

우리의 의료서비스 진출 형태

의원 중심의 단독 진출이 제일 많으나, 진출 시 위험을 줄이고 안정적인 현지화를 위해 직접 투자가 아닌 라이선싱, 프랜차이징, 위탁경영 형태를 선호한다. 2014년의 경우 단독 진출이 32건, 프랜차이징이 26건, 라이선싱이 23건, 합작이 11건, 기타가 22건이었다.

라이선싱형은 의료기술, 브랜드 등 무형자산 이전을 대가로 로열티를 받는 형태이며, 프랜차이징형은 상표의 사용권 허가, 조직과 경영 기법 이전을 통해 운영을 지원하고 가맹 계약을 체결하는 형식이다. 그리고 위탁경영이란 무형자산이전과 관리 시스템 등을 포함하여 참여하는 형식으로, 서울대학병원이 아랍에미리트 칼리파 전문병원을 위탁경영한 케이스가 여기에 속한다.

아랍에미리트의 의료서비스 환경은 어떤가

그렇다면 우리 의료기관의 진출이 활발한 아랍에미리트 의료 서비스 환경은 어떤지 살펴볼 필요가 있을 듯하다. 아랍에미리트는 GCC 내에서도 의료 시장이 빠르게 성장하고 있는 나라다. 의료시설과 수준이 매년 향상되고 있으며, 보건 분야에 예산을 많이 투입함에 따라 평균 수명이 1960년도 52세에서 2015년에는 77세(남자 76세, 여자 79세)로 늘어났다.

아랍에미리트 정부는 중동 및 아프리카 지역의 의료관광 허브가되겠다는 목표를 갖고 GCC 환자뿐 아니라 주변국가 환자도 유치해왔다. 그러나 이런 목표를 달성하기에는 자국의 의료진이 많지 않고,

병원도 충분치 않은 실정이다. 이런 한계점 때문에 미국, 오스트리아, 캐나다, 독일, 영국계 의료기관 및 개별 의료진들이 많이 진출해 있다.

2013년부터 2018년에 걸쳐 아랍에미리트 의료 시장은 연평균 13퍼센트 성장하여 2018년에는 186억 달러에 이를 것으로 보인다. 최근 유가가 배럴당 50달러 대로 추락하여 재정을 긴축운영하고 있으나, 아랍에미리트 정부는 교육과 보건에 대한 투자는 아끼지 않겠다고 선언했다. 무엇보다 의료서비스의 경우 중동의 허브가 되겠다는 목표를 갖고 투자하고 있어, 아랍에미리트의 의료 시장은 앞으로도 꾸준히 성장해나갈 것이다. 그러니 잠재력이 풍부한 이 시장에 관심을 갖고 적극적인 진출을 모색하는 건 뒤로 미룰 일이 아니다.

무기르 아부다비보건청Health Authority of Abu Dhabi, HAAD 의장은 의료 보건 개선이 아부다비 발전 전략의 최우선 과제임을 강조하면서, 완비된 보건 분야의 기초 위에서 이제는 보다 혁신적인 정책과 서비스를 제공하겠다고 언급했다. 의료 수준을 선진국 수준으로 끌어올리며, 농촌지역에서의 의료서비스를 향상시키고 정신건강 프로그램도 도입했다. 아울러 유능한 해외 의료 인력을 유치하는 한편, 당뇨, 비만, 심장병을 사전에 예방하기 위해 생활 습관을 바꾸는 정책도 추진했다.[141]

---

141 "The Business Year Abu Dhabi", 2015, pp.146-147.

아랍에미리트 환자의 한국 송출 확대

2011년 3월 한국-아랍에미리트 정상회의에서 우리 보건복지부와 아랍에미리트 아부다비보건청 간에 '보건의료 협력에 대한 양해각서 MOU'를 체결했다. 이 양해각서에는 아랍에미리트 정부가 자국의 환자 송출을 지원하고, 한국 의료기관이 아랍에미리트에 진출할 수 있도록 상호 협력한다는 내용이 포함되어 있다. 이는 두 나라의 포괄적인 의료협력을 추진하는 토대가 되었다. 2011년 11월에는 무기르 아부다비보건청 의장이 방한해 국내 의료기관과 '환자송출협약'을 체결하여 아랍에미리트 환자를 한국에 보내는 제도적 시스템을 마련했다.

한국과 아랍에미리트의 의료 분야 협력은 아랍에미리트 환자가 한국에서 치료를 받는 환자 송출사업에서 시작되었다. 아랍에미리트 환자는 정부가 예산 전액을 지원하여 송출하는 환자(정부송출환자)와 환자 개인이 민간보험사 등을 통해 한국에 와서 치료받는 환자(민간송출환자)로 나뉜다.

필자가 아랍에미리트 대사로 부임한 2013년부터 본격적으로 아랍에미리트 정부가 송출한 환자가 서울에서 치료를 받기 시작했다. 2011년 1명, 2012년에는 89명에 불과했던 정부송출환자 수가 2013년에는 351명으로 늘었다. 그리고 2014년에는 806명까지 증가했으며, 2015년에는 민간송출환자까지 포함하면 3,000명에 가까운 아랍에미리트 환자가 한국에 와서 치료를 받았다. 이런 상승세를 타고 2009~2014년까지 매년 174퍼센트의 증가율을 보였다.

아랍에미리트 정부 및 민간송출환자를 늘리기 위해 우리 보건복지부, 우리 대사관, 보건산업진흥원, 우리나라 주요 병원이 많은 노력을 기울였다. 우리 대사관은 아부다비보건청, 아부다비공공병원관리청SEHA과 수시로 접촉하였고, 서울에서 아랍에미리트 환자를 치료하는 우리 병원들이 한국 의료 홍보회 등 다양한 계기를 활용해 아랍에미리트를 정기적으로 방문하여 설명회를 가졌다.

한편, 필자 역시 아랍에미리트 각계각층 주요 인사를 면담할 때마다 한국 의료의 우수성을 홍보하면서 해당 기관의 환자를 한국에서 치료받을 것을 권유하였고, 수십 개 공기업에 환자 송출권유 서한을 보내기도 했다.

2011년 11월 이후에는 아부다비보건청과 우리 개별 병원 간의 환자송출협약을 각각 체결했다. 환자송출 병원도 서울대, 서울삼성, 서울아산, 서울성모병원 이렇게 4개였던 데서 세브란스병원 등 10개 병원으로 확대했다. 그리고 의료 협력에서 논의돼야 할 세부적인 문제도 차차 해결했는데, 의료비 지불 문제 해결을 위해 2012년 5월 아랍에미리트 국영보험사인 다만사Daman와 국내 9개 의료기관과 직불계약을 체결했다.

두 나라의 의료 협력은 2014년 아랍에미리트의 모하메드 아부다비 왕세자의 방한을 계기로 급물살을 타게 된다. 모하메드 왕세자는 마침 서울성모병원에 입원한 아랍에미리트 환자를 방문했는데, 자국 환자가 한국에서 치료를 잘 받고 있으며 결과도 좋다는 것을 확인했다. 만족스러운 의료서비스를 눈으로 확인한 이후, 주위 사람들에게 한국으로 가서 치료받을 것을 권유했으며, 이는 아랍에미리트 환자의 서울 송출이 급증한 계기가 됐다.

한국에서 치료를 받는 아랍에미리트 환자들은 대체로 암, 심장, 뇌혈관, 척추 등 중증환자로 종합병원 1인실에 입원한다. 따라서 이들이 지불하는 의료비는 2015년 기준 평균 1,503만 원으로 한국에 오는 외국인 환자의 평균 진료비 225만 원의 약 7배 수준이다. 1억 원 이상의 진료비를 내는 환자도 271명에 이른다. 또한 아랍에미리트 정부송출환자의 경우 정부에서 간병인과 동반하는 가족의 비용을 지원해주기 때문에 환자 한 명이 한국에 올 경우 보통 4~5명이 동행하게 된다. 그러면 의료비 외에도 쇼핑, 건강 검진, 관광 등을 하면서 발생하는 부수적인 경제 효과도 기대할 수 있다.

2015년, 한국에서 치료를 받은 아랍에미리트 환자 수는 2,946명으로 중동·아프리카 지역에서 1위(전 세계 9위)다. 그러나 최근 계속되는 저유가로 아랍에미리트 정부가 긴축재정을 하는 데다, 아랍에미리트 내 외국계 대형병원들이 속속 개원하는 추세여서 안도할 수 없다. 따라서 향후 한국으로 송출되는 환자를 늘리기 위해서는 전략적 고민과 유치 노력이 필요하다. 2015년 3월 아부다비 정부는 지속적으로 문제 제기가 되고 있는 자국민의 건강보험 남용을 방지하기 위해 4월부터 해외 의료기관 이용 시 청구 금액의 80퍼센트를 환급해주는 정책을 중단했다. 이 정책으로 환자들의 부담이 가중되어 해외환자송출이 전반적으로 감소될 것으로 예상된다.

아랍에미리트는 재정이 악화되면서 상대적으로 고비용을 내야 하

| 환자 송출(정부송출환자/민간송출환자) |

(단위: 명)

2011	2012	2013	2014	2015
158(1/157)	342(89/253)	1,151(351/800)	2,633(806/1,827)	2,963(639/2,324)

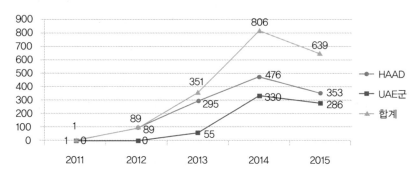

HAAD: 아부다비보건청 송출환자
UAE군: 군 송출환자

는 미국, 독일보다는 적은 저비용, 고효율인 우리나라로 송출하는 환
자를 늘릴 가능성이 있다. 그러나 우리가 철저히 준비되어 있지 않
다면 이런 기회를 우리 것으로 만들 수 없다. 무엇보다 의료서비스
전반의 효율성과 경쟁력을 높이는 것이 선행되어야 한다.

　고위험성 질환이 아닌 가벼운 질병이나 건강검진의 경우 아랍에미
리트 국민 일부는 저렴한 비용으로 검진과 관광을 동시에 할 수 있
는 태국 등 동남아를 선호한다. 아랍에미리트가 한국으로 많은 환
자를 계속 송출하기 위해서는 할랄음식, 통역 문제를 개선해 그들을
위한 편의를 충분히 제공해야 한다. 같은 값에 같은 실력이라면 당
연히 음식이나 다른 여건이 잘 갖춰진 곳을 선호하지 않겠는가? 그

　　　　　　　　　　　　　　　중동 경제 3.0

러므로 의료서비스 효율성을 높이는 것과 동시에 비의료서비스 분야의 편의성과 가격적인 경쟁력도 고민해봐야 한다.

우리 병원의 아랍에미리트 진출

2013년부터 아랍에미리트 환자가 본격적으로 서울에 와서 진료를 받으면서 한국 병원들도 아랍에미리트 의료 시장에 관심을 갖기 시작했다. 우리 기업이 아랍에미리트 원자력발전소를 건설하고, K-POP 등 한류가 인기를 얻자 아랍에미리트 국민들이 한국 의료서비스에 주목하기 시작한 것이다. 그리고 때마침 아랍에미리트도 한국 의료서비스를 도입할 필요성을 느끼고 있었다. 아부다비보건청, 대통령실도 자국의 환자들이 한국에 가서 치료를 받는 과정과 결과를 분석하면서 한국 의료 수준을 높이 평가했다.

지난 20년 동안 아랍에미리트는 미국, 영국, 독일 등 의료 선진국과 협력을 해왔다. 그러나 실력 있는 미국 의사들은 더운 날씨의 아랍에미리트 근무를 기피해왔고, 아랍에미리트 측도 실력 있는 미국 의사를 고용하기 위해서는 높은 보수를 주어야 하므로 병원 경영에 문제가 되었다. 미국 병원이 아부다비에 설립되어 있어도 실력 있는 미국인 의사가 부족하고 미국 의사면허만 보유한 제3국 의사들이 많아, 아부다비 보건당국과 환자들은 불만을 갖고 있었다.

이런 분위기 속에서 틈새시장을 노리고 우리 병원의 진출이 시작되었다. 아랍에미리트는 연방국이나 각 에미리트가 사실상 독자적으로 운영되기 때문에 연방정부와 에미리트 정부 모두가 보건 정책 결정이나 인허가와 관련한 권한을 갖고 있다. 따라서 병원 진출과 관련해 보건당국의 제반 허가를 받는 데 많은 시일이 소요된다. 우리의 경우는 양국 고위급의 빈번한 교류를 통해 우호적인 협력 관계가 만들어져 있었기에, 다행히도 우리 병원들이 진출하는 데 많은 도움이 되었다.

제일 먼저 설립된 병원은 2011년 4월 무바달라 국부펀드의 투자를 통해 두바이에 설립된 우리들병원이다. 무바달라 헬스케어와 우리들병원 자회사 간의 위탁경영 계약이 체결되었다. 무바달라가 추진하고 있던 해외 주요 병원 유치사업 파트너로 선정되었던 것이다.

우리들병원은 경영 노하우와 의료 인력 교육, 병원의 브랜드를 제공하는 위탁경영 형태로 진출했다. 우리 측의 자본 투자가 없는 위험도가 낮은 진출이다. 한국 전문의 세 명 등 여섯 명의 한국 인력을 포함해 30명의 의료진이 척추질환을 수술하고 재활치료를 하고 있다. 척추수술 시 환자에게 최소한의 부담을 주는 수술 방법 등을 사용해 호평을 받았고, 성공적으로 운영 중이다. 초기 2011~2012년 사이에 수술 및 통증치료 200건을 포함하여 약 5,000건의 진료와 물리치료를 실시하였고, 2016년 현재 아부다비에도 분원을 만들어 환자를 진료하고 있다. 우리들병원은 비만 등으로 인해 척추에 문제가 많은 아랍에미리트 환자들에게 잘 알려져 있다.

다음으로 진출한 병원은 보봐스병원이다. 2012년 8월에 두바이보건청과 보봐스병원이 두바이 재활센터 위탁운영에 대한 계약을 체결했다. 보봐스병원은 두바이 최초로 20개 병상의 재활병원을 4년간 위탁운영했다. 그리고 재활센터는 뇌졸중, 관절수술 환자 등을 치료하는 곳으로 의사 3명을 포함해 총 13명의 의료진을 파견했으며, 4년간 총 94억 원(운영비 37억 원, 인건비 57억 원)의 계약을 맺고 의료활동을 했다.

초기 소규모나 전문 분야별로 진출하는 시기를 지나서 2014년부터 우리 대형병원들이 아랍에미리트에 본격적으로 진출하기 시작했다. 현재 두 개의 대형병원이 아랍에미리트에 진출했다. 서울대학병원이 2014년 12월부터 세이크칼리파병원을 위탁운영하고 있으며,[142] 가톨릭관동대국제성모병원이 2016년 5월부터 샤르자 에미리트에 있는 로얄병원을 공동운영하고 있다. 이 두 병원은 운영의 형태와 조건이 다른데, 서울대학병원은 자본 투자를 하지 않고 위탁운영을 하는 데 반해, 가톨릭관동대국제성모병원은 로얄병원을 공동운영한다. 가톨릭관동대국제성모병원의 경우 리스크 부담이 있는 반면, 잘 될 경우에는 수익이 늘어나는 고위험 고수익high risk, high return형태다.

이외에도 베스티안병원은 아랍에미리트 보건예방부와 샤르자 알까시미병원에 신규 설립 예정인 '화상전문센터 위탁운영에 관한 MOU'를 체결(2016년 2월)하여, 현재 진출을 준비 중이다. 그리고 제일병원은 두바이 알가후드병원과 불임치료 관련하여 의료진을 파견하기로 합의하여, 조만간 계약을 체결할 계획이다.

---

142 칼리파 전문병원은 현 칼리파 대통령이 국가 통합 차원에서 소득이 낮은 라스 알카이마 에미리트에 지은 248병상 규모로 암, 심장질환, 응급의학 등을 제공하는 3차 전문병원이다.

서울대학병원과 서울성모병원의 아랍에미리트 진출

서울대학병원의 경우, 2013년 9월 아랍에미리트 측이 발주한 이후 서울대학병원 측에서 아랍에미리트 대통령실과 협의를 지속하였고, 우리 보건복지부, 대사관이 아랍에미리트 고위급을 접촉하는 등의 지원을 해왔다. 2014년 5월 양국 간 정상회담에서 보건협력을 확대하기로 합의한 데 힘입어 미국의 스탠퍼드병원, 독일, 오스트리아의 유수의 병원들과 치열하게 경쟁했다. 2014년 8월 서울대학병원은 5년간 총 1조 원의 예산을 받는 계약을 체결했으며, 현재 200명이 넘는 우리 의료 인력이 파견되어 진료 중이다.

두 번째 대규모 진출은 카톨릭관동대국제성모병원으로 샤르자 로얄병원 운영 입찰에 참여하여, 2015년 3월에 계약을 체결했다. 2016년 5월 의료진 7명을 1차 공동운영단으로 파견해 개원협의를 진행 중이다. 로얄병원은 160개 병상규모로 샤르자 통치자의 조카가 운영하고 있다.[143] 국제성모병원은 2014년 12월

■ 서울대학교병원과 아랍에미리트 대통령실 간 MOU 조인식, 2014년 8월.

아즈만 소재 칼리파병원 위탁운영 입찰에 참여한 경험이 있어, 현지 보건의료 시장 동향을 잘 파악할 수 있었다.

2014년 4월 서울성모병원은 아랍에미리트 3대 병원그룹인의 하나인 VPS와 협력하여 아부다비에 건강검진센터를 설치하는 양해각서를 체결하고, 의사 4명을 포함한 20여 명의 한국 의료 인력을 중심으로 2015년 3월 검진센터를 개원했다.

의료 인력 진출과 의약품 수출의 현주소

의료 분야를 포함해 여러 분야로 인력이 해외로 진출하는 것은 국가 경제에도 상당한 도움이 된다. 밖으로 나간 우리 인력이 해외에서 부를 창출하는 효과가 있고, 그만큼 국내에서의 경쟁이 줄어들기 때문에 국내 취업의 기회 역시 늘어나는 일석이조의 효과가 있다. 지금까지 아랍에미리트에 진출한 우리 병원을 따라 함께 진출한 의료 인력이 많은 편이다. 이들의 경우 정부 간 교섭에 따라 아랍에미리트에서 별도로 의료면허를 따지 않고 한국 면허로 의료행위를 할 수 있다.

그러나 개별적으로 진출하는 한국 의사의 경우 아랍에미리트 의료면허 시험을 통과하여 면허를 별도로 획득해야 아랍에미리트 병

---

143 아랍에미리트는 우리와는 달리 대개 병실이 1인실로만 운영되고 있어, 160개 병상의 병원 규모는 우리 동급 병원에 비해 크다.

원에서 일할 수 있다. 한국 면허를 가진 의사가 아랍에미리트 면허를 취득하기는 어렵지 않다는 것이 일반적인 의견이다. 우리나라 의료 인력은 국내 활동만 고집할 것이 아니라 아랍에미리트 등 해외에 진출하는 것을 검토해볼 만하다. 사실 아랍에미리트는 중동의 부국이라 환경도 좋다. 보수도 한국보다 상대적으로 많고, 자녀 교육 등 여러 가지 혜택도 누릴 수 있는 장점이 있다.

우리 의료기기와 의약품을 수출하는 노력도 이루어지고 있으나 당장 성과가 나타나고 있지는 않다. 아랍에미리트 두바이에서 매년 1월에 개최되는 중동 최대의 의료기기 박람회인 아랍헬스전시회 등을 활용해서 우리 의료기기와 의약품을 적극적으로 홍보하고 있으나, 좀 더 적극적이고 지속적인 노력이 필요하다.

한국과 아랍에미리트의 의료 협력, 한발 더 나아가기

한국과 아랍에미리트 사이의 의료 협력 기초는 어느 정도 다져진 상태라 볼 수 있다. 한국으로 가는 환자 수도 중동에서 제일 많고 아랍에미리트에서 대형병원도 운영하고 있다. 이제는 기존 사업을 좀 더 효율적으로 추진하는 한편, 의약품과 의료기기 수출 등 새로운 분야를 개척할 시기다. 이를 위해서는 우리가 당면한 몇 가지 과제를 해결해야 한다.

먼저 우리 의료보건 시스템, 기술과 서비스의 수준을 주재국 보건 당국, 병원과 의료인들에게 홍보해야 한다. 아랍에미리트 의료 시장에 본격 진출한 지가 5년밖에 되지 않기 때문에 아직도 상당수 아랍에미리트 의료관계자들은 우리 의료 수준에 대해 잘 모르고 있다. 아랍에미리트는 미국, 영국, 오스트리아, 독일 등 서방국 의료기관들이 이미 선점한 상황이라 우리 의료에 대해 알릴 수 있는 홍보책이 더 필요하다. 홍보회를 할 경우 사전에 충분한 준비를 하고, 아랍에미리트 측과 공동으로 주최하면서 무료 진료회 등을 병행하면 더 좋은 효과를 볼 수 있다.

다음으로는 우리 의료진의 면허 문제다. 아부다비보건청에 따르면 우리나라는 'tier2'로 분류되어 있다. 'tier1' 국가는 영어 사용 의료 선진국으로 미국, 영국 등 7개국으로 되어 있고, 예전에 'tier1'에 속해 있던 프랑스와 독일도 2014년 개정 시 'tier2'로 하향 재분류되었다.

향후 의사자격요건Professional Qualification Requirements, PQR 개정 시 선두 그룹이라 할 수 있는 'tier1'으로 상향 조정을 위해 노력해야 한다. 현재로서는 주재국 면허시험에 대한 정보를 정확히 그리고 최대한 많이 파악하는 것이 중요하다. 주재국 보건당국과 접촉하여, 지속적으로 한국 의료에 대한 정보를 제공하여 한국 의료를 알리는 것이 우선이다.

그뿐 아니라 진출하려는 우리 의료진에 대해서는 사전에 의료차트 작성이라든지 환자와의 커뮤니케이션 기술[144] 등 직무영어 교육

---

144 한국에서는 통상 의사가 환자에게 5분 이내의 시간을 할애하나, 아랍에미리트에서는 의료법 규정상 초진환자의 경우 30분간 질환에 대해 설명해야 하기 때문에 환자와의 소통 능력과 기술도 매우 중요하다. 아랍에미리트에 진출한 우리 의료진이 토로하는 애로사항의 하나가 환자 한 명에게 배정된 긴 진료 시간과 장시간의 설명이라고 한다.

이 필요하다. 현지의 병원 문화에 대해 사전에 어느 정도 파악하고 있는 것은 당연히 중요하다. 아랍에미리트 진출을 희망하는 의료진 개개인에게 의료면허 시험에 대한 정보 제공이 필요하므로, 보건산업진흥원 홈페이지에 아랍에미리트 면허 시험 관련 정보를 게시하면 도움이 될 수 있다.

의료 협력을 통한 사업 창출의 기회는 이외에도 많다. 일례로 아랍에미리트가 우리 의료 시스템을 도입하도록 지원할 수도 있다. 최근 아랍에미리트는 환자 의료 기록을 관리할 병원 정보 시스템을 구축하고 있고, 우리의 건강보험 시스템에 대한 관심이 높아지고 있는 상황이라 가능성 있는 이야기다. 그러려면 먼저 아랍에미리트 측이 우리 시스템을 도입하게 만드는 노력이 필요한데, 아랍에미리트는 서구 국가 시스템을 선별적으로 도입한 경험이 있다. 따라서 우리 시스템의 우수성만 갖고 아랍에미리트 정부를 설득하기는 어렵다. 아랍에미리트에서 사용 중인 데이터베이스 체계, 우리 시스템과의 호환성 문제, 아랍에미리트 의료 시장의 성격 등을 파악한 후, 우리가 구체적인 제안을 하는 것이 바람직하다.

마지막으로 의약품의 면허 획득에 계속 관심을 가져야 한다. 우리 정부와 공관이 노력하고 있으나 아랍에미리트 보건예방부의 반응은 미온적이다. 선진국 의약품회사들이 이미 아랍에미리트 시장에 진출하고 있어 딱히 우리 의약품에 매력을 느끼지 않는 점도 있다. 이런 이유들 때문에 의약품 진출이 쉽지 않은 실정이지만 노력을 기울이면 달라질 수 있다.

아랍에미리트 보건부 관계자들을 지속적으로 한국에 초청해 우리 제약회사의 실사를 함으로써 우수성을 인지시키고, 인허가와 관련한 논의를 병행하는 것이 효율적이다. 아랍에미리트 정부는 의약품 시장을 확대하고 가격을 인하하는 정책을 추진하고 있기 때문에, 품질이 좋고 적절한 가격의 우리 의약품은 충분히 경쟁력이 있다.

국민 간 유대의 핵심,
문화 협력

계층, 인종, 민족의 구분 없이 세계인이 하나로 통합되는 세상이다. 서로가 지닌 개성을 인정하고 수용함으로써 다양성이 만나고 뒤섞이고, 균형을 이루며 화합하는 분위기는 이미 존재한다. 그런 상황에서 문화 협력은 서로 다른 체제와 문화를 가진 국가들이 서로를 이해하고 존중하는 데 좋은 수단이다. 경쟁에서 오는 적대적 감정을 완화시켜주고 서로 친근함을 느낌으로써 양국 관계를 지속 발전시키는 데 필수적이다.

그런데 일반적으로 문화 교류는 물이 흐르듯 문화 수준이 높은 곳에서 낮은 곳으로 이루어진다. 우리가 1960~1970년대 서구 문화의 세례를 받은 것이 그 예다. 아랍에미리트의 경우 1975년에 우리 건설회사가 진출한 이후, 2010년 원전을 수주하는 등 우리의 경제적 진출은 활발하였으나, 양국 간의 문화 교류는 미약한 편이었다. 다행히 2010년도 이후 한국을 기술 선진국으로 인식하는 아랍에미리트 국민들이 많아져, 문화 교류를 추진할 수 있는 분위기가 조성되었다.

중동의 한류, 그 현장을 살펴보다

중동지역은 고유의 전통문화가 있으나, 국민들은 다양한 외국 문화에 관심이 많다. 세계에서 가장 폐쇄적인 중동이지만 K-POP을 필두로 한류 열풍이 일어나고 있다. 이들은 서구 문화에도 관심이 있으나, 최근에는 자국의 전통문화와 정서적으로 유사하며, 전통과 현대적 요소가 잘 조화되어 있는 한국의 드라마나 K-POP을 포함한 한류, 나아가 한국문화에 큰 관심을 보이고 있다. 문화 협력과 문화 교류는 그 자체로만 끝나는 것이 아니라 전체적인 영역에 영향을 미치기에 더 중요하다. 정치경제 분야의 긴밀한 관계가 문화 협력 강화에 도움을 주는 한편, 문화 교류가 주는 친밀감, 유대감, 상호이해가 양국의 정치 경제 협력을 더욱 긴밀하게 하는 시너지 효과가 만들어지기 때문이다.

한류는 1990년대 태동한 후 분야가 다양해지면서, 여러 지역으로 전파되었다. 1990년대 후반에 드라마를 중심으로 동아시아 지역에 퍼졌으며, 2005~2010년 사이에는 아이돌 스타를 앞세워 아시아 전역으로 확산됐다. 2010년부터 한류가 유럽과 미주대륙으로 퍼지고 있는데, 해외 한류 동호회는 2013년 987개, 900만 회원에서 2014년에는 1,248개, 2,100만 회원으로 그 규모로 커졌다.[145]

이러한 한류 열기는 우리나라에 대한 좋은 이미지를 만들어 국가 브랜드를 높이고 있고, 경제적 파급효과도 창출한다. 최근 한류의 범위도 드라마, K-POP뿐 아니라, 한글 배우기, 한식, 패션, K-BEAUTY 등 우리 문화와 생활 전반으로 확대되고 있다.

아랍에미리트의 한류 어디까지 와 있나

아랍에미리트는 지리적 거리나 문화·사회적 차이로 한류가 진입하기에는 장벽이 있다. 그래서 대학의 한류 동아리 마니아층을 중심으로 한류가 퍼져나갔다. 최근 두 나라의 경제 및 문화 교류가 급격히 늘어나면서 일반 국민들도 관심을 갖기 시작했다. 특히 문화 교

---

145 문화체육관광부 보도자료, 2015. 12. 18.

류는 상호 교류여야 시너지가 커진다. 필자가 근무한 아랍에미리트 대사관이 행사를 개최할 경우 기획 단계부터 주재국 인사와 기관을 가능한 많이 참여시킨다. 준비 과정에 참여를 하게 되면 그만큼 관심도가 커질 뿐 아니라, 프로그램에 주재국 문화행사를 포함시켜 현지인의 호응도가 높아지는 효과가 있다.

아랍에미리트에서 개최되는 문화행사는 공관이 주최하는 행사와 민간이 주최하고 공관이 지원하는 행사 이렇게 두 종류로 나뉜다. 공관 주최 행사는 한국에서 공연팀을 초청하여 행하는 공연이 주가 되고, 한국문화원에서 소규모 문화행사를 병행한다.

아랍에미리트의 경우에는 아랍에미리트 국립대학교, 자이드 대학교, 칼리파 대학교 등 전국의 대학 한류 동아리 학생들을 중심으로 한류가 퍼져나가고 있다. 이들은 졸업 후에도 한국 문화행사에 관객이나 도우미로 자발적으로 참여하는 열성을 보여준다.

한류 팬들은 K-POP, 한국 드라마에 심취하여 한글을 배우고, 한국 음식을 좋아하며, 휴가철에는 한국을 방문하면서 한국 문화를 즐긴다. 이런 흐름이 보다 다양한 분야, 보다 다양한 계층으로 확산될 수 있다면 한류의 영향력이 커지면서 양국의 우호적 관계도 더 강화될 수 있다.

2016년 3월, 아랍에미리트 아부다비에 한국문화원이 설립되었다. 기존 문화원과는 달리 버추얼센터와 미디어도서관 등으로 구성된 IT 문화관이 있고, 한복과 한식 등을 전시하는 국가브랜드 전시관, 우리 우수 문화상품과 융복합 콘텐츠를 전시하는 문화상품관으로 구성되어 있다. 전통문화와 현대문화를 최첨단 IT 기술을 통해 보여주는 새로운 형식의 문화원이다.

2013년 6월에 부임한 후 필자는 아랍에미리트 국민들이 우리 문화를 즐길 수 있도록 몇 가지 전략을 세웠다. 먼저 우리 국경일 행사, 한글날 등 우리의 문화활동이 집중된 10월을 'Korea Festival'의 달로 정하고 우리 문화를 매년 집중적으로 소개했다. 두 번째로 한국 문화행사를 개최할 때 우리 문화뿐 아니라 주재국 문화도 함께 소개하여 일방이 아닌 쌍방 문화 교류를 추진하면서 아랍에미리트 문화부, 문화 단체의 협조를 받아 진행했다. 세 번째로는 K-POP, 드라마, 한글, 한식뿐 아니라, 한국미술, 최근 큰 관심을 모으고 있는 K-패션, 미용, 화장품, 농산물 등의 분야도 소개하여 한국의 문화와 생활 전반을 보여주려는 노력도 아끼지 않았다.

예전에는 한국 문화행사가 간헐적으로 진행돼 큰 효과를 보지 못한 점이 있었다. 하지만 2013년부터 매년 10월마다 '코리아 페스티벌 Korea Festival'이란 이름으로 행사를 개최되다 보니, 한국 문화를 집중적으로 소개하는 데 큰 도움이 되었다. 첫해인 2013년 10월에는 가야금 및 비보이 공연, 넌버벌 퍼포먼스 '비밥' 공연, 한국영화 상영, 한국-아랍에미리트 청소년 대화, 한식 쿠킹 클래스 등 다양한 행사를 진행했다.

2014년에는 10월 한 달간 〈점프〉공연, '드로잉 쇼', 영화 상영, 한국어 말하기 대회, 한국-아랍에미리트 친선 태권도 대회, 한국음식 시연·시식회, 한국 농산물 전시회, 한국 병원 설명회 등 10여 개 행사를 개최하는 등 다양한 시도를 했다. 개최 첫해에 반응이 좋았던 부분은 더 살리고 미진했던 부분을 보완해 더 큰 호응을 얻을 수 있었다.

2015년에도 〈난타〉 공연, 퓨전국악 〈고래야〉 공연, 한국영화 상영회, 김치명인 초청행사 등 다양한 프로그램을 선보였다. 매년 약 5~6,000명의 아랍에미리트 국민과 외국인, 우리 교민들이 참가해 우리 문화를 즐기고 있다. 2013년부터 매년 개최되고 있는 코리아 페스티벌은 이제 한국 문화를 즐길 수 있는 대표적인 행사로 자리매김했고, 많은 아랍에미리트 한류 팬들이 고대하는 행사가 되었다.

문화서비스 수출 확대

우리나라는 1960년대부터 정부 주도의 경제 개발을 시작했고, 수출을 통해 성장했다. 그러나 산업의 구조는 환경에 맞추어 변해야 한다. 대개는 국가가 발전하여 개도국에서 중진국, 중진국에서 선진국으로 나아가는 과정에서 산업 구조는 변화하게 마련이다. 선진국으로 갈수록 서비스산업의 비중이 늘어나는데, 미국이 좋은 예다.

미국은 막대한 무역 적자를 기록하고 있지만, 다행히 이를 만회해주는 부분이 있다. 2011~15년간 전체 수출의 30퍼센트를 차지하고 있는 서비스 교역이 흑자를 내면서 무역 적자 감소를 덜어주는 상황이다. 2015년 우리나라의 대 미국 경상수지 흑자는 389억 달러이지만, 서비스 수지는 143억 달러 적자를 기록하고 있어 실제로는 246억 달러가 적자다. 미국의 우리나라에 대한 서비스 수지 흑자는

2014년의 110억 달러에서 2015년에는 143억 달러로 계속 확대되고 있는 추세다.

2016년도 우리나라의 수출액은 4,955억 달러로 전년도에 비해 5.9퍼센트가 감소했다. 세계의 교역 규모가 점점 줄어들고 있고, 세계 경기가 침체되면서, 미국을 비롯하여 자국의 일자리를 보호한다는 명분으로 각국의 보호주의가 고개를 들고 있기 때문이다. 게다가 우리의 주력 산업인 조선, 자동차, 철강, 건설의 경쟁력이 약화되면서 수출 증대는 만만치 않을 것으로 예상된다.

이 문제를 근원적으로 해결하기 위해서는 경제 체질을 바꾸어야 한다는 목소리가 높다. 그래야 수출을 늘일 수가 있다는 주장은 일리가 있다. 기존의 제조업은 IT와 융합하여 품질을 개선하여 수출을 늘이는 한편 서비스산업의 수출이 시급하다. 주요 서비스산업 특히 콘텐츠, 교육, 관광, 금융, 소프트웨어, 의료, 유통 분야의 수출을 확대해야 한다.

우리의 서비스 수출 경쟁력은 상품 수출 경쟁력에 비해 크게 떨어진다. 우리나라 서비스 수출이 총수출에서 차지하는 비중은 2008년 금융위기 이전의 연평균 16퍼센트에서 금융위기 이후 14퍼센트로 떨어졌다. OECD 국가 중 12위다. 주요 분야의 서비스산업 수출이 본격화되어야 우리나라가 국민소득 4만~5만 달러 달성이 가능하다고 본다.

그러나 낙담할 필요는 없다. 최근 세계 서비스 수출 시장 규모가 큰 업종에서 우리나라의 서비스 수출 증가율이 높게 나타났고 있기 때문이다. 특히 개인, 문화, 오락 분야의 세계 수출 증가율은 1퍼센트 수준인데 비해 우리나라의 수출 증가율은 35퍼센트로 높은 편이다. 한류 관련 콘텐츠의 수출이 확대되고 있어, 문화 협력을 통한 콘텐츠 수출의 전망도 밝다. 이처럼 활로가 보일 때가, 현실에 안주하지 않고 지속적이고 창의적인 노력이 필요한 시기다.

지금까지 우리는 문화와 경제는 별개이며 다른 분야라는 생각을 갖고 있었지만, 사실은 그렇지 않다. 문화는 최상위 경제활동이자 최고의 부가가치를 가진 분야다. 흥행에 성공한 할리우드 영화 한 편의 수익이 자동차 수만 대를 판매한 수익보다 많은 세상이 아닌가. 우리는 문화를 통해 고부가가치 수익을 만들어본 경험이 거의 없기 때문에 그 잠재력과 엄청난 가치를 체감하지 못하고 있을 뿐이다. 이처럼 미래 비즈니스에서 절대적 파워를 지닐 수 있는 문화 산업을 주도하려면, 세계인들이 공감하는 콘텐츠와 형식을 만들어야 한다. K-POP, 드라마, K-BEAUTY 등 몇몇 분야는 세계인이 주목하고 있다. 이런 분야를 포함해 다양한 분야로 한류를 확산시켜, 한류 열풍을 지속시키면서 이를 활용한 서비스 수출을 늘이는 전략이 필요하다.

아랍에미리트와의 문화 협력은 분야별로 활발히 진행되고 있다. 아부다비방송국Abu Dhabi TV이나 두바이의 중동방송Middle Broadcasting Company, MBC에서는 우리 드라마를 매주 몇 편씩 방송하고 있으며 시청률도 높다. 한국을 소개하는 특집 프로그램도 자주 방송된다. 취재를 위해 언론에서 한국을 방문하고 있으며 대사관에서도 적극 지원해주고 있다.

특허 협력을 위한 조언

한국과 아랍에미리트는 WIPO 본부가 있는 제네바와 아부다비에서 여러 차례 고위급 회담을 열어 특허 분야의 협력, 특히 우리 특허청이 아랍에미리트의 특허를 대행하는 문제를 협의했다. 2012년 7월부터 양국은 특허 심사 처리 건수, 처리 비용, 파견 심사관의 보수 및 한국에서의 심사 방안 등 구체적인 내용을 협의하여, 2014년 4월에 '아랍에미리트 특허심사관 파견에 대한 계약'을 체결했다.

계약에 따라, 우리 특허 심사관 5명을 아랍에미리트 경제부에 파견하여 연 400여 건의 특허 심사를 대행해주며, 우리 특허청도 추가로 매년 1,000여 건의 아랍에미리트 특허를 심사하고 있다. 건당 특허 대행수수료는 1,300달러로 연간 220만 달러의 외화를 벌어들인다. 또한 우리 기업이 아랍에미리트 특허 신청을 할 때도 도움이 된다.

한편 특허청 설립 계획을 갖고 있는 아랍에미리트를 위해 우리가 설립 청사진을 제공하는 등 자문을 하는데, 특허청 설립에 필요한 특허정보시스템을 만드는 계약을 2016년에 체결했다. 특허서비스 수출을 통해 아랍에미리트 지적재산권 제도 전반에 대해 기여하고 있다. 향후 아랍에미리트 특허 심사관 육성, 특허정보 시스템 설치 및 운영, 유지, 관리 등을 지속적으로 자문해줄 수 있는 계기를 만들었다. 우리 공공 분야의 고부가가치 서비스 수출 및 우리 인력의 해외 진출이 이루어진 첫 번째 케이스다. 이를 계기 삼아 다른 공공 분야도 해외에 충분히 진출할 수 있다.

이러한 고부가가치 서비스와 시스템의 수출이 비단 아랍에미리트뿐만 아니라 다른 개도국에도 이루어져야 한다. 아랍에미리트에서의 성공 사례를 기반으로 다른 나라에 진출하게 되면 금상첨화다.

몇몇 아랍에미리트 대학에서는 한국어 과목이 개설되었고, 수강 과목 수와 배우는 학생 수도 급증하고 있다. 아랍에미리트에서 제일 큰 아랍에미리트 국립대학을 포함하여, 칼리파 대학, 자이드 대학 등 7~8개 대학에서 수백 명의 학생이 한국어를 배우고 있다. 아부다비에 있는 한국문화원에서도 100명 이상의 아랍에미리트 학생이 한국어를 배우고 있으며, 한국어능력시험TOPIK 응시자 수도 증가 추세다.

중동은
일자리 창출의 보고

모든 나라가 일자리 창출에 사활을 걸고 있다. 세계화가 진전되면서 무한 경쟁
이 치열해지고, 더불어 경기 침체로 일자리는 늘지 않고 있다. 설상가상으로 늘
어난 수명, 경제 위기, 사무 자동화, 인공지능(Artificial Intelligence, AI), 제4차
산업혁명(4th Industrial Revolution)의 바람이 몰아치며 일자리에 대한 위기감은
더 커지는 상황이다. 미국 트럼프 대통령이 당선된 것도 미국 백인 중산층과 백
인 노동자들의 일자리 상실에 대한 분노 때문이라고 한다.

현재 대한민국은 경제가 성숙 단계에 접어듦에 따라 잠재 성장률
이 대폭 낮아지고, 성장률은 지속적으로 낮아지면서 고용률은 저하
되고 실업률은 높아지고 있다. 2016년에는 최초로 2퍼센트 대 성장
을 기록했다. 특히 다른 나라와 마찬가지로 청년실업의 해소가 발등
의 불이다. 그럼에도 국내에서 일자리를 창출해 모든 구직자에게 제
공하기란 쉽지 않으며, 이 한계를 극복할 대안은 절실하다.

그렇다면 그 해법을 미국, 영국 등 선진국의 선례에서 찾을 수 있
지 않을까? 그들은 해외 진출을 통해 취업 기회를 확대했다. 1970년

대에 우리 건설 인력이 중동에 진출했고, 우리 상품의 수출을 위해 종합상사 직원들이 해외에 주재하면서 영업활동을 전개했다. 이는 해외지사에 근무하는 형태인데, 이런 식의 해외 진출은 한정된 인원에게만 해당되는 한계가 있다.

이 한계를 극복하기 위해 찾을 수 있는 대안이 다국적기업이나, 외국 기업, 대학교 등 교육기관, 외국 정부, 연구소 등에 취업하는 것이다. 1960~70년대 초에 광부, 간호사의 해외 진출이 있었다. 이러한 진출은 단기간 한정된 직종에 진출한 것이었으나, 이제는 우리 국민 소득이 그 당시보다 100배나 늘어났기 때문에 이에 걸맞은 해외 진출이 진행돼야 한다.

우리 인력은 어떻게 중동에 진출했는가

1970년대 중동건설 붐이 일며 우리 인력이 해외로 진출했으나, 1990년 중동 건설 붐이 끝남과 동시에 한국해외개발공사가 폐지되는 등 해외 취업 지원 업무가 중단되었다. 그러다가 해외 취업 업무가 다시 시작된 것은 1997년 말 IMF 사태를 맞아서다. 위기 상황을 맞아 청년 실업난을 완화하기 위한 단기 실업 대책의 하나로 해외 취업이 추진되었던 것이다.

사실 내부적으로 일자리를 창출할 가능성이 적은 상황에서 해외로 눈을 돌리는 건 너무도 당연한 수순이다. 하지만 이것이 늘 성공적이기만 한 건 아니다. 2008년에 '글로벌 리더 10만 양성 계획'을 수립하여, 각 부처가 각기 해외 취업, 인턴, 봉사 등을 통해 해외 진출을 추진했으나, 저임금 등 질 낮은 일자리와 사후 관리가 미흡하여 한계가 노출되는 문제가 있었다.

우리나라는 지금까지 상품 수출에 수반되는 인력이 주로 진출해 왔다. 이제는 인력 진출이 다각도로 이루어질 수 있는 전략과 방법을 모색해야 할 때다. 우리의 자본을 해외에 투자하고, 우리 고부가가치 서비스를 해외에 수출하면서 우리 인력이 동반 진출하는 때가 온 것이다. 자본과 서비스의 해외 진출에 따른 전문인력이 해외에 진출한다면 신규 일자리 창출은 물론 국민소득 4~5만 달러 시대를 여는 것도 가능해진다.

이러한 전문인력의 해외 진출은 국내에서의 격심한 취업 경쟁을 완화하고, 외화 가득률을 높여 지속적인 일자리를 창출하는 동력이라고 생각한다. K-POP 등 한류 열풍 등으로 우리나라의 이미지가 좋아지고 있고, 우리 기업의 해외 진출이 늘어나면서 우리 청년들의 해외 진출에 유리한 여건이 마련되고 있다. 그러니 이 기회를 흘려버릴 이유가 없는 것이다.

인력 진출을 위한 추진 전략

정부는 더 많은 청년에게 더 나은 해외 일자리를 제공하고 청년의 도전적인 해외 진출을 지원하기 위해 산발적으로 추진되던 해외 진출 프로그램을 통합한 K-MOVE를 추진해왔다. K-MOVE 사업을 4개 분야로 나누어 해외 취업은 고용부, 인턴은 교육부, 해외 봉사는 외교부, 해외 창업은 미래부와 중기청이 공동으로 추진 중이다.

사업의 기본 방향은 일자리 확대의 관점에서 K-MOVE 사업 목표를 정하고, 역할을 명확히 하면서 사업 간 연계를 강화하는 것이다. 그래서 취업을 연수취업과 알선취업으로 구분한다. 연수취업자에게는 국가별, 직종별 맞춤형 전략을 통한 고급, 전문직종으로 다양화하여 성과가 높은 장기 훈련 위주로 재편하고, 해외 취업을 알선할 경우 취업 희망자가 스스로 준비할 수 있도록 정보 제공을 강화하는 방향으로 추진하고 있다.

요즘처럼 청년 실업이 극심한 상황에서 이런 정부사업은 가뭄에 단비와도 같다. 공급 과다인 곳에서 아등바등하거나 우물 안 개구리처럼 움츠릴 것이 아니라, 수요가 있는 곳으로 진출해야 한다. 그러기 위해서는 정부 차원의 정책 지원은 필수이기 때문이다.

선진국과 개도국 모두가 우리 인력의 진출 대상 지역이지만, 진출하기 쉬운 건 역시 개도국이다. 동남아, 중동, 그리고 중남미의 주요 국들이 그 대상이 될 수 있다. 문제는 개도국의 임금 수준이 우리가 희망하는 수준보다 낮기 때문에 우리는 전문인력이 진출해야 적정한 수준의 소득을 올릴 수가 있다. 이런 점에서 우리 인력이 해외에 진출하기 위해서는 준비가 필요하다.

해외 알선취업의 경우, 우선 해외 취업 희망자가 월드잡플러스 www.worldjob.or.kr 회원으로 가입하고, 이력서 등을 작성해 구직자로 등록한다. 아울러 해외 구인 업체가 구인 조건을 등록하게 되면 월드잡플러스를 운영하는 산업인력공단이 구인 조건에 맞는 구직자를 선발하여 서류를 구인 기업에 보낸다. 해외 구인 업체에서는 서류전

중동 경제 3.0

형, 면접 등을 통해 인력을 선발하여 공단에 통보하고, 공단은 합격한 구직자에게 계약 체결 관련 지원, 비자 정보 등을 제공한다.

우리 인력이 해외에 진출하기 위해서는 무엇보다도 해외에 어떤 일자리가 있는지 정보가 있어야 한다. 해외 일자리 정보는 외교부 공관, 코트라, 현지 한인회, 동포 상공회의소, 해외에 진출한 한국인 네트워크 등이 수집한다. 무엇보다 수집된 정보를 취업 희망자에게 제공하는 통합정보망이 중요하다. 월드잡플러스가 해외 취업 정보를 종합적으로 제공하며[146] 해외 취업을 비롯해 취업을 위한 해외 연수, 해외 봉사, 해외 인턴, 해외 창업, K-MOVE 멘토링 등의 정보도 제공한다.

여기서 중요한 것은 해외의 많은 외국 업체들이 산업인력공단의 월드잡플러스 사이트를 인지하고 있어야 구인 요청을 해올 수 있다는 점이다. 인력을 수용할 해외 기업들이 이 사이트를 모를 경우 성과를 내지 못한 채 유명무실할 수도 있다. 해외의 많은 기업이 구인 요청을 해올 수 있도록 공단뿐 아니라 공관, 코트라, 한인회 등이 적극적으로 알리는 노력을 해야 한다. 아울러 우리 구직 희망자 풀 pool에 유능한 인력이 많을수록 성과도 커질 것이다.

해외 수요가 있다 해도 원하는 능력을 갖춘 인재가 없다면 무용지물이다. 그러므로 맞춤형 인재 교육이 필요하다. 아랍에미리트를 포함한 중동에 취업하기 위해서는 아랍 문화를 이해하는 것이 기본

---

146 2015년 해외 취업 통합지원창구로 출범한 K-MOVE 센터가 운용하고 있다.

이다. 물론 국민들이 영어를 잘하며 인구의 90퍼센트가 외국인으로 구성되어 있는 아랍에미리트는 아랍어 외에 영어가 사실상 공용어로 되어 있기 때문에 영어만 잘해도 취업하는 데는 문제가 없다. 그러나 아랍어를 구사하면 취업이 훨씬 수월한 것 또한 사실이다. 일부 우리 인력들은 전문지식을 갖고 있음에도 영어 수준이 낮아 채용되지 못한 경우가 있었다. 취업을 희망하는 인력이 직무영어를 숙련되게 사용할 수 있도록 산업인력공단이나 각 부처의 인력교육기관이 실질적인 도움을 줘야 한다.

해외 진출을 위해 분야별로 조금씩 움직임을 보이고 있다. 해외 진출이 유망한 업종들 즉 항공, 원전, IT, 보건의료, 교육 분야의 인력 양성을 위해 수요 위주로 국가직무능력표준NCS이 개편되었다. 또 해외 취업을 위한 특화 교육을 신설하거나,[147] 기존 교육 프로그램에 대한 지원을 확대하여[148] 해외 취업을 위한 기초 역량을 높이기 위한 노력이 이루어지고 있다.

언어 외에도 지역적 특성이나 문화를 익히는 것이 중요하다. 취업을 원하는 국가에 대해 기본적인 상식을 갖추고, 문화적 특성을 이해하는 것은 너무 당연한 일이다. K-MOVE 센터를 비롯한 여러 곳에서 인턴 프로그램을 통해 중동 국가의 생활상이나 근무 환경을

---

147 외국어, 현지 문화, 직무역량 등의 기초 역량을 종합적으로 교육할 수 있는 해외 취업 특화 교육을 마련하여 특성화고 및 거점대학에 도입했다.

148 K-MOVE 스쿨(해외 진출을 위한 연수 전문기관으로 연수 비용의 80퍼센트를 정부가 지원함)을 활성화하여, 산업인력공단이 지정하는 대상을 2014년도의 2,200명에서 2015년에는 3,000명 선으로 늘렸다.

중동 경제 3.0

체험할 수 있다. 청년 취업을 위해 K-MOVE 센터가 국내 대학과 함께 중동 전문인력을 육성하는 프로그램을 공동으로 개발했는데, 이를 이용하는 것도 좋은 방법이다.

우리 국민의 아랍에미리트 취업 현황과 사례

우리가 아랍에미리트에 진출할 수 있는 분야는 많다. 아랍에미리트는 모든 산업에서 주요 업무 담당자를 자국민으로 대체한다는 '에미라티제이션(자국민화 정책)'[149]을 적극 추진하고 있으나, 인구가 100만 밖에 되지 않아 모든 분야에서 자국민화를 추진하는 것은 불가능하다. 그래서 우리 국민이 진출할 여지가 많으며, 업무에 필요한 직무영어를 구사할 수 있다면 취업의 기회는 상당히 열려 있다.

아랍에미리트는 국민의 수가 많지 않아, 외국인 노동력에 크게 의존하는 실정이다. 전체 인구 840만 명 중 87퍼센트인 730만 명이 외국인이다. 인도인(400만 명), 필리핀, 파키스탄, 미국, 영국, 프랑스인들이 주로 활동하고 있다.

아랍에미리트를 포함한 GCC 국가들이 석유 의존형 경제 구조에서 벗어나기 위해 산업 다각화를 하고 있다는 점도 우리에게는 기회다. 최근 저유가 추세가 지속되어 국가가 긴축재정을 운영하여, 산업 다각화에 대한 투자가 예전보다 줄어들었지만 필수 분야에 대한 투

---

149 Emiratization 정책. 2014년에 자국민 채용 확대를 위해 도입한 프로그램이다. 총 50인 이상의 사업장의 경우, 자국민 고용 비율이 일반회사는 2퍼센트, 은행 4퍼센트, 보험사 5퍼센트다. 아랍에미리트 국민을 Emirati라 부른다.

자는 여전히 진행되고 있어 산업 다각화 정책에는 변화가 없다. 이런 추세를 활용해 우리 전문인력과 청년들이 진출할 기회를 모색할 수 있다. 아랍에미리트의 경우 '아부다비 2030' 발전 계획에 따라 집중 투자하는 석유화학, 의료, 관광, 금융, 정보통신 분야에 우리 인력이 진출할 여지가 많다.

한편, 아랍에미리트에 취업한 외국인을 보면, 보수가 높은 정부나 공공기관 일자리는 대부분 자국민이 차지하고 있고, 보수가 적고 근무 환경이 열악한 민간 분야에서 외국인이 많이 일하고 있다. 그러나 공공 분야라 해도 자국민 인력이 부족한 곳에서는 외국인의 비중도 높아지는 추세다.

외국인 취업 시장은 대체적으로 세 개 분야로 나뉘어 있다. 금융, 물류, 법률, 의료 등 분야는 비교적 고임금 전문직종으로 주로 미국, 영국, 캐나다, 호주 등 영미권과 유럽 출신들이 많다. 우리 전문인력 중 원자력 분야, 의료 분야 인력들은 여기에 속한다고 볼 수 있다. 앞으로 우리가 더 진출할 분야가 이러한 고급 서비스 분야다. 이미 진출하여 기반을 잡은 원전과 의료 분야에 우리 인력의 진출을 가속화하고, 이를 기반으로 다른 분야 즉 문화, 교육, 방산, 법률, 금융 등 고부가가치 분야로 확대하는 것이 과제다.

다음으로 중간 관리 직종인데, 여기에는 이집트, 요르단, 팔레스타인 등 인근 아랍 국가 출신이 많다. 마지막으로 건설현장이나 판매직 등 단순 노무직에 인도, 파키스탄, 방글라데시, 필리핀 등 서남아, 동남아 개도국 출신이 노동 시장의 대부분을 점하고 있다. 구성

비로 볼 때 고임금 직종의 서구 국가 인력이 가족까지 포함해 50만 정도 되고, 단순 노무직에 종사하는 서남아, 동남아 국가 출신의 인력 수가 700만 정도로 추산된다.

우리나라 인력은 2016월 4월 현재 약 1,300명이 아랍에미리트에 취업했다. 이 수치는 아랍에미리트 정부, 공공기관, 민간기업, 다국적기업에 근무하는 우리 국민의 숫자로, 우리 기업의 아랍에미리트 지사 등에 근무하는 우리 국민은 포함되지 않은 수치다. 그들까지 포함할 경우 4,000명이 넘는다. 건설, 플랜트 분야에 18명, 보건 의료 분야에 288명, 항공 분야(기장, 승무원) 706명, 호텔, 관광 분야 110명, 에미리트 원자력공사에 111명, 정부기관에 15명, 교수 등 49명으로 총 1,297명이 취업해 있다.

진출 형태별 유형을 보면 30대 이하 청년 인력의 취업이 60퍼센트를 차지한다. 이들은 700명 정도로 항공 분야 승무원과 호텔, 관광 분야에 종사한다. 아랍에미리트 정부나 병원이 비용을 부담하는 조건으로 근무 중인 의료, 보건 분야 인력이 약 240명으로 전체의 20퍼센트에 해당한다. 그리고 경력직 전문가는 250명으로 21퍼센트를 차지하고 있다. 주로 대학 교수, 원전 건설 및 운영에 참여하는 인력들이다.

우리 인력이 많이 진출한 대표적인 분야를 살펴보면, 먼저 원자력 분야를 들 수 있다. 수도인 아부다비에서 세 시간 떨어진 바라카에서 한국전력이 우리의 건설 업체와 함께 원전 4기를 건설 중이다. 바라카 원전 건설에 참여하는 우리 인력은 한전, 한수원, 그리고 우리 건설회사 소속이다. 앞서도 언급했지만 이들이 아랍에미리트에서 일함으로써 이들의 수만큼 한국에서는 일자리가 남고 신규 채용이 가능해지기 때문에 국내 일자리 창출에도 기여하는 셈이다.

바라카 원전은 주계약자인 한전이 시공사인 현대건설, 삼성물산과 함께 건설하고 있다. 현재는 약 2만 명 이상의 방글라데시, 인도, 파키스탄, 베트남, 필리핀 등 제3국 인력을 관리한다. 한전, 한수원과 시공사인 삼성, 현대, 30여 우리 협력업체, 한국핵연료, 한국원자력기술 등 3,000명이 넘는 우리나라 인력이 근무하고 있다. 원전 운영 계약은 이미 체결된 상태지만, 앞으로 유지보수 계약이 이루어지면, 추가로 수백 명의 인력이 들어온다. 바라카 원전은 2020년에 완공되더라도 수백 명의 우리 인력이 운영, 유지, 보수를 담당할 것이다.

둘째, 항공 분야다. 아랍에미리트의 에미레이츠 항공(두바이), 에티하드 항공(아부다비)은 근무 조건이 좋고 한국 인력에 대한 선호도가 있어, 우리 인력이 일찍이 진출해 있다. 아랍에미리트 항공사는 성장률이 높아 우리 인력이 진출할 여지가 많다. 주로 조종사와 승무원으로 많이 취업해 있으나, 정비 직종, 지상 근무, 엔지니어링 부서에도 취업 인력이 늘어나고 있다.

셋째, 또 하나의 좋은 사례는 의료 분야다. 종합병원 급으로 아랍에미리트에 진출한 것이 관동가톨릭국제성모병원과 서울대학병원이다. 서울대학병원의 경우, 의사, 간호사, 행정직 등 200여 명을 칼리파전문병원에 파견했는데, 이는 병원 전체 인력 800명의 약 30퍼센트를 차지하는 수치다. 서울대학병원의 진출로 우리의 주요 병원들이 아랍에미리트 진출에 관심을 가졌고, 그 결과 관동가톨릭국제성 모병원도 진출하게 되었다. 관동가톨릭국제성모병원은 2016년 3월에 계약을 체결하여 현재 샤르자 로얄병원에서 개원을 준비 중이다.

이외에도 물리치료를 전문으로 하는 보봐스병원, 척추치료 전문 인 우리들병원이 진출함으로써 우리 의료진도 20여 명이 파견되었 다. 또한 개별적으로 진출하여 아랍에미리트 병원에 취직한 의료진 수도 늘어나고 있다. 이러한 진출이 기반이 되어 앞으로 대형병원뿐 아니라, 작은 규모의 병원, 의사들도 개별 진출할 수 있는 좋은 시장 이 형성된 것이다.

넷째, 에너지 분야에도 우리 인력의 진출이 진행 중이다. 석유 분 야의 경우 아랍에미리트 주요 광구에 3퍼센트 지분 참여, Area1 지 역의 석유 공동생산 등의 협력을 기반으로 양국 정부는 우리의 석 유 전문인력을 양성하는 사업을 하고 있다. 이 사업으로 국내 석 유 관련 학과 졸업생 여덟 명이 아랍에미리트 석유대학원Petroleum Institute에서 2년 동안 수학한 후 아부다비석유공사ADNOC에서 경험 을 쌓게 된다. ADNOC은 아랍에미리트에서 제일 좋은 직장인 만큼 이들의 장래도 밝다.

에미리트원자력공사ENEC는 2015년부터 매년 우리나라 원자력 관 련 학과 졸업생을 10여 명씩 채용하고 있으며, 양국 대학생 인턴의 상호 방문을 통해 원자력산업에 대한 이해를 높이고 있다. 2014년 12월 우리 대학생들이 아부다비를 방문하여 4주 동안 바라카 원전 등에서 인턴으로 근무했고, 2015년 6월에는 아랍에미리트 학생들이

■ 아랍에미리트 원자력공사에서 근무 중인 인턴 학생들과 함께 대사관에서, 2016년 1월.

한국을 교환방문했다.

다섯째, 교육 분야에서 우리 전문인력의 진출이 활발하다. 아랍에미리트가 원전 운영 인력 양성을 위해 칼리파 대학에 원자력학과를 설치하고, 한국 KAIST 교수 10여 명을 초청했다. 알아인 대학, 국립 아랍에미리트 대학에 근무 중인 교수는 20명 정도가 된다. 아랍에미리트가 인력 부족으로 교사를 해외에서 충원하고 있음을 감안해, 2015년부터 대사관에서 아랍에미리트 교육부와 우리 교사 진출을 협의하고 있다. 수학, 과학 등의 분야에서 우리 교사들의 진출이 활발해질 것으로 기대된다.

아랍에미리트 노동 시장 진출의 진단과 발전 가능성

아랍에미리트 노동 시장에 우리 인력이 진출하고 있으며, 향후에도 더 활발한 진출 방법을 모색해야 한다는 점에서는 이견이 없다. 그런 점에서 아랍에미리트 노동 시장 진출을 앞둔 이들이 좀 더 객관적으로 상황을 판단할 수 있게, SWOT을 분석을 해보는 것도 도움이 될 듯싶다.

우리 인력의 강점strength은 해당 분야의 전문성이다. 아랍에미리트 정부가 바라카 원전을 건설하고 운영하기 위해 설립한 ENEC에 우리 한전, 한수원 전문인력 100여 명이 근무하고 있다. 물론 대학을 갓 졸업한 청년은 전문성이 약할 수 있으나 이는 다른 나라 젊은 이에게도 비슷하게 나타나는 현상이므로 문제가 되지 않는다. 이런 경우에는 현지 인턴 경험이 취업에 많은 도움이 되고 있다. 또 다른 강점으로는 K-POP과 한류 드라마가 수년 전부터 인기를 얻고 있어, 아랍에미리트 국민의 한국인에 대한 호감도가 좋다는 점이다.

약점weakness은 우리 인력의 영어와 아랍어 구사 능력이 부족하며, 아랍 문화에 대한 이해도가 낮다는 점이다. 앞서 언급한 에미리트원자력공사의 경우, 우리 원전 전문인력들의 영어 구사 능력이 좋았더라면 더 많이 고용될 수 있었을 것이다. 그리고 고온의 사막기후에 익숙하지 못한 점도 약점으로 작용한다.

기회opportunity 측면에서는 아랍에미리트의 산업 다각화에 따라 다양한 분야가 개발되고 있어 우리 인력이 신재생 에너지, 금융, 문화, 교육, 항공 등 다양한 산업에 진출할 수 있다는 점을 들 수 있다. 아랍에미리트가 IT나 의료 분야를 중장기적으로 집중 육성하려는 것도 분명 우리에겐 기회다.

위기threat 관점에서 보면, 계속되는 저유가로 아랍에미리트가 긴축재정에 돌입했고, 이 때문에 이미 발주했던 프로젝트들을 연기하거나 취소한다는 점이다. 다만, 교육, 보건 등 사회 인프라 건설과 긴요한 프로젝트는 계속한다는 방침이어서 그나마 다행이다.

2016년 현재 1,297명의 우리 인력이 아랍에미리트에 진출해 있다. 아랍에미리트의 인력 수요와 우리의 공급이 어우러져 이루어진 결과로 새로운 분야에서도 많은 진출이 기대된다. GCC 국가들은 대체로 비슷한 산업 구조와 고용 환경을 갖고 있다. GCC 국가들이 산업 다변화를 추진하는 점도 유사하다. 우리 인력이 아랍에미리트에 진출한 방식을 다른 GCC 나라에도 적용하는 범정부적 노력이 필요한

중동 경제 3.0

시점이다.

우리가 희망하는 양질의 전문직 일자리는 현지인에게만 문호가 개방되어 있거나, 미국이나 영국 등 유럽의 전문가와 치열한 경쟁이 불가피한 실정이다. 우리 인력이 전문직종에 취업이 가능했던 이유는 선진국의 자격 보유(변호사, 교수 등), 선진국 또는 다국적기업에서의 근무 경험(호텔 등), 단기간 내 대량 전문인력 공급 가능(의료), 우리나라의 우수한 기술 보유(원전 건설) 등이다. 이 외에는 본인이 갖고 있는 능력의 전문성 여하에 달려 있다.

그러므로 전문직에 취업하기 위해서는 그 직종의 전문기술, 경험과 어학 실력을 확보하는 것이 급선무다. 아울러 아랍에미리트에서 외국인 연봉은 '구미인〉아랍인〉아시아인' 순서이며, 한국인은 아시아인 중에서 연봉이 가장 높은 편이다. 그럼에도 여전히 구미인보다는 낮은 수준이므로 이는 개선해야 할 과제다. 우리나라의 고급 인력이 진출할 경우 선진국 인력과 비슷한 수준의 처우를 받도록 유도해나갈 필요가 있다.

비즈니스 관련해서 해외공관을 어떻게 활용할까

1. 공관 홈페이지에서 주재 국내 사업 기회 등 다양한 정보를 파악하자

공관 홈페이지에 들어가면 1차적인 정보를 찾을 수 있다. 주재국 관련 사항, 양국 정치·경제 관계, 영사 등 일반적인 정보부터 주재국의 입찰 정보까지 얻을 수 있다. 좀 더 구체적인 비즈니스 내용을 알고 싶을 경우에는 홈페이지 사이버 기업 서비스에 질문하면 48시간 이내에 회신을 받을 수 있다.

2. 공관에 지원을 요청하자

공관이 우리 기업이나 국민들에게 도움을 줄 기회는 아무래도 선진국보다 개도국에서 많다. 선진국은 잘 작동하는 시장경제를 갖고 있어 비즈니스가 기업 간에 이루지기 때문에 공관에서 지원할 사안이 별로 없는 편이다. 반면 개도국은 정부가 강력한 규제권을 갖고 있어 기업활동에 영향을 미치며, 주요 기업 중 국영기업이 많아 국가의 영향력이 크다. 때문에 우리 기업이 비즈니스 과정에서 애로사항이 생기면 공관에서 주재국 관련 부처나 국영기업 접촉을 통해 적절히 지원할 수도 있다.

그런데 공관에 지원을 요청할 때 유의할 점이 있다. 예를 들어 건설 미수금을 받아달라는 지원 요청을 할 때는 가급적 일찍 요청하는 것이 효과적이다. 대개의 경우 건설사에서 미수금을 받기 위해 자체적으로 노력하느라 시간이 상당히 지난 후에야 공관에 지원을 요청하는 경우가 많다. 이런 경우 문제 해결에 어려움이 따르니, 미수금이 발생한 초기 단계에 공관과 협조하는 것이 고생도 덜 하고 효과적으로 해결할 수 있다.

3. 공관을 방문해서 구체적인 정보를 얻어보자

공관은 모든 경제, 통상정보를 홈페이지에 게재하기 위해 노력하지만 100퍼센트 제공하기는 현실적으로 쉽지 않다. 따라서 기업들이 비즈니스에 필요한 구체적인 정보를 얻기 위해 공관을 방문하여 주재국의 최근 정세나, 유망한 비즈니스 기회 등에 대해 담당 공관원과 협의할 것을 권한다. 그렇게 하면 상당히 유익한 정보를 얻을 수 있다.

필자의 경험으로 볼 때 공관을 방문하여 비즈니스 정보를 수집하는 기업도 더러 있지만, 아쉽게도 상당수 기업이 그렇게 하지 않는다. 아마도 공관에 자신들이 필요로 하는 정보가 없을 거란 생각 때문일 것이다. 그러나 해외에서 비즈니스를 하기 위해서는 많은 정보를 수집해서 분석하는 게 도움이 된다. 그 과정에서 좋은 사업 기회를 얻을 확률도 그만큼 높아질 테니 말이다.

매력적인 아랍 항공사에 일자리가 있다

청년실업에 시달리며 고충을 겪고 있는 우리 젊은 인재들에게 해외, 그중 중동은 새로운 기회 창출의 마당이다. 이 중 카타르, 아부다비, 두바이 등 중동의 3대 거점도시들은 중동드림의 새로운 허브로 떠오르고 있다. 한국의 고급인력 가운데 발빠른 이들은 이미 중동 시장으로 진출해 글로벌하게 능력을 펼치는 중이다. 여전히 중동 시장의 매력을 잘 모르는 이들이 많지만, 조금만 관심을 갖고 들여다보면 그곳엔 능력 있는 인재가 재능을 펼칠 일자리가 많이 있다. 여기서는 아랍 항공사를 중심으로 간략히 살펴보려 한다.

매력적인 아랍 항공사, 어떻게 취업할 수 있을까

일명 아랍 3사라 불리는 에미리츠, 에티하드, 카타르 항공은 한국 승무원을 가장 많이 뽑은 세계적인 규모의 항공사다. 이들은 풍부한 오일머니와 중동인 특유의 비즈니스 마인드를 접목해 빠른 시간 안에 세계 항공 업계를 선도하고 있다.

타국의 항공사들도 그간 한국인을 선발해왔지만, 아랍 항공사처럼 적극성을 띠며 한국인 승무원을 영입한 선례는 없다. 그 이유는 한국인들의 친절하고 세련된 자세, 야무진 일솜씨 등 타고난 저력을 높이 샀기 때문이다. 이를 통해 1970년대 중동 붐 당시 각인된 긍정적인 국가 이미지를 세계적인 항공업의 성장과 함께 우리 청년들이 한층 높이 끌어올리고 있다.

아랍 항공사가 세계 항공 업계를 주름잡고 있는 상황이다 보니 취업 도전자들에게는 매력적일 수밖에 없으며, 한국 젊은이들에게는 더욱 그렇다. 무엇보다 사생활이 보장된 안락한 숙소, 전기세, 수도세 등 각종 세금 면제 혜택이 있기 때문에 한국인 승무원들은 오로지 일에만 열중할 수 있는 것도 장점이다. 좋은 환경에서 글로벌하게 자신의 능력을 펼치는 것뿐 아니라, 일을 통해 국위 선양과 외화벌이까지 가능하니 마다할 이유가 없다.

항공사별로 약간의 차이가 있지만, 취업을 위한 과정은 대개 서류 전형과 1차 스크리닝 및 필기시험으로 이어진다. 여기서 선별된 지원자들을 상대로 집단토론이 진행되고, 소수만을 추려내 지원자들과 최종 일 대 일 면접을 한다. 사실 취업의 관문을 통과하기 위해 가장 중요한 것은 토론 과정이므로, 이런 점을 알고 대비하는 것이 좋겠다.

《아랍항공사 승무원되기》를 쓴 지병림 저자에 따르면 집단토론은 무수한 경쟁자 가운데 군계일학을 가려내는 것이 핵심이라고 한다. 그녀는 "파이널 면접은 자질이 의심되는 사람을 가려내고 적합한 지원자를 남겨 예정된 선발 인원을 맞추는 과정이다. 두 과정 모두 고

도화된 대화술, 사교력social skill이 요구된다. 결정적인 고비마다 쌍
방향으로 반응하고 답변해야 할 파트너들을 동반하기 때문에 호감
가는 표정과 몸짓, 눈빛, 자세를 유지하는데 자연스럽고 숙련된 모
습을 보여야 한다"고 조언한다.

최고의 항공사로 뽑힌 에미리츠 항공사

최근 몇 년 간 여러 항공사를 이용하는 탑승객을 대상으로 한 설
문 조사에서 에미리츠 항공사가 최고의 평점을 받고 있다. 그리고
이에 걸맞게 에미리츠 항공사는 각국의 인재들을 더 영입해 최고의
항공사로 거듭나겠다는 의지를 CEO가 직접 표명하기도 했다.

취업을 위해 한국에서 고민하는 청년들, 세계로의 진출을 꿈꾸는
이들에게는 더없이 좋은 기회다. 물론 세계적으로 인정받는 대형 항
공사다 보니 취업 경쟁률이 높은 것이 사실이다. 보통 전 세계 50개
도시에서 응시를 하는데 매 도시마다 약 50~200명 정도를 초청해
시험을 본다. 그러나 항공사 취업이 꿈이라면, 도전해보지 않을 이유
는 없다.

에미리츠 항공사에 취업을 하려면 '오픈 데이'라고 하는 기간에 온
라인으로 원서를 제출하면 된다. 또 국내 항공사가 외모에 비중을
많이 두는 것과 달리 이들은 업을 대하는 자세나 프로정신을 집중
적으로 확인한다. 성실하고 적극적인 태도, 다양한 국적의 사람들이

근무를 하는 항공사의 직원으로서 갖춰야 할 국제적 마인드와 서비스 매너 등이 중요하다. 또 쓰고 말하기가 자유로운 정도의 수준 높은 영어 실력이 요구된다.

승무원뿐 아니라, 조종사, 지상 운영요원 지원자를 위한 자리도 있다. 세상은 넓고 찾아보면 일자리는 무궁무진하다. 해외 취업으로 눈을 돌려 잠재된 개인의 역량을 무한 펼쳐보자. 세계를 무대로 활동하는 전문가가 되는 것이다.

2014년 10월, 대사관 국경일 행사.

샌드오션을 항해하기 위해
알아야 할 것들

중동 시장은 현재 세계 경제에서 얼마 남지 않은 기회의 땅이다. 오일머니가 여전히 유입되고, 이란과 이라크를 중심으로 대규모 인프라 수요가 발생하며, 지속적으로 증가하는 인구를 바탕으로 새로운 소비시장이 형성되고 있기 때문이다. 달리 말해 수많은 일자리와 비즈니스의 기회가 잠재되어 있다는 뜻이기도 하다.

이러한 중동 시장에 우리 기업이 진출하기 위해서는 어떻게 해야 할까? 중동 각국의 발전전략을 파악해 사업 기회로 만들고, 금융과 함께 진출하며, 정부 간 협력을 강화하고, 기존의 건설업이나 제조업뿐 아니라 고부가가치의 서비스산업에 집중해야 한다. 또한 대기업과 함께 다양한 중소기업들이 직접 진출할 수 있도록 지원하는 여러 정책들을 마련하는 것도 필요하다. 화교 자본 못지않게 규모가 큰 이슬람 자본을 활용해 모두가 윈윈하는 방법도 모색해볼 수 있다.

중동 시장 진출,
어떻게 접근할까

최근 한국 경제는 위기 상황에 놓여 있다. 미국이 세계화에 대한 반작용으로 보호무역주의를 강화를 시도하고 있고, 사드 사태로 인해 대중국 교역이 심각한 어려움에 처해 있다. 이처럼 G2(미국·중국) 리스크가 커지는 상황에서, 중동 시장이 매력적인 대안으로 떠오르고 있다.

하지만 한국의 중동 시장 진출은 아직 걸음마 단계다. 2015년 한국의 중동 투자는 15억 달러로, 전체 해외 투자의 5.6퍼센트다. 수출도 262억 달러로, 전체 수출의 5.4퍼센트에 불과하다. 이처럼 우리 기업의 중동 시장 진출을 제약하고 있는 요인은 무엇일까?

중동은 사실 현재 인력의 질이나 기술 수준 등을 감안할 때, 글로벌 생산기지나 산업 협력 대상 국가로서 그다지 매력적이지 않다. 게다가 중동 국가들은 외국인 투자에 대해 강력한 규제를 두고 있어서 외국인은 지분의 49퍼센트까지만 소유할 수 있다. 여기에 또 하나 치명적인 장애 요인이 있다. 이라크, 예멘, 리비아, 시리아 등 일부 국가의 정세 불안이 인근 국가로 파급되어 중동 전체가 불안한 상황이다. 거기에다 여전히 우리는 석유, 건설, 히잡 같은 상징적인 몇 가지 이미지로만 그들을 인식하고 있다. 이처럼 중동과 이슬람 문화에 대한 이해 부족도 중동 시장 진출을 가로막는 요인이다.

하지만 중동 시장은 현재 세계에서 가장 잠재력이 큰 시장이다. 인구가 지속적으로 증가하고, 특히 주소비층인 젊은 세대가 절반 이상을 차지하고 있다. 또한 각국의 경제에서 석유 부문의 비중이 줄어들고 산업이 다변화되면서 국민들의 소비 양상과 품목이 다양해질 것으로 기대된다. 특히 할랄산업과 의료보건 시장 등은 잠재력이 무궁무진하다. 우리로서는 중동지역에서 이제 막 시작 단계인 한류 시장과 관광사업도 크게 기대를 걸어볼 만하다. 2017년 올해에만 120만 명 이상의 무슬림이 한국을 방문할 것으로 예상된다. 우리 기업들은 이미 아랍에미리트 내 비즈니스 사례에서 큰 잠재력을 보고 있다.

그렇다면 우리는 중동 시장에 어떻게 접근해야 할까? 최근 중동의 산유국들이 오일머니를 전략적으로 관리하면서 산업 다변화를 도모하고 있으므로, 우리 또한 중동 각국의 발전 전략을 파악하고, 그에 맞춘 진출 전략을 구사해야 할 것이다. 먼저 SWOT를 분석해보자. 중동 시장의 기회 요인과 위협 요인을 파악하고, 한국 기업의 장단점과 진출하려는 국가의 발전 계획을 고려해, 맞춤 진출 전략을 짜야 한다. 우리의 강점을 최대한 살리고 해당 국가의 발전 전략을 활용해 기회를 포착하자는 것이다.

우리의 강점과 약점, 중동 시장의 기회 요인과 위협 요인

중동 시장에서 우리의 최대 강점은 '좋은 이미지'다. 많은 중동 국가가 한국을 경제 성장의 롤모델로 인식하고 있고, 최근 한류 열풍으로 한국에 대한 이미지가 더 좋아졌다. 또한 가전이나 IT 등 일반 소비자들에게 친밀한 내구성 소비재 제조업에 경쟁력이 있다는 점도 우리의 강점이다. 아울러 중동 산유국에서 석유와 가스를 구매하는 주요 고객이라는 점도 강점으로 작용할 수 있다.

반면 약점도 상당히 많다. 중동 국가들에 대한 정보가 매우 부족하고, 이슬람 문화나 상관습, 현지의 법에 대한 이해도 부족한 편이다. 최근 할랄식품을 육성하려는 정부에 반대하는 일부 국민들의 인식이 대표적인 예다.

중동 시장의 기회 요인은, 저유가로 규모가 줄긴 했지만 오일머니가 여전히 유입되고 있으며, 이란과 이라크를 중심으로 대규모 인프라 수요가 발생하고 있다는 점이다. 또한 GCC 국가들의 고소득층이나 이란과 이라크의 중산층을 중심으로 새로운 소비시장이 부상하고 있다. 아울러 GCC 국가들이 추진하고 있는 산업 다변화 정책 또한 기회 요인이다.

위협 요인은 높은 석유의존도에 따른 경제 성장 불안정, 높은 실업률로 인한 사회 불안 요인 내재, 유럽과 인도 및 중국 기업의 거센 진출 공세 등이다.

중동의 국가 발전 전략을 사업의 기회로 만드는 법

우리 기업들이 중동 시장에 새로이 진출하기 위해서는 우선 중동 각국의 발전 로드맵을 잘 파악해 사업의 기회로 만들어야 한다. 중동 국가들은 '아랍의 봄' 이후 정국 안정을 위해 복지시설을 확충하고 있다. 병원, 학교, 주택 등 복지 인프라를 집중적으로 건설하는 중이다. 또한 '아부다비 경제비전 2030', '카타르 국가비전 2030' 등 장기적인 계획을 수립해 산업 다변화를 통한 지속가능한 발전을 추구하고 있다. 따라서 이런 장기계획에 따른 구체적인 로드맵과 정보를 입수해 분석한다면 신규 사업 기회를 창출할 수 있을 것이다.

석유 수출국들은 높은 석유 의존도에서 벗어나기 위해 신재생 에너지, IT, 의료, 관광, 물류 등의 분야로 산업 다변화를 추진하고 있다. 우리 기업들이 경쟁력을 가지고 있는 이런 분야에서 적극적으로 진출 기회를 창출할 필요가 있다. 또한 두바이엑스포(2020), 카타르월드컵(2022) 등 대규모 인프라 프로젝트에 대한 참여도 기대된다. 중동 국가들은 이러한 교통 인프라나 사회복지 인프라를 건설할 때 IT와 결합한 프로젝트를 희망하기 때문에, IT 분야에 강점이 있는 우리 기업에 유리할 것이다.

금융의 동반 진출이 성공 가능성을 높인다

앞으로 중동 시장에 원활하게 진출하기 위해서는 금융을 동반하는 것이 좋다. 중동 국가들은 대규모 프로젝트를 발주할 재원이 충분치 못하다. 석유 수출국들도 최근 유가 하락으로 재정 지출을 축소하고 있다. 이처럼 발주처의 재원을 기반으로 한 대형 건설 프로젝트의 신규 발주가 어려운 상황이므로, 입찰 참여자의 자체 금융을 통한 '투자개발형 사업'이 대세를 이룬다. 이런 상황에서 '민-관 협력사업Public-Private Partership, PPP'도 많이 활용되고 있기 때문에 금융을 어떻게 조달할지가 매우 중요해졌다.

정부 간의 협력을 강화하는 노력, GCC와 FTA 협상 재개

중동지역은 정부가 시장에 미치는 영향력이 커서, 정부 간 협력이 어느 지역보다 효과를 발휘할 수 있다. 따라서 우리 기업들의 중동 시장 진출을 위해서는 정부 대 정부 차원에서 교역과 투자 확대를 위한 여건을 조성해야 한다. 중단된 '한국-GCC 자유무역협정FTA' 협상을 조속히 재개할 필요가 있다. 당장 협정 체결이 어렵다면, 중동의 허브 국가인 아랍에미리트와의 FTA 체결을 검토해보는 것도 하나의 방법이 될 수 있다.

아울러 현재 정부 간에 운영되고 있는 경제공동위원회, 에너지자원 공동위원회, 문화공동위원회 등 제반 채널을 활성화해서 부가가치를 창출해야 한다. 외교부와 산업부 등이 현 시점에서 공동위원회를 어떻게 효과적으로 운영할지 구체적으로 검토하고 논의할 필요가 있다.

고부가가치 서비스산업으로 눈을 돌려라

그동안 우리 기업들이 중동 시장에 진출한 분야는 대부분 건설이나 상품 수출이었다. 그러나 이제 중동 국가들의 경제 성장과 산업 다변화 추세에 맞춰 고부가가치 서비스산업 분야로 눈을 돌려야 한다. 이때 해당 분야에 종사하는 우리 전문인력을 함께 진출시키면 성공 가능성을 높일 수 있다. 아랍에미리트의 경우, 고부가가치 분야인 원전 건설과 운영 및 보수, 병원 위탁경영, 특허 심사 대행, 금융

기존에 진출한 분야는 질적 개선이 이루어져야 한다

일찍이 중동 시장에 진출했으나 최근 부진에 빠진 건설, 플랜트 분야가 다시 성과를 내기 위해서는 저가 수주와 과당 경쟁 방지, 외국 및 현지 기업과의 협업, 고부가가치 엔지니어링 공정의 프로젝트 참여, 설계 및 감리기술 확보, 법률 자문 기능 강화 등의 노력이 필요하다. 대부분 하루아침에 개선될 수 있는 것은 아니지만, 지금부터라도 시작해야 한다. 그렇지 않으면, 건설뿐 아니라 모든 분야가 세계 시장에서 선진국과 개도국 사이에 긴 샌드위치 신세가 되어 심각한 위기에 봉착하고 만다.

자산 위탁운영, 이러닝e-learning, 문화콘텐츠, IT, 보안산업 등에 우리 기업과 인력이 활발하게 진출하고 있다.

이런 고부가가치 시장에 진출하기 위해서는 몇 가지 준비가 필요하다. 우선, 우리 기업과 인력의 능력을 중동의 주요 국가에 적극적으로 홍보해야 한다. 중동에서는 한국이 발전한 나라로 알려져 있으나, 분야별로 어떤 부분에 선진기술을 가지고 있는지는 잘 모른다.

의료서비스를 예로 들어보자. 아랍에미리트는 2015년 한국에 약 3,000명의 환자를 송출했다. 이를 위해 우리 유명 병원들이 의료홍보설명회를 매년 두 차례 이상 개최해, 우리 의료기술과 시설의 우수성을 아랍에미리트 보건당국과 병원, 환자를 송출하는 국영기업에 홍보했다. 중동 각국에서 우리의 의료 수준을 알리는 이런 홍보설명회를 지속적으로 개최할 필요가 있다. 한국의 의료 인력 교육제도, 의료보건정책, 의료보험제도, 선진화된 병원시설, 치료 효과 등에 대해 중동 각국의 보건당국과 병원은 물론 제약회사와 보험회사에 지속적으로 홍보해야 한다.

서비스 분야 종사자에 대한 영어교육도 강화해야 한다. 우리 서비스 종사자들은 전문지식은 뛰어나지만 직무 관련 영어 구사력이 떨어진다. 정부나 관련 단체에서 집중적으로 교육을 시킬 필요가 있다. 이는 건설, 의료, 문화 등 분야를 막론하고 시급히 해결해야 할 과제다.

중소기업이
중동 시장에 진출하려면

우리나라 중소기업의 해외 진출은 선진국과 비교할 때 매우 낮은 수준이다. 독일의 중소기업 수출 비중은 11.5퍼센트인 데 비해, 우리나라는 2.7퍼센트에 불과하다. 수출액도 100만 달러 이하 중소기업이 83퍼센트나 되고, 1,000만 달러 이상 수출하는 중소기업은 2.3퍼센트뿐이다. 해외 투자도 미미하다. 투자법인 수로는 전체의 80퍼센트를 상회하고 있으나, 투자금액으로는 22퍼센트에 불과하다. 그나마 기술집약적인 분야가 아닌 노동집약적 제조업(의복, 섬유, 식료품, 가죽, 가방, 신발 등)과 소매업에 집중되어 있다.[150]

　우리나라 중소기업의 해외 진출은 선진국과 비교할 때 매우 낮은 수준이다. 독일의 중소기업 수출 비중은 11.5퍼센트인 데 비해, 우리나라는 2.7퍼센트에 불과하다. 수출액도 100만 달러 이하 중소기업이 83퍼센트나 되고, 1,000만 달러 이상 수출하는 중소기업은 2.3퍼센트뿐이다. 해외 투자도 미미하다. 투자법인 수로는 전체의 80퍼센트를 상회하고 있으나, 투자금액으로는 22퍼센트에 불과하다. 그나

---

150 "글로벌 중소기업 간담회 자료", 중소기업중앙회, 2013. 12. 19.

　　7장. 샌드오션을 항해하기 위해 알아야 할 것들

마 기술집약적인 분야가 아닌 노동집약적 제조업(의복, 섬유, 식료품, 가죽, 가방, 신발 등)과 소매업에 집중되어 있다.[150]

현재 중동 시장은 한국의 중소기업에 더없이 좋은 기회가 될 수 있다. 높은 기술력과 질 좋은 상품을 보유한 다양한 분야의 한국 중소기업들이, 최근 부상하고 있는 중동의 새로운 소비시장에 진출한다면 서로 윈윈하는 최상의 결과를 불러올 것이다. 물론 현지의 문화와 정보에 어두운 중소기업들을 위해 정부의 적극적인 지원이 필요하다.

중소기업이 해외 진출에서 성과를 내기 위해 알아야 할 것들

중소기업중앙회의 자체 조사 결과에 따르면, 중소기업들이 해외 진출을 추진할 때 애로사항으로 개별 중소기업의 마케팅 능력 부족, 진출 시장과 바이어에 대한 정보 부족, 주재원 인력 부족, 현지 금융 활용의 어려움 등을 꼽았다. 중소기업의 해외 진출을 지원하는 기관과 관련해서는, 해외 정보 데이터베이스에 전문 정보가 부족하다는 점, 정보가 산재해 있다는 점, 원스톱 지원 체계가 구축되어 있지 않다는 점 등을 지적했다. 정부에 대해서는, 해외 인증 관련 대응이 부족하고, 해외 유무상 원조사업에 중소기업이 참여하기가 어렵다면서 개선을 요구했다. 정부와 관련 기관에서는 이런 점들을 검토해 좀 더 효과적으로 중소기업의 해외 진출을 지원할 수 있는 구체적인 제도와 시스템을 만들어야 할 것이다.

아울러 중소기업 스스로도 개선할 부분이 있다. 지방자치단체가 주관하는 해외 시장 개척단에 참여할 경우, 철저한 준비가 필요하다. 일단 진출 시장을 철저히 분석한 다음 참여 여부를 결정해야 한다. 참여하기로 했다면, 사전에 현지 에이전트나 지원 기관을 통해 홍보를 잘 해서, 상담회에 유력 바이어들이 많이 참가하도록 해야 한다. 이를 위해서는 국내외에 컨트롤타워가 필요하다. 잘 준비된 대표단만이 성과를 낼 수 있다.

우리 중소기업들이 중동 시장에 진출하는 세 가지 방법

중소기업들은 아무래도 독자적으로 진출할 여력이 없기 때문에 정부의 지원을 받아야 한다. 어느 정도 지원하느냐가 문제지만, 초기 단계에는 다양한 지원을 해주고, 일정 기간 후 평가를 통해 지원 방법과 정도를 조정하는 게 바람직하다. 이제 중소기업들이 중동 시장에 진출하기 위한 구체적인 방안을 살펴보자.

첫째, 해외 전시회를 적극적으로 활용하는 것이 좋다. 사실 중소기업이 해외 바이어를 만나 상담할 수 있는 기회를 얻기란 쉽지 않다. 하지만 해외 전시회를 활용하면, 유력한 해외 바이어를 비교적 손쉽게 만나 수출이나 투자 성과를 바로 낼 수 있다. 아랍에미리트의 경우, 아부다비와 두바이에서 연 수십 회의 전시회가 열린다. 종류도 다양하다. 결혼식 관련 물품을 판매하는 전시회부터 석유 전시회까지 있다.

현재 국내 중소기업들의 중동 진출을 촉진하기 위해 전시회 참가를 지원하고 있다. 또한 전시회에 한국관Korea Pavilion을 설치해 집중적으로 홍보하고 상담하면서 네트워크를 확대해나가는 중이다.

둘째, 수출 상품 및 지역의 다변화를 위해 시장 개척단이나 무역 투자 사절단의 파견과 접수를 확대해야 한다. 중동지역은 무역과 투자 분야에서 정부가 차지하는 비중이 매우 높다. 그래서 정부나 상공회의소 등 공공기관이 카운터파트로서 무역 투자 사절단을 정례적으로 파견하고 있는데, 그 횟수를 늘릴 필요가 있다. 아랍에미리트의 경우 1년에 한 번 정도 양국 상공회의소 간 무역 투자 사절단이 왕래하고 있지만, 비정기적이다. 1년에 한두 차례로 정례화하고, 유망 중소기업들도 참여할 수 있도록 해야 한다.

셋째, 중소기업들이 직접 진출 모델을 개발하는 방안도 있다. 2017년 현재 우리 건설 업계는 유가 하락에 따른 GCC 국가 건설 시장의 위축 국면에 더해, 과거 수년간의 부실을 조정하는 상황이어서, 수주 활동이 적극적이지 못하다. 이에 따라 중소 기자재 업체들이 대형 건설사와 동반 진출하는 방식이 어려워졌다. 이제는 직접 진출을 모색해야 하는 상황인 것이다.

중소기업들이 직접 중동 시장에 진출하기 위해서는, 해당 국가의 국영기업 등 주요 기업에 벤더 등록을 해야 한다. 하지만 관련 제도가 매우 엄격하게 운영돼 어려운 점이 많다. 주요 대기업과 기자재 업체 간 매칭 행사 등을 통해 우리 기업에 대한 인식을 높이고, 벤더 등록으로 연결될 수 있는 기회를 마련해줄 필요가 있다. 아울러 중국 등에서 코트라 주관으로 현지 대기업과 우리 부품·소재 업체를 연결해주는 글로벌 파트너링Global Partnering, GP 행사를 중동 및 다른 지역으로 확산하는 것도 좋은 방법이다.

그리고 해외 전시회에 참여할 경우 좀 더 세심한 준비를 하는 것이 좋다. 우리 먼저, 바이어들이 많이 다니는 위치에 한국관을 설치해야 한다. 그리고 한국 기업들의 부스를 한국관 중심으로 모아서 배치하면, 개별적으로 있을 때보다 눈에 띌 가능성이 크다. 그래야 아직은 인지도가 높지 않은 우리 중소기업들이 좀 더 효과적으로 홍보나 상담을 진행할 수 있다.

막대한 오일머니,
이슬람 자본을 활용하라

우리 기업들이 중동 시장에 진출해서 성공하려면 가장 기본적인 전제 조건이 필요하다. 바로 중동 연구 인프라를 강화해 중동에 대한 이해도를 높여야 한다는 점이다. 그래서 중동지역의 정치, 경제, 사회, 문화 분야를 체계적으로 연구하는 국책연구기관의 신설이 절실하다.

중동지역 연구가 절실하다

우리나라는 지역연구가 매우 약하다. 국책연구기관도 1970년대 개발연대 시절에 경제 개발을 위해 기능별로 된 KDI, KIET, KIEP 등 수많은 국책연구소가 만들어졌으나, 정작 중요한 지역연구 국책연구소가 없는 것은 지금과 같은 세계화 시대에서는 나침반 없이 폭풍우 속으로 항해하는 것과 같다. 무모함의 극치라 할 수 있다.

현재 있는 수많은 기능별 국책연구소를 재평가해서 필요한 연구소만 남기고 지역연구 국책연구소 신설을 위해 그 예산과 인력을 전환하는 것이 급선무다. 물론 아프리카, 중남미, 동남아를 연구하는 국책연구소도 필요하다. 아울러 현재 국내 몇몇 대학에 아랍어과가 있지만, 문학과 어학 중심의 수업이 이루어지고 있을 뿐이다. 사회과학 분야에서 중동 관련 학과를 만들어 중동의 경제와 이슬람 자본 등에 대해 심도 있게 연구할 필요가 있다.

중동 경제와 관련해 우리에게 한 가지 과제가 더 남아 있다. 화교 자본 못지않게 규모가 큰 이슬람 자본에 대한 연구를 통해 활용 방안을 강구해야 한다는 것이다. 우리가 '오일머니'로 불리는 중동계 자본에 주목하는 것은, 외화 조달 창구의 다변화가 필요하기 때문이다.

외화 조달 창구 다변화를 위하여

우리는 1997년 외환위기 때 달러화 조달이 일시적으로 막히면서 환율이 급등하고 주가가 급락하는 등 어려움을 겪었다. 이런 위험을 줄이기 위해 정부는 미국과 중국은 물론 인도네시아와 아랍에미리트 등 이슬람 국가와도 스와프협정swap agreement[151]을 맺어, 위기 때 달러화를 확보하는 안전장치를 만들었다. 만기된 협정은 연장해 안전장치를 지속적으로 확보하는 한편, 여타 무슬림 국가와의 신규 스와프협정도 추가로 체결할 필요가 있다.

---

151 양국의 중앙은행이 상대국의 통화를 이용해 환율 안정을 도모하기 위해서, 서로 일정액의 자국 통화를 일정 기간 예치하기로 한 협정이다.

7장. 샌드오션을 항해하기 위해 알아야 할 것들

이처럼 이슬람 국가의 채권(수쿠크) 발행을 통해 풍부한 오일머니를 유치할 수 있는 길을 터놓으면 달러화 조달 창구를 다변화할 수 있다. 더욱이 선진국계 자본은 상당수가 단기 자금이어서, 급격한 유출입으로 인해 환율과 주가가 급등락하는 일이 종종 발생하는데, 이슬람 자본은 상대적으로 장기 투자를 하는 등 안정적이다.

아울러 원유 수입으로 대 중동 경상수지가 매년 큰 폭의 적자를 보이고 있으므로, 이를 줄이기 위해서도 이슬람 채권을 발행하자는 주장도 있다. 수쿠크를 발행하면 원유를 사면서 지불한 달러를 다시 우리나라로 끌어들일 수 있기 때문이다. 여기에 다양한 금융기법을 도입하면 금융시장 발전에도 도움이 되고, 세계적인 추세에도 부합한다는 것이다.

수쿠크 발행을 통한 중동의 달러 유치

우리나라뿐 아니라 세계 여러 국가가 이슬람 채권을 발행해 중동의 달러를 유치하려 노력하고 있다. 영국은 2013년 세계이슬람경제포럼World Islam Economic Forum, WIEF을 개최하면서, 이슬람 역외 국가로는 처음으로 2억 파운드 규모의 수쿠크를 발행했다. 2013년 현재 런던 증시에서 거래되는 이슬람 채권은 210억 파운드(약 30조 원)에 이르며, 20여 개 영국 은행이 이슬람 금융상품을 취급하고 있다.[152]

---

152 《연합통신》, 2013. 10. 29.

■ 우리 기업들의 CSR 발표 행사 시 주재국 언론인들과 함께, 2015년 12월.

한국도 중동 자본 유치를 위해 2011년 이슬람 채권 도입 관련법을 개정하려 했다. 수쿠크는 이슬람 율법에 따라 채권이나 이자 지급을 금지하므로, 이자소득에 면세 혜택을 주는 다른 외화표시 채권과 형평을 맞추기 위해 수쿠크에 세제 혜택을 주는 방안을 추진한 것이다. 수쿠크를 발행할 때 양도세, 부가가치세, 취득·등록세 등 세금을 면제해주는 내용의 조세감면특례법 개정안을 국회에 제출했으나, 기독교계의 의견을 받아들인 일부 의원들의 법안 상정 반대로 무산되었다. 수쿠크에 대한 과도한 면세 특혜는 다른 외국 자본에 대한 차별이며, 테러자금화할 가능성도 있다면서 반대한 것이다.

하지만 수쿠크를 발행하고 있는 많은 나라들도 이와 같은 우려를 충분히 검토한 후에 조치를 취했을 것이다. 수쿠크 발행으로 지불한 돈이 테러자금으로 쓰이는 게 걱정이라면, 중동 국가에서 석유를 수입할 때 지불하는 막대한 달러는 테러자금으로 쓰이지 않는다는 보장이 있는가 하는 문제제기도 생각해볼 필요가 있다.[153] 또한 정부가 수시로 다른 외화표시 채권과의 형평성을 점검해, 수쿠크의 비과세 범위를 탄력적으로 운용하면 별 문제가 생기지 않을 것이다. 우리가 이런저런 걱정으로 이슬람 자본이라는 블루오션을 외면한다면, 우리는 계속 피 터지는 레드오션에서 힘겨운 항해를 해야 할 것이다.

---

153 《한국경제신문》, 2011. 2. 18.

중동 경제 3.0

중동 비즈니스 시 주의점 몇 가지

1. 아랍인들이 낙타 비즈니스를 즐긴다고 따라 하지 마라

중동 사람들은 느긋한 성격 때문에 약속을 잘 지키지 않는다고 알려져 있다. 실제로 내일 일은 내일로 미루는 '낙타 비즈니스'를 즐긴다. 그러나 늘 그런 것은 아니다. 자신의 이해관계가 달린 일이나, 돈을 받아야 하는 경우에는 신속하고 철저하다. 또 그들이 약속을 잘 어기고 늦는다고 해서 외국인이 그렇게 행동하는 것은 그다지 현명하지 못하다. 비즈니스에서는 어쨌든 약속을 잘 지키는 것이 신뢰받는 지름길이다.

2. 그들의 명예와 체면을 지켜주고 많이 칭찬하라

아랍 사람들은 명예와 체면을 중시 여기기 때문에 자신뿐 아니라 상대방의 체면도 중시한다. 공식적인 자리에서 상대의 말에 대해 함부로 지적하는 일이 거의 없으며, 상대가 그러는 것도 좋게 생각하지 않는다. 무엇보다 호의를 갖고 최대한 치켜세우며 칭찬해주는 것을 아주 좋아하는 특성이 있으며, 그것이 하나의 문화이기도 하다. 그들 역시 외국인을 대하거나 협상할 때 상대방을 최대한 포장해서 칭찬하고 치켜세워준다. 그러니 협상 자리에서는 할 수 있는 한 최대로 칭찬하라. 더불어, 그들이 하는 칭찬과 긍정의 말도 포장된 것이니 곧이곧대로 다 믿어선 안 되며, 사업과 관계된 일이라면 반드시 문서화해서 확인을 받아둘 필요가 있다.

3. 왼손 사용을 조심하라

아랍이나 이슬람권에서는 왼손 사용은 화장실에 쓰는 것 외에는 금기되는 일이 많다. 특히 악수나 신체 접촉, 식사를 왼손으로 하면 안 된다. 우호적인 뜻을 내포하는 모든 행위는 오른손을 사용해야 하니, 아랍인과 비즈니스를 위한 미팅을 할 때는 가급적 오른손을 비워두자.

4. 아랍 여성을 오래 쳐다보지 마라

아랍 여성과의 신체 접촉은 가급적 피해야 하며, 오래 쳐다보는 것도 안 된다. 또 무심결에 상대 가족의 안부를 묻곤 하는데, 아랍에서 여성 가족의 안부를 묻는 것은 굉장한 결례다. 악수도 여성이 먼저 청하는 경우에만 해야 한다.

5. 선물을 주고받는 지혜

아랍 문화에서는 인맥 유지와 우호적 관계 유지를 위해 선물을 하는 것이 필수적이라 할 수 있다. 사무실이나 집을 빈손으로 방문할

경우, 자신을 얕잡아 본다고 오해하기도 하니 이 점을 특히 주의하
자. 단 국가별로 선호하는 선물의 종류가 다르기 때문에 신중히 고
르는 것이 좋다. 우상을 금기시하는 이슬람 문화에 거슬리는 성화나
조각 같은 선물은 피하는 게 좋고, 한국 전통 제품 중 음식을 선물
할 때는 할랄과 하람을 잘 구분해서 준비해가야 한다. 또 그들이 주
는 선물을 거절하는 것은 결례라는 점도 알아두자.

6. 비즈니스맨의 옷차림, 잘 모르면 물어보자

현지 외국인의 경우 복장에 큰 제한은 없는 편이다. 그러나 비즈
니스 목적으로 방문할 때는 정장을 착용하는 것이 바람직하다. 남성
의 경우, 정서상 지나치게 화려한 색의 옷은 피하는 것이 좋다. 특히
정부기관 사무실이나 종교시설 같은 장소에서는 다른 곳에서보다
더욱 엄격하고 보수적으로 예절을 지켜야 한다. 미리 전화해서 복장
을 어떻게 갖출지 확인하는 것도 좋은 방법이다.

7. 상대의 국적, 종교, 취향을 배려하는 식사 예절

식사를 할 경우 상대방의 종교에 따른 식단 선택에 유념해야 한
다. 아랍에미리트 같은 경우에는 이슬람 국가라 해도 호텔 내에 위
치한 식당에는 술과 돼지고기 판매를 허용하고 있어 이를 주문할
수는 있다. 그러나 동행한 상대방이 무슬림이라면 본인이 비무슬림

이라 할지라도 식사 자리에서 술이나 돼지고기를 먹는 것은 무례한 행동일 수 있다. 그러니 비즈니스상 식사 자리에서는 국적과 종교, 취향의 다양성을 존중하고 이해하는 태도가 바탕이 돼야 한다.

중동경제 **3.0**

초판 1쇄 인쇄 2017년 4월 21일
초판 2쇄 발행 2017년 6월 9일

지은이 권해룡

펴낸이 김문식 최민석
기획편집 조자경 최서윤
디자인 엄혜리
제작 제이오
펴낸곳 (주)해피북스투유
출판등록 2016년 12월 12일 제2016-000343호
주소 서울시 마포구 독막로 178-1, 5층 (구수동)
전화 02)336-1203
팩스 02)336-1209

ⓒ 권해룡, 2017
ISBN 979-11-88200-21-4 03320